관광자원 소비 트렌드의 역사문화적 변화

시공간 소비의 관광학적 이해

민 웅 기 저

기문사
www.kimoonsa.co.kr

여는 글

1.

우리의 지식체계는 다양한 방식으로 발전해왔다. 예를 들어 과거 르네상스 시대는 인문학적 지식의 활발한 보급과 확산을 통해 사회구성원들의 교양을 증진시키면서 인간 가치에 대한 연구를 본격적으로 진행한 시기였다. 또한 17세기 근대사회에 들어서면서 합리성의 가치와 함께 자연과학이 확산되기도 했다. 19세기 중엽에 이르게 되면 경험적 분석결과를 근거로 우리 삶의 현실에 직접적으로 적용가능한 사회과학 지식이 체계적으로 자리 잡게 된다. 그리고 지금 현재 '인문학, 자연과학, 사회과학'이 융합적으로 연계되어 하나의 지식을 구성하는 학문 흐름이 이 시대를 주도하고 있다.

장기적인 학문 영역의 역사적 발전 과정 속에서 최근 융합 연구의 전형으로서 관심을 받고 있는 분석 대상이 관광이다. 특히 관광자원은 문학, 철학 등의 인문학적 지식은 물론, 기록, 보존 및 본격적인 개발을 가능하게 하는 자연과학적 지식, 그리고 총체적 사회관계를 연구하는 사회과학적 지식의 융합적 논의를 중심으로 개발이 활발하게 진행되고 있다. 관광을 통한 관광자원의 소비 속에는 시간과 공간의 체험 과정이 공존해 있다. 그 속에는 과거, 현재, 미래의 다양한 관광자원에 대한 인간의 지각, 해석 등이 함께 숨어있다. 최근에 와서는 사회구성원들이 관광을 통해 이용하는 시간과 공간의 접속과정에 자본이 깊숙하게 유입되어 있으며, 체험상품 자체의 이용 서비스를 상품으로 판매하는 세분화된 자본주의 원리가 작용하고 있음을 모두가 알고 있다.

이 같은 관광의 본질에 대해서 연구하기 위해서는 관광의 기본 수단인 관광자원에 대한 고찰이 필요하다. 즉 관광자원을 구성하는 큰 두 축이라 할 수 있는 시간과 공간에 대한 이해가 이루어져야 한다. 이를 고민하는 과정은 연구자가 추후 본격적인 관광자원 개발 및 관광상품 마케팅을 실천하기 위한 행위의 조건이기도 하다. 더군다나 기존 모더니즘 사회를 지배한 사회질서가 새로운 문화코드의 이행 시기라 할 수 있는 포스트모더니즘 시대로 변함에 따라 시공간을 둘러싼 공급자, 매개자, 수요자에 대한 상호작용 연구는 더 중요하게 되었다. 이 과정을 통해 관광자원을 둘러싼 융합적인 관광학 연구가 가능할 것이다.

2.

관광자원의 기본적인 두 구성요소인 시간과 공간은 관광을 둘러싼 사회구성원들에게 다양한 형태로 다가오게 되다. 예를 들어 우리 삶의 시간을 연결하는 '역사(history)'는 비교적 높은 수준의 선행 학습이 요구되는 관광자원으로써 우리의 지적 욕구를 자극한다. 역사란 우리들이 살아가고 있는 시간의 기억임과 동시에 공간의 기억이기도 하다. 그리고 이 역사문화를 기반으로 하는 관광자원은 개발 및 보전 과정을 거쳐 관광객들의 욕구를 충족시키는 관광상품으로 변모한다. 역사문화자원을 기반으로 하는 관광상품의 체험을 통해 대부분의 사람들은 스스로 구축된 개인적, 사회적 기억을 더듬고 성찰하여 자신의 존재 의미를 찾기 위해 노력한다.

이처럼 관광자원으로서의 정체성을 지닌 역사는 문화와 연계되어 더욱 그 빛을 발한다. 예를 들어 현재 나타나고 있는 세계화(globalization) 현상 때문에 과거 민족국가 단위로 발전하던 기존의 단일 문화 형태가 점차 혼융화 과정을 거치게 된다. 근대사회를 이끌어온 단일 민족국가에 익숙한 사회구성원들이 기존 삶의 세계에서 경험하지 못한 문화구조가 다가오기 시작한 것이다. 이 같은 사회 현상은 이문화(異文化)에 대한 사회구성원들의 관심의 깊이와 범위를 확장시키게 되었다. 관광자원으로서의 역사, 문화는 다른 환경에 대한 관심의 욕구를 충족시켜주고 있다.

서로 다른 시간과 공간에 대한 사회구성원들의 관심은 체험 욕구를 증가하게 만들었으며, 이를 수단으로 하는 새로운 관광산업군이 나타나게 되었다. 현대사회에서 관광산업은 시공간으로 구성된 역사문화의 관광자원화 과정에 의해 더욱 확산되고 있다. 이미 수많은 세계 여러 국가, 민족들의 역사와 문화가 관광산업을 위해 투입된 자본에 영향을 받기 시작했다.

다른 한편 관광은 관광객들의 체험 욕구를 만족시켜 그들의 삶의 질을 향상시키는 기능 외에 현재의 특정 공간을 살기 좋은 곳으로 만들어주기도 한다. 예를 들어 다양한 지방 도시의 재생 방안들 중 그 지역에 내재한 역사문화자원을 이용한 관광도시로의 개발, 보전 과정은 물리적인 측면과 문화적 측면을 적절하게 융합한 대표적인 도시개발의 실현과정이기도 하다. 관광자원을 기반으로 이루어지는 도시 구조 내 물리적 조직 간 문화적 연계와 통합, 그리고 도시 간 네트워킹은 자연스럽게 문화 브랜딩 전략으로 이어져서 지역 경제를 활성화시켜주는 실천방안이 되기도 한다.

이 같은 모든 과정은 관광학 내 관광자원에 대한 연구 분야에서 다루어지는 연구주제이기도 하다. 관광자원 연구의 이론적 맥락에서의 근원적인 질문은 결국 우리 삶을 지탱하는 삶의 주요 수단인 시간과 공간의 소비 문제로 귀결된다. 사람들은 이미 시간에 대한 구체화된 재현물에 대해서 다양한 체험욕구를 스스로 인식하고, 올바른 역사문화의 향유를 위해서 노력한다. 이 같은 사회 트렌드에 발맞추어 우리 모두는 더 나아가 시간과 공간의 지속가능한 관광자원화 과정에 대해 윤리적 가치관을 함양해야 한다.

3.

본서는 크게 3장으로 구성되어 있다. 1장은 현대사회에서 관광산업이 발달하는 과정에서 관광자원의 소비가 확산된 요인을 정보사회, 체험사회, 융합사회라는 거시적 사회질서의 트렌드 변화상 속에서 분석했다. 2장은 관광자원의 실체적 모습이라고 할 수 있는 시간과 공간이 어떤 경로를 통해 사람들에게 소비되고 있는지를 구체적으로 살펴보았다. 특히 '시간성'에 근거한 관광자원으로 분류 가능한 역사자원과 '공간성'에 기반을 둔 장소마케팅, 지역개발, 환경문제 등의 사회적 쟁점들을 고찰하는 일은 사람들이 최근의 사회문화적 트렌드에 대응하여 시간과 공간의 소비와 관련한 성찰적 사고를 할 수 있게 도와줄 것이다. 마지막 3장은 포스트모던 시대에 시공간에 내재한 관광자원으로서의 사회적 가치와 앞으로의 소비 전망, 연계적 · 융합적 연구의 가능성에 대해서 정리했다.

관광자원은 시간과 공간의 결합을 통해 사람들에게 재현되면서 소비된다. 포스트모던 시대에 사람들은 관광에 내재한 관광자원의 본원적 실체인 시공간을 소비하는 과정에서 구현되는 관광행동의 본질에 대해 더 깊이 성찰할 필요가 있다. 이러한 의미에서 관광자원으로서의 시공간 연구는 학문영역 간 연계를 통한 다층적 융합연구가 지니는 중요성을 일깨워줄 수 있다. 응용 · 실용 학문 영역으로 인식되고 있는 관광학의 학문체계가 더 확장되어, 관광자원과 관련한 심화된 이론적 연구들이 지금 현재도 꾸준히 시도되고 있다. 이 책이 그러한 본격적인 관광자원 연구를 위한 학습에 작은 도움이 될 수 있기를 바란다.

2018년 새해를 시작하며

민웅기

C·o·n·t·e·n·t·s

차 례

【참 고】

- 본서 내용 중 일부는 저자의 선행연구가 포함되어 있으며, 구체적인 내용 표기는 참고문헌 목록에 기술함

제1장

현대사회의 특징과 관광자원 소비의 확산

제1장 현대사회의 특징과 관광자원 소비의 확산

역사적으로 인류는 과거 전통사회의 미분화된 생활양식은 물론, 효율성을 중시하는 전문화된 산업사회 시대의 문화들까지 두루 경험해왔다. 그리고 서로 다른 문화들을 섭렵하면서 그 시대에 맞는 다양한 삶의 가치들을 형성해왔다. 최근 들어서는 그 간 산업사회를 지배해 온 노동을 중요시 여기는 진보이데올로기에 근거를 둔 생활양식이 위기를 맞고 있다. 사람들은 동시대 사회에서 요구한 '당연한' 일상적 삶의 패턴에 대해서 스스로 성찰하기 시작한 것이다. 그들은 노동과정에서 나타나는 수동적 객체로서의 일상인으로서의 삶에 살아가는데 불만을 가지며(강수택, 1998), 급기야 일상의 시공간에서 완전하게 탈피하여 자신이 경험하지 못한 시간과 공간으로 마음껏 이동하고자 하는 탈일상적 활동을 꿈꾸기 시작했다.

특히 현대 사회에서는 노동시간의 단축, 소득수준의 향상, 매체환경의 변화 등으로 확산된 탈물질주의적 가치와 삶의 욕구가 나타나면서 사회를 주도한 노동중심적 삶과는 상반되는 여가활동의 중요성이 날로 커지고 있다. 종전에 핵심적 생활가치의 주변적 영역으로 간주되던 여가부문이 자기성장이나 자아실현의 주요 원천으로 대두되고 있는 것이다. 점차 고조되고 있는 여가 소비의 욕구는 여가산업을 확대시키고 있으며, 이 같은 현상을 가능하게 하는 자본 유입으로 말미암아 새로운 여가수요가 창출되었다.

최근 정보를 중심으로 움직이는 세계에서의 집단 간, 집단 내 분화는 빠른 속도로 진행되고 있다. 생산과 소비의 시간적, 공간적 분화는 사회조직을 재구조화시켰다. 정보통신혁명으로 명명되는 기술력의 발전은 노동영역에서의 삶의 패턴에 갖가지 변화를 가져왔으며, 대부분의 사회구성원들이 향유하는 가처분시간과 소득이 증가하는 경향을 보이고 있다. 정보화라는 시대적 흐름에 의해 생겨난 '현재' 중심의 일상적 삶을 강조하는 사람들의 인식 변화, 시간의 자원화 경향, 대중 소비사회의 도래, 매체환경의 발달로 야기된 경제 · 문화 영역의 국제화 및 세계화 경향 등은 우리 사회에서 여가의 중요성을 더욱 부각시키는 계기가 되었다. 더불어 일상적 생활세계의 여가문화와 공식적 사회체계에서의 여가산업 간 밀접한 상호작용을 통해 여가와 관련된 여러 집단 및 사회조직의 재편 현상도 나타나고 있다. 사람들은 여가를 즐기기 위해 가장 적합한 집단과 조직 형태를 만들기 시작했다. 이 조직들은 궁극적으로 현재의 여가중심 사회가 안정적으로 구축될 수 있는 적절한 구조적 조건을 제시했다고 볼 수 있다.

특히 첨단 정보통신기술(information and communications technology: ICT)을 주요 수단으로 현대인의 유목적 욕구, 심미적 욕구, 체험적 욕구를 충족시킬 수 있는 요건을 고루 갖추고 있는 관광은 정보화 과정의 진전에 비례해 성장일로에 있다. 지금까지 관광산업의 확산이 사람들에게 과거에 비해 풍성한 관광의 기회를 제공해 주고 있음은 사실이나, 자본 개입 현상으로 인해 관광활동은 보편적으로 향유되어 왔던 많은 관광자원들에 대한 접근을 계급적, 위계적으로 차등화

할 위험성을 내포하고 있다. 따라서 보편적 서비스의 확대를 지향하는 관광 활성화를 위해서는 경제적 효용성에 입각한 관광자원에 대한 연구 외에 관광자원 소비에 내재해 있는 보다 근본적이고 개념적인 논의가 필요하다. 이 같은 과정을 통해 관광의 산업경쟁력을 지나치게 강조하면서 영리주의적 경향으로 치달을 수 있는 관광활동의 편향적 연구에 균형을 잡아 줄 수 있을 것이다.

1 정보사회와 관광

1) 정보사회의 도래로 인한 여가 및 여가산업의 확산

사람들은 현재 급격하게 변화하는 사회질서의 불확실성에 불안해하고 있다. 일부는 그 변화상을 새로운 기회로 여기기도 하며, 또다른 사람들은 더 큰 구조적인 속박이 올 것이라고 예견하기도 한다. 이러한 불확실성에도 불구하고, 현대 사회의 흐름에 모두가 공통적으로 동의하는 것이 있으니, 그것은 현대 사회가 정보와 문화의 사회라는 것이다. 이 복잡다단한 구조적 전환으로 말미암아 그에 따른 시대적 변화상을 올바로 진단하고, 분석적으로 고찰하는 일이 더 중요해졌다(민웅기, 2002b).

현대사회와 같은 급속한 시대상의 변화가 있기 이전, 과거 정치경제학에서 소비과정이나 소비문제는 생산에 따른 부수적인 현상으로 인식되기도 하였다. 하지만 현대사회는 생산영역의 중요성 못지 않게 소비중심의 사회로 바뀌고 있다. 이 사회에서 소비 자체는 자본주의 체제를

확대 · 재생산하는 역할을 담당하게 된다. 즉 생산자들이 단순하게 생산물만을 만드는 작업을 하는 것이 아니라 상품을 소비할 대상들의 욕구와 욕망을 생산해야 한다. 따라서 소비문화를 유지, 확대하기 위해서는 소비자들의 문화적 욕구를 만족시킬 수 있는 상품을 소비 행태와 관련하여 지속가능하게 생산할 수 있어야 한다.

이상의 시대적 조류에 편승해서 현재 여가에 대한 많은 사회연구들이 진행되고 있다. 그러나 지금까지의 여가 관련 연구들은 각기 다른 학문 분과에서 미시적 영역에서의 인간 의식, 행동 등을 중심으로 논의되는 경우가 많았기 때문에 여가를 총체적으로 다루지 못하거나 여가의 문제를 사회적 맥락에서 바라보는 시각이 결여되어 있는 문제점이 있었다. 이러한 사실은 기존의 여가연구가 주로 '개인 행위자' 에게 관심을 가지고 연구가 진행되어 '사회구조적 차원' 의 문제를 간과해 왔다는 점을 시사해준다. 정보화 등으로 대표되는 현대사회의 급속한 거시 트렌드의 변화는 인간의 생산노동 영역과 소비적 측면의 여가영역

에 모두 영향을 끼치기 때문에 그러한 흐름 속에서 일상 여가문화의 패턴변화를 연구하는 일은 가치 있는 일이라고 할 수 있다.

여기서 우리는 여가활동에 대한 논의를 하기 위해서 여가(leisure)에 대한 개념부터 고찰해야 한다. 수많은 여가에 대한 연구가 진행되었으나, 확실히 그 개념이 하나로 정립되지 못한 것은 '여가' 라는 용어 속에 너무나 많은 의미가 포함되어 있기 때문이다. 그만큼 여가를 하나의 단일 개념으로 정의하는 것은 어렵다. 그럼에도 불구하고 기존 논의를 중심으로 여가에 대한 현대적 개념을 살펴보면, 여가는 크게 시간개념, 활동개념, 그리고 주관적 · 심리적 개념으로 구분하여 생각해 볼 수 있다. 첫째, 여가에 대한 시간 중심의 의미는 잔여 시간개념(residual time concept)을 말한다. 생활에 필수적인 활동을 하고 난 뒤의 나머지 자유 시간을 의미하는 것으로 생활시간에서 노동시간과 생리적 시간을 제외한 나머지 시간을 말한다(Kraus, 1971). 둘째, 여가에 대한 활동개념(activity concept)이란 여가개념을 노동, 가족, 사회의 의무로부터 해방되어 휴식이나 오락을 위하여, 또는 지식 추구, 자발적 사회참여, 창조적 능력의 자유로운 실현을 위하여 자기 스스로 참여하는 것을 말한다(Dumazedier, 1962). 쉽게 말하면 여가를 활동 그 자체로 보는 것이다. 셋째, 여가를 주관적 상태로 정의하는 사람들도 있는데, 이 원칙에 의하면 여가의 개념은 매우 광범위하게 받아들여질 수 있다. 주관적 의미의 여가란 인간의 전면적 발달을 위하여 주체성을 가지고 자유롭게 행동하는 심리적 상태라고 볼 수 있다. 여가라는 심리적 상태가 대부분 자유시간이나 노동시간이 아닌 다른 시간 범위에서 경험되지만, 이 개념을 통한다면 노동과정 중에도 여가를 경험하는 것이 가능하다는 점을 함축하고 있다(김외숙 · 조희금 · 두경자, 2000).

한편 여가산업(leisure industry)은 여가 수요를 충족하기 위한 다양한 재화를 생산, 수송, 공급, 유통, 판매하는 제반 산업을 포괄하는 개념이다. 구체적으로 말하면 여가산업은 관광산업, 레크리에이션, 스포츠 산업, 외식업, 매스미디어, 판매업 등 여가 활동에 필요한 용구, 장비, 시설 등을 생산, 공급하고 여가환경 정리와 경영까지 포함하는 넓은 범위의 산업을 가리킨다(이천희, 1999). 즉, 여가산업은 여가활동과 관련된 생산, 영업, 경영관리의 모든 부분을 포함하는 종합적 성격의 산업이라고 할 수 있다.

여가산업이 여가문화를 확장시켜 인간다운 생활을 보장하고, 삶의 질을 개선하는데 기여한다는 점은 부인할 수 없으나, 사회체계 내 국가 · 자본의 지나친 영리주의 산업화 경향으로 인해 무분별한 소비풍조의 만연과 구조적 사회문제를 유지시킨다는 지적 또한 나오고 있다. 그럼에도 불구하고 여가산업은 그 규모 및 구조에서 단순하고 비영리적인 공공 및 민간 차원의 공익조직에서부터 고도의 상업성을 지닌 기업적 성격의 영리 추구 사업조직에 이르기까지 다양한 형태로 성장을 지속하고 있다.

최근 나타난 정보혁명은 지금까지 살펴본 여가의 범위를 확장시켰다. 첨단 정보통신기술의 발달로 발생한 시공간 압착(time-space compression)현상은 사회적 상호작용의 범역을 전폭적으로 확산시켜, 전 세계가 '지구촌(global village)'이라는 하나의 실시간 소통권으로 수렴되어가고 있다(McLuhan and Powers, 1989; Ess and Sudweeks, 2001). 시공간의 제약에서 비롯되는 접속의 장애를 제거함으로써 초시간적 · 초공간적 상호작용을 허용한다. 여기에 기술발달로 인한 사회경제적 재구조화 현상이 가세하여 공간 개념의 일대 혁신이 초래되고 있으며, 자본의 이동을 넘어선 인적 · 문화적 교류가 확산됨으로써 새로운 '지구적 공간 감각(global sense of place)'이 출현하고 있다. 이 같은 일련의 흐름은 인간심리의 저변에 내재한 '유목적 욕구'를 자극하고 있다.

더 나아가 정보화는 인간의 새로운 지각활동을 유인한다. 멀티미디어의 발전에 따른 시각적 욕구의 부흥은 대상의 '이미지화'를 촉진시키고 있다. 근대적 합리성에 대응하는 탈근대적 가치의 흐름은 바로 이러한 시각적 욕구의 부흥에 따른 이미지화의 일반적인 모습이라고 할 수 있는데(Maffesoli, 1993), 이는 생활양식의 '심미화'를 강화시키고 있다(Lash, 1999). 컴퓨터를 매개로 하는 소통(computer mediated communication: CMC)이 활발하게 일어나는 본격적인 '접속의 시대'가 도래하게 된 것이다(Rifkin, 2000). 이 접속의 개념은 단순한 정보전달에 그치는 것이 아니라 생활체험에 관한 접촉까지 포괄한 넓은 의미로서 이해되어야 할 것이다. 정보화로 인한 접속기능의 강화는 유목적 욕구와 심미적 욕구를 '체험의 욕구'로 승화시킨다.

사회가 급속히 변화하고 있기 때문에 이러한 구조적 영향력을 반영할 수 있는 다양한 여가 및 관광에 대한 연구가 필요하다. 특히 지금까지 진행된 동적여가활동의 전형이라 할 수 있는 관광관련 연구는 주로 실리적 동기에 입각한 경제적 가치 측면의 확장을 선도해 온 까닭에, 복잡다단한 사회문화적 현상으로서의 관광활동의 근원적 가치에 대한 다차원적 분석 작업 및 이론화 과정이 뒤늦게 연구 성과에 반영되어 온 것이 사실이다(Rojek & Urry, 1997). 특히 관광자원에 대한 논의 역시 관광산업을 추진하는 과정에서 예상할 수 있는 경제성, 수익성에 입각한 분석이 주를 이루었다. 이제 포스모더니즘 사회, 융합사회로 명명되는 이 복잡한 시대적 흐름에 맞게 여가, 관광활동 및 산업 발전의 본원적 추동력이라고 할 수 있는 관광자원에 대한 개념적, 이론적, 구조적 논의를 더 적극적으로 시도할 필요가 있다.

2) 현대사회에서 여가문화의 발달요인

(1) 정보사회로의 진입과 여가욕구의 변화

현재 우리의 삶을 지배하는 큰 구조적 특징은 정보통신기술을 토대로 만들어진 정보 중심 사회에 안정적으로 진입했다는 점이다. 정보시대의 도래와 함께 무엇보다 중요한 것은 생활문화의 한 범주로 사회구성원들의 여가문화가 급속히 확산되었다는 점이다. 여가문화의 확산은 정보화에 의해 사람들이 노동과 여가에 대한 인식이 과거와 달리 바뀐 것에서 그 구체적인 원인을 찾을 수 있다.

오랫동안 여가는 노동과 상반되는 활동으로 인식되어 왔다. 전통사회에서 여가는 긍정적 요소로 이해되었던 반면, 노동은 생존을 위해서는 필요한 것이되 가급적이면 기피해야 할 부정적 활동범주로 간주되어 왔다. 근대 이전의 사회적 계급분화를 통치계급, 무사계급, 생산자 계급 등으로 구분할 때, 직접적 노동에서 면제된 통치계급이나 무사계급이 사회적 지배력을 유지하기 위해서는 노동을 하지 않는 활동이 신성시되어야만 피지배계층을 통치하는 지배이데올로기로 그 인식체계를 이용할 수 있었기 때문이다.

이 같은 관념은 서구 근대사회에 이르러 급진적으로 변화하게 된다. 변화를 주도한 것은 개신교 윤리를 앞세운 종교개혁 운동으로서, 중세까지 이어져왔던 부정적 노동관은 '소명으로서의 노동'을 강조한 종교개혁 이후 획기적으로 변모한다. 즉, 개신교 윤리는 근대 자본주의가 요청하는 근로행위를 고취하면서 부르주아 계급을 새로운 사회적 주도세력으로 대두시켰다. 또한 자본주의의 후속적 발전으로 부르주아 공리주의가 차츰 한 사회의 지배적 관념으로 정착되면서 '노동 → 생산성 → 사회진보' 라는 노동중심적 사고가 한 사회의 주류 문화로 자리 잡게 되었다(김문겸, 1993).

그런데, 사회진보의 이데올로기와 직결된 노동의 긍정적 가치는 현대 정보화 사회에 이르러 또다른 새로운 전환기를 맞고 있다. 톰슨(Thompson)은 그것을 노동시간에 관한 연구 주제에 대해서 다음과 같이 분석한다. 전통사회의 시간 개념을 '작업지향성(work-orientation)'이라고 규정하고, 전통사회에서는 노동이 자연리듬에 연관되어 자연귀속적 시간의식에 의해서 이루어졌다고 보았다. 산업사회가 도래하면서 이 같은 작업지향적 노동이 고용노동으로 전환되어 금전적으로 환산되기 시작했고, 시간에 의해 규제받게 된 노동은 자본가의 통제 하에 놓이게 되었다는 것이다(Thompson, 1967). 한편 산업사회의 시간지향적 노동원리는 노동활동 및 여가활동의 상호침투가 촉진

되고 있는 정보화 단계에 들어서면서 그 경계가 허물어지기 시작하고 있다.

이상의 노동과 여가에 대한 인식 변화는 일상 문화에 큰 변혁을 가져왔는데, 여가에 대한 관념이 긍정적 태도로 바뀌어 인간들의 삶에 획기적인 전환을 가져오게 된 것이다. 정보사회의 일상문화에서 노동영역과 여가생활 영역의 주요패턴은 '동시화'로 정리할 수 있다. 현대사회에서의 주요 특징은 기존의 산업사회에서와 같이 노동의 영역 뿐 아니라 여가의 영역에서도 동시화가 이루어지고 있다는 점이다. 그리고 외적인 노동 상태와 여가시간 간의 엄격한 규제가 어느 정도 유연화되기 시작한 것이다. 특히 현대사회에서의 정보통신혁명은 사회구성원들의 사고방식과 행위의 이완을 유도함은 물론 시공간의 물질적 경계를 허무는 결정적인 역할을 하게 된다(김문조, 1999). 정보사회에서 구성원들의 사회적 자유도는 증가하게 되었고, 이는 곧 여가활동의 확장효과를 가져오게 된 것이다. 노동시간에 직접적으로 매개되었던 노동자들의 여가시간이 정보기술의 발달로 인해 노동영역에서 상대적으로 독립적으로 존재할 수 있게 된 것을 의미한다.

정보화로 인한 노동영역의 변화 때문에 여가문화가 확산된 좋은 예로 원격근무, 재택근무 등을 들 수 있다. 원격근무는 기업과 원격 근무자 개인이나 가정은 물론이고, 고용기관 및 사회일반으로 폭 넓은 파급효과를 미치게 되었다. 노동자의 측면에서는 생활의 주체적 배치, 시간사용의 효율화, 사회적 비용의 절감, 일에 대한 선택기회의 확장 등의 효과를 미쳤으며, 고용자 측에서는 사무실 비용과 관리비용을 절감하고, 생산성이 향상되고, 인력확보 및 수급의 신속화를 달성하는데 기여했다(민웅기, 2002b).

이처럼 정보통신혁명에 기초한 노동영역에서의 변화로 개인의 자율적인 시간 활용이 가능해졌으며, 이는 다시 평일 여가시간의 확산으로 이어졌다. 또한 새로운 여가활동을 위한 학습까지 이루어지게 되었다. 업무수행의 자율적 선택으로 다양한 직업 활동이 가능해짐으로써 가처분소득도 늘어나게 되었고, 가처분 소득의 증가는 곧 교양 · 오락비 등의 서비스 분야에서의 소비지출 상승을 가져왔다. 이제 노동 중심의 삶을 넘어 여가와 관계된 정신적인 풍요로움의 재생산하기 위한 사회구성원들의 욕구가 상승하게 되었다.

(2) 시간의 자원화

제도로서의 시간 개념은 시간의 의미가 개인적, 자연적인 것이 아니라 공공의 사회적 성격을 지니고 있으며, 사회 내에서 독립적으로 산출된, 따라서 사회마다 달리 규정하는 객관화된 사회적 사유범주에 해당한다고 보는 것이다(Lash & Urry, 1994). 사회적 산물로서의 시간에

대한 연구는 오래 전부터 다양한 방식으로 진행되어 왔다. 우리 사회에는 태양의 주기, 달의 운동과 관련된 여러 가지 시간 개념들이 있다. 반면 그와 같은 자연적 주기에 기초한 시간과는 달리 인위적으로 정의된 시간표가 생활의 삶을 규정하기도 한다. 이는 일상적 삶의 부분을 규정하고 조직하는 내적인 형식으로 작용한다. 기존의 자연적 주기에 의해 사회적 삶을 규정했던 시간 개념은 '근대성(modernity)' 가치의 등장과 함께 그 영향력을 잃어갔다. 삶을 규정하는 자연에 의해 규정되는 시간을 통해 개개인의 삶이 지니고 있는 차이와 이질성을 제거하지 않으면서도 그들 사이에 어떤 질서와 통일성, 일관성이 형성된 것이다. 근대화를 주도한 산업 현장에서의 시간은 동작의 미세한 부분까지 획일화시킨 나머지, 사회구성원들이 '여유 있는' 시간 개념을 인식하기에는 큰 한계가 있었다(이진경, 1997).

이러한 선형적(linear)이며 비가역적(irreversible) 근대적 시간관은 시공간적 제약을 해체하는 첨단 정보통신기술의 등장과 함께 점진적으로 완화되어가고 있다. 따라서 시간은 더 이상 생산물을 산출해내는 공급차원에만 적용되는 것이 아니라 사람들의 삶을 여유롭고 윤택하게 하는 소비생활의 질료(質料)에 해당하는 소비자원으로 간주되기 시작하였다.

더구나 첨단 정보통신매체에 의한 즉각적 정보 교환 및 문화교류는 생활양식에 대한 관심을 증폭시키고 있다. 따라서 현대인은 자연적 시간을 초월한 새로운 생활세계를 동경하되, 과거와 같이 그러한 꿈을 미래의 환상에만 심리적으로 의지하지 않고, 현재적 실천행동 범주로 귀속시키려고 한다. 이러한 현재시간의 자원화 현상은 커뮤니케이션 매체의 발달과 더불어 여가활동을 촉진시키는 중요 요소로서 작용한다. 즉, 정보기술 패러다임 하에서 생활세계 구성의 핵심적 원리의 하나로서 대두된 자유로운 시간의 변형 현상은 여가활동을 새롭게 확장시키는 계기를 제공하게 되었다.

더 나아가 현대사회에 등장한 노동시간의 유연화 현상 역시 개인의 노동에 대한 인식을 변화시키는 계기로 작용하게 되었다. 더 이상 노동은 직장에 나가서만 할 필요가 없게 되었다. 본격적인 정보사회로 진입하게 됨에 따라 산업사회에서는 수많은 시간과 육체적 힘이 많이 필요했던 노동이 기술의 힘으로 비교적 손쉽게 이루어지기 시작했다.

정보사회에서 컴퓨터를 매개로 이루어지는 소통의 기술은 시간의 경계를 정복하고 있으며, 지구 전체에 즉각적인 사건이나 문화 관련 정보를 제공하면서, 근대사회에서는 볼 수 없었던 동시성, 즉시성에 입각한 시간관을 제공하게 되었다. 이 같은 사회구성원 상호간의 새로운 커뮤니케이션 방식의 변화로 일상적 삶의 영역 역시 바뀌기 시작했다. 시간의 지연 없는 즉시적 정보 및 문화적 산물의 교환, 활성화된 교환 네트워크 구조의 공유 현상은 현실생활의 관심과 현실 자족의 감정을 촉진시켰다. 사회구성원들은 더 이상 '먼 미래'를 관망하고, 앞으로 삶이 더 좋아질 것이라고 기대하는 방식의 미래 이데올로기를 추종하지 않고 '현재'로 관심으로 삶의 방식을 전환하고 있다. 이러한 현재시간의 자원성과 그에 따른 커뮤니케이션 사회에 대한 관심은 여가문화의 발달을 촉진하는 계기가 되었다.

(3) 대중 소비사회의 도래

정보화의 메커니즘을 통해 나타난 현대사회의 또 다른 특징은 대중이 중심이 된 소비사회로의 전환이 이루어졌다는 사실이다. 폭발적으로 확산되고 있는 소비상품, 서비스와 같은 것들이 현대 자본주의사회에 새로운 소비체계로서 등장하고 있다. 또한 현대 사회에서의 권력과 소비, 여가, 기호들의 관계에 대한 연구주제는 더욱 중요해졌다(Baudrillard, 1970). 사회구성원들은 더 이상 부(富)의 창출을 위한 노동만을 고집하지 않게 되었으며, 여가시간 확보에 따른 여유 있는 소비문화를 즐기기를 원하게 된 것이다.

소비가 대중 여가생활에 매우 중요한 체계로 갖춰지게 된 것은 제2차 세계대전 이후, 자본주의의 확산을 통해 나타난 각 국가의 국민 경제의 성장과 연관이 있다. 대량생산 · 대량소비 체제의 형성을 중심축으로 하여 그러한 사회적 기류가 전개된 것이었다. 당시 생산체계에서는 대량생산에 맞는 대량소비의 창출이 필요했고, 따라서 다수의 소비자들은 표준화된 상품의 구매를 해야만 했다. 반면 노동현장에서는 더 큰 노동 강도를 필요로 했고, 작업강도의 증가는 사회구성원들로 하여금 그 반대 급부로 할 수 있는 소비생활 영역에서 이전보다 더 많은 안정과 휴식 등을 필요로 하게 만들었다. 또 늘어난 생산량은 사회적으로 많은 소비행위를 필요하게 했다. 대량소비 없이는 대량생산이 있을 수 없기 때문에 이후 20세기의 자본주의 역시 사회구성원을 충실한 '노동자' 가 아니라 충실한 '소비자' 로 변화시켰다.

하지만, 이러한 대량생산-대량소비구조는 1970년대 들어서 심각한 위기에 봉착하게 되었다. 대량생산체계의 생산성에 한계가 오게 된 것이다. 소품종 대량생산체계는 더 이상 다원화된 소비자 욕구를 따라 갈 수 없게 되었다. 따라서 시장의 다양한 수요를 따라잡기 위하여, 기존의 대량생산체계는 유연화된 생산체계로 그 모델이 바뀌게 된다. 이 같은 유연성을 갖춘 생산체계 역시 소비의 영역에 많은 영향을 주었는데, 구체적으로는 상품소비에 대한 주기가 훨씬 짧아졌고, '서비스 영역' 에서의 소비로 상품 구매의 영역을 확대시키게 된 것이다. 이 같은 과정에서 자본의 영역은 소비문화를 한 사회의 주류문화로 만들기 위해 노력하게 된다. 백화점, 할인점과 같은 대형매장에서 이미 구체적 물품에 대한 상품화 전략이 실시되고 있다. 이제는 부족한 소비영역을 보충하기 위하여 공공의 소비를 유도하고, 사회구성원들의 가장 기본적 욕구인 여가의 영역까지 침투하고 있는 것이다. 이제 현대사회의 여가문화는 대중적 소비사회라는 시대적 조류에 편승하여 더욱 산업화되고 확산되게 되었다.

(4) 매체환경의 발달

과거와 비교해 볼 때 정보화와 더불어 가장 두드러지는 현대사회의 급격한 변화상은 세계화(globalization)의 속도가 가속화되고 사회적 영향력이 크게 증대되었다는 것이다. 이러한 세계화를 이끌어오고 있는 두

개의 큰 축은 자본의 세계화와 문화의 세계화이다(박길성, 1996; 이수훈, 1996). 초국적 기업과 초국적 자본으로 대표되는 자본의 세계화는 이미 IMF 금융위기 체제에서도 우리 모두가 목격했듯이 상상할 수 없는 가공할 만한 위력을 떨친 바 있다. 또한 맥도날드화(McDonaldization)나 영어공용화로 상징되는 문화 영역에서의 세계화는 이미 우리 사회구성원의 일상생활에 깊이 근접해있는 상태이다(Ritzer, 1996). 여가의 영역도 이 같은 맥락에서 다양화 · 표준화라는 상반된 현상이 동시에 나타나고 있다.

여가문화에 기반을 둔 여가산업은 지금까지 살펴본 세계적인 흐름 속에서 더욱 발전하고 있다. 여가산업의 확장 과정과 관련하여, 리처(Ritzer)는 현대의 여가산업과 관련된 사회적 현상을 베버(Weber)의 관료제적 합리화 이론을 적용하여 최근 나타나고 있는 패스트푸드점의 성장이라는 사회현상을 함께 접목시켜 '맥도날드화' 라는 독특한 이론적 논의를 하였다. 그의 연구를 요약하면. 복잡한 현대사회에서 자본, 문화 등이 세계적으로 확산되는 과정 중 나타나는 주요 특징들을 '효율성(efficiency)', '계산가능성(calculability)', '예측가능성(predictability)', '통제(control)' 로 범주화했다. 이 현상들을 종합하여 맥도날드화라고 명명한 것이다. 그는 비단 맥도날드의 성공 이유뿐 아니라 현대사회의 모든 여가산업의 성공여부에 맞추어 설명이 가능하다는 논리를 폈다(Ritzer, 1996). 맥도날드화는 상품과 서비스의 이용가능도를 높게 만들었으며, 문화상품자체와 그것과 관련된 서비스를 이용하는데 시 · 공간적 제한을 덜 받게 하였다. 노동시간이 길어서 자유시간을 자로 실현하기 어려웠던 사람들이 신속하고 효율적인 상품과 서비스를 이용할 수 있게 되었고, 급속히 변화하는 세계에서 맥도날드화 되어 있는 체계는 상대적으로 안정되고 친숙한 환경을 계속 유지할 수 있는 계기를 마련해주었다.

지금까지 살펴본 세계적 변화를 주도하는데 대표적인 역할을 담당하는 것은 정보사회의 매체(media)환경이라고 할 수 있다. 현대 정보사회에서 매체환경의 변화는 사회구성원들의 여가욕구와 여가문화의 확산과정에 영향을 미치게 된다. 이러한 사회현상을 분석하는 틀을 마련하기 위하여 최근 '정보체계' 나 '정보양식' 에 의해 한 사회의 성격을 파악하려는 많은 논의가 제기되고 있다. 이와 관련하여 포스터(Poster)는 '정보양식' 이라는 개념을 도입하여 현대사회의 구성적 요소를 규명하고자 했다. 그는 현대사회에서 커뮤니케이션의 본질을 파악하기 위해서는 반드시 행위와 언어, 공적활동, 사적신념, 물질과 문화와의 관계 등을 다시 이론화하여야 한다고 주장했다. 그리고 모든 세계에서는 그 나름의 '상징적 의사소통형태' 가 있다고 말하고, 여기에는 내 · 외적으로 이루어지는 의미 작용의 수단 및 관계가 내포된다고 보았다(Poster, 1994). 한편 맥루한(McLuhan)은 '매체는 메시지다' 라는 명제로 매체가 사회구성의 중심에 있음을 강조하였다. 그에 따르면, 모든 매체는 인간의 신체기관이 확대된 것이다. 세계는 시각보다는 전체 '오감(五感)' 을 더 중요하게 고려하는 사회로 변화하며, 전자영상매체 등은 세계화를 기반으로 하는 자본에 의한 여가문화의 상업화 현상에 일정 부분 큰 역할을 하게 된다(McLuhan, 1984).

사회구성원들의 전반적인 생활문화에서 새로운 매체의 발달로 인해 시간과 공간의 한계, 그리고 비용의 문제가 상당부분 해결되었으며, 이 같은 현상은 현대 여가활동의 확산에 중요한 역할을 하게 된다. 여가문화로 대표되는 생활양식 변화의 사회적 파장은 자본에 의해 시공간이

상품화됨을 의미한다. 로젝(Rojek)에 의하면, 여가산업은 여가상품과 서비스에 대한 소비자들의 수요의 창출 및 재창출이 주요 운영 목적이라고 말하고 있다. 그는 사회구성원들의 여가활동이 뉴미디어의 영향력으로 더욱 상품화된다고 주장하였다(Rojek, 1985).

뉴미디어의 발전을 야기한 다른 기술적 토대로 위성통신기술을 들 수 있는데, 전 세계를 하나의 문화권으로 묶는 효과를 가져왔다. 정보사회의 매체환경에서의 시공간을 넘나드는 즉각성, 친밀성 등의 유발효과는 기술적 발달에 의해 가능해졌고, 이는 다시 여가를 둘러싼 동시적 활동을 가능하게 했다. 지금은 너무나 친숙한 용어가 되어 버린 인터넷, 위성중계, 세계적인 공통 뉴스채널의 영향력 확대현상 등은 모두 이러한 매체환경의 변화에 따라 생겨난 사회적 현상이다. 그 영향으르 이제 자본은 한 나라의 경계 내에서만 자신의 열망이 결정되는 것을 결코 허용하지 않았으며, 세계적인 상호연관의 가능성을 약정한 것이었다(Wallerstein, 1997). 이는 구체적으로는 초국적 기업의 등장을 의미한다. 초국적 기업은 진정으로 자유로운 자본으로서 특정한 국가적 정체성(identity)을 고집하지 않으면서 최고의 안정성과 수익을 위해 기꺼이 자리를 옮긴다. 또한 절대적인 효율성 원칙에 의해서 기업의 명확한 국적을 가지고 있지 않으며, 정부의 규제로부터 벗어날 수 있다(탁길성, 1996). 매체 환경의 탈국가적 보급은 이러한 자본의 세계화로 설명이 가능하다.

한편 여가의 상품화, 산업화 과정과 관련하여 설명 가능한 또 다른 세계적 흐름은 문화의 세계화이다(김호기, 1997; 김성우, 2001). 현대 정보사회의 문화는 상징전달방식과 의미내용상 혼합되어 뒤섞인 문화구성체계라고 볼 수 있다. 그런데, 외형적으로 서로 다르게 보이는 사회라도 문화의 확산과정 속에서 비슷한 성격의 문화체계를 형성하기도 한다(김성우, 2001). 이러한 문화 세계화의 맥락에서 여가문화를 살펴보면 이해하기가 쉽다. '여가문화의 상품화'는 자본가가 자원으로서 구매하는 과정과 상품, 서비스 등이 소비자에게 포장되고 판매되는 과정으로 나누어 설명 가능하다. 그 소통 과정에서 여가문화는 그 활동영역에서의 다양성이 단일성으로 대체되기 쉽다(Rojek, 1985). 자본의 입장에서는 표준화된 상품의 생산과 보급이 그들에게 더 유리하기 때문이다. 개인의 기호와 욕구를 무시한 일괄적인 패키지 관광과 사회구성원 개개인의 지적 능력을 무시한 텔레비전 프로그램의 획일화 등이 그 예가 될 수 있다. 이 같이 매우 복잡한 과정을 거쳐온 여가문화는 결국 국제적인 매체환경에 의해서 동질적 성격을 가지는 여가문화 형태로 확대되고 있는 것이다. 요컨대 현대사회에서의 매체환경은 직·간접적으로 여가활동에 중요한 영향을 미치고 있다. 또한 그것은 생활영역패턴의 변화에 기초한 여가문화의 확장과 그것에 기반을 둔 산업 발달을 복합적으로 함께 유도했다고 볼 수 있다.

3) 여가문화 확산에 의한 사회질서의 변화와 대응방안

정보기술의 발전과 이에 따른 다양한 문화적 변화는 여가활동을 촉진시키는 변화된 사회질서의 요건으로 작용했다. 사회구성원들은 그들의 다양한 문화적 욕구를 보상해 줄 수 있는 삶의 하위 영역이 바로 여가라는 인식을 하게 되었다. 여가는 사람들의 일상생활 속에서도 자연스럽게 존재한다. 일찍이 마페졸리(Maffesoli)는 이러한 일상성에 기인한 사회구성원들의 삶의 방식을 언급했다. 기존의 직선적 서구 진보 이데올로기에 의해 지배되었던 직선적 시간구조에 회의를 가지고, 미래를 위하여 현재를 희생하는 삶이 아닌, 현재에 충실하여 그 상황을 즐기는 현재 중심의 '디오니소스(Dionysus)' 적 삶을 현대사회의 특징으로 보았다(Maffesoli, 1997). 디오니소스는 그리스 신화에 등장하는 술의 신(神)을 가리킨다. 합리적인 신이라 할 수 있는 프로메테우스(Prometheus)와는 대조되는 신이며, 사람들의 축제를 한 후에 술에 취하고, 노래하며, 춤추는 모습을 상징하는 신이다. 인간은 어울려 놀 때 인간으로서 가장 원초적 모습, 어떤 것에도 구속받지 않는 가장 자유로운 모습을 지닌다는 점을 강조한다. 최근 우리 사회에서 회자(膾炙)되고 있는 욜로(You Only Live Once : YOLO)족의 가치와도 그 개념이 연결된다. 욜로는 한번뿐인 인생에서 자신의 행복을 가장 중시하여 이를 위해 소비하고, 미래나 남을 위해 희생하지 않은 현재의 행복한 삶을 추구하는 생활태도이다. 이처럼 현재에 대한 관심은 사회구성원들의 관심사가 노동에서 여가로 전환되는 현대생활의 흐름의 변화와 일맥상통한다. 현대사회에서 국가중심의 노동중심적 삶의 형태가 주5일제 근무가 정착되면서 새로운 노동 패러다임의 상징적 형태로 변화할 수 있었던 것도 사회구성원의 일상적 삶을 강조하는 생활세계 영역의 확대라는 큰 맥락에서 이해하는 것이 바람직하다.

여가문화와 여가산업의 발달은 사회구조를 바꾸어 나가고 있다. 본격적인 정보사회로의 이행과정에서 발생한 여가문화 확산과정과 사회구조의 재조직화 모형을 [그림 1]과 같이 나타낼 수 있다.

과거 전통사회는 일반적으로 공동체 중심의 이상이 지배하고 있었고, 사회계층 간 체계가 사회구성원들의 큰 저항 없이 안정적으로 조정되어 있었던 사회였다. 예를 하나 들어보자. 전통사회에서 농부가 농사를 짓는 것은 노동이다. 그러나 농부는 농사를 하면서 이야기도 하고,

그림 1 정보 사회에서의 여가문화 확산과정과 사회구조의 재조직화 모형

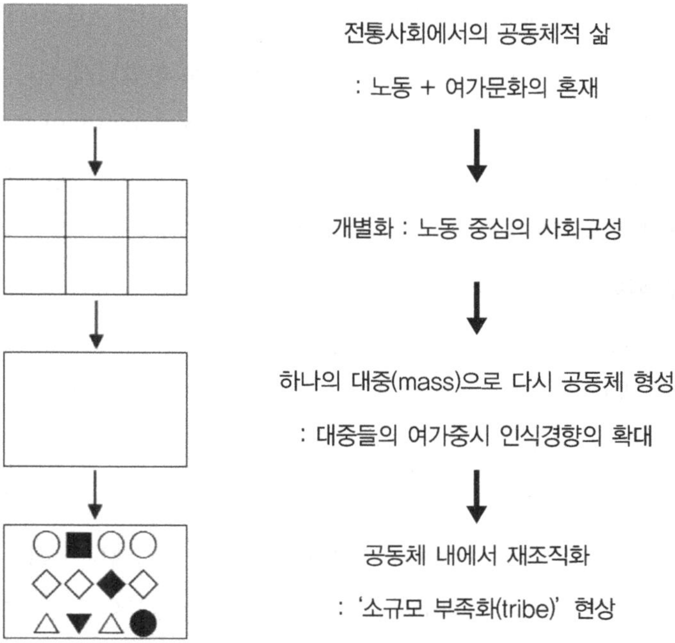

새참도 먹는다. 노동과 여가시간을 함께 보내는 것이다. 또 해가 길면 일을 길게 하고, 해가 짧으면 짧게 하기도 하면서 노동시간을 유연하게 조정하였다. 즉 노동의 영역이 시간에 절대적으로 구속되어 있지 않는 상태였던 것이다. 하지만 산업사회에 들어오면서 시간이 자원화되고, 그 시간에 자본이 투입되어 경제적 가치를 부여함에 따라 노동중심의 삶으로 사회의 주된 가치관이 변화하게 된다. 사회구성원들의 의식과 행위 역시 개별화되는 과정을 거친다. 그러한 사회구조의 원리는 현대사회에서 나타나고 있는 정보기술 주도의 거대한 시대적 흐름에 의해서 또다시 큰 변화를 겪게 되는데, 노동중심의 가치관에서 여가중심의 삶의 질을 추구하는 가치관으로 일반사회구성원들의 주된 삶의 목적이

바뀌게 된다. 이는 어느 한 사회계층에 국한된 문제가 아닌 사회 전체에서의 일반적인 대중 모두에게 통용되는 보편적 가치관으로 자리 잡게 되고, 곧 하나의 대중이라는 사회구성 성분으로 통합되게 된다. 이 과정에서는 이성적 차원이 아닌 감성적 차원의 매개요인이 연결되어 있다. 이렇게 연결된 하나의 집단은 또 다른 사회적 요인에 의해서 사회구성원 각자가 추구하는 기호중심의 소규모 부족과 같은 소집단으로 나뉘게 된다. 그 외형적 형태가 현대사회에서 흔히 말하는 '스타일(style)' 이다(Maffesoli, 1997).

물론 일부에서는 정보화로 인해 사회구성원들의 여가활동에 여러 가지 제약이 가해진다는 주장도 있다. 과거 산업사회와는 달리 현대 정보사회의 급속한 정보기술의 노하우를 익히는 데에는 노동자들의 많은 기술과 노력이 요구되었다. 특히 정보화, 융합화라는 거대한 사회적 흐름을 따라가지 못하는 사회구성원들은 낙오되어 노동시장에서 이탈할 수도 있는데, 이러한 경향이 과거 산업사회보다 많이 증가할 수 있다는 점이다. 특히 앞으로의 융합혁명 시기에 어떻게 사회가 변화할 것인지는 좀 더 두고 봐야 할 문제임에는 틀림없다.

이와 같은 주요 사회질서의 변화에 대응하여 사회구성원들이 올바른 여가향유를 누리기 위해서는 삶에 대한 계획을 세우고, 여가를 누리고자 하는 활동의 목표를 바르게 정립해야 한다. 가처분 시간, 소득과 같은 에너지를 적절하게 배분하여 여가활동을 실천할 수 있어야 하는 것이다. 특히 일상생활 속에서 사회구성원들의 이해와 욕구에 의한 사적인 여가조직체 외에 이를 조정하는 국가 및 자본의 출현은 개인 여가의 선택의 자유를 주기 위해 여가공급을 계획하는 것 이상의 광의의 권력이나 정치와 연결되고 있다. 따라서 사람들로 하여금 여가문화 활동과 관련한 도덕적 담론(moral discourse)을 제기하게 만들었다.

여가에 대한 사회의 순기능 외에도 사회구조의 재조직화 현상은 사람들의 소외 문제를 야기하기도 했다. 일찍이 마르크스(Marx)가 제시한 '소외'에 대한 논의는 노동경험에 국한된 것으로 볼 수 있지만, 현재에 와서는 여가경험에서도 그 사실이 분명하게 적용된다. 외재적이면서 자기 존재에 대해 소외를 느끼면서 부정적인 생각을 하면서 노동을 경험하는 것과 같은 방식으로 강제적으로 조작된 여가경험이 사람들에게 나타날 수 있다. 더 회의적으로 말하자면, 사회에서 살아가는 사람들의 여가는 더 이상 우리 자신의 것이 아닐지도 모른다. 대중들을 위한다는 명목으로 자본에 의해 상품화된 여가산업에 의해 조작될 수도 있기 때문이다. 여가활동의 수동적 · 피동적 행위와 더불어 염려되는 것은, 아직까지 우리 사회가 노동만이 가치 있는 행위이며, 여가는 가치가 없는 것으로 여기던 기존 문화적 가치의 결과물일지도 모른다. 이 같은 현상은 건전한 사회적 담론체계의 불균형이 있음을 의미한다. 인간의 순수한 일상 영위라는 삶의 영역은 경제논리와 자본의 상업적 이익 창출의 미묘한 전략과 부딪치면서 그 삶의 실존적 의미 자체가 획일화되고 빈약해지기도 한다. 이제 더 이상 여가문화 생산의 주체는 개인이 아니고, 여가문화는 개인의 의도와 선택을 넘어서 보이지 않는 구조적인 규칙과 규율에 의해서 움직이는 경향도 나타나고 있다. 여가행위를 하는 사회구성원들에게는 정보화에 의한 여가문화와 여가산업 간 복잡한 사회구조적 행태를 냉철하게 파악하여, 바람직한 여가상을 확립하는 노력과 함께 자율성에 기초한 주체적이며, 능동적인 대응이 요구된다고 하겠다.

4) 정보사회와 여가산업의 전형으로서의 관광

(1) 정보화와 관광산업의 가치

정보화는 우리가 흔히 알고 있는 온라인상에서의 이동 뿐 아니라 오프라인 상의 공간 이동을 활성화시킨다. 정보화를 통한 상품의 공간적 · 지역적 이동성 증가는 소비자 선택권의 확대로 연결되어 연관된 산업군의 성장 발달에 결정적으로 기여한다. 그 중 새로운 산업의 융성 과정에서 식별할 수 있는 가장 두드러진 특성은 '장소 마케팅' 의 확장이다. 정보사회에서 확대 성장하는 장소들의 공통적 특징은 그것들이 생산 활동의 중심지가 아니라 소비활동의 중심지로서 규정되고 있다는 점이다. 장소 중심의 마케팅에는 '물리적 인공물' 뿐 아니라 '공간적 이미지' 도 포함된다. 현재 많은 도시들은 그들의 이미지를 스스로 재포장하거나 재창조하기 위해 소비중심적 공간으로의 자기 변신을 꾀하고 있으며, 이러한 시도는 지역경제 및 지역개발에도 중요한 영향력을 행사한다(Lash & Urry, 1994).

일찍이 공간이론과 관련한 사회과학적 논의를 지속적으로 진행해 온 르페브르(Lefèbvre)는 이러한 공간에 대한 개념을 상품화와 관련지어 고찰했다. 구체적으로 살펴보면 자본주의화로 인한 '공간적 상품화' 과정을 크게 다음 네 가지로 정리하였다. 첫째는 화폐 등에 의해 발생하는 공간의 균질화, 둘째는 이윤확보를 위한 공간구조의 파편화, 셋째는 개발이익을 노리는 공간의 용도변경, 넷째는 군사력 · 경제력 · 지력 등에 의해 초래되는 지역 간 위계화 현상이 그것이다(강대기, 1995; Maffesoli & Lefèbvre, 1998). 이러한 과정에 의거한 공간적 질서는 비자본주의적 관계를 주변화시키고, 광고나 선전을 통한 사적 · 공적소비의 조직화 작업을 강화시키면서 이윤 법칙의 지속적 작동을 조장한다. 특히 현대사회의 광고는 이윤법칙에 의해 현대사회의 삶의 방식의 부재를 야기하기도 한다. 상품과 광고의 관계에서 소비자는 광고를 통하여 육체와 시공간의 통제를 경험하게 된다. 사용가치로 구입되는 것이 원칙인 상품이 광고에 의해 교환가치의 측면이 강화, 조작되면서 소비되기 때문에 사회구성원들은 새로운 생활패턴을 경험하기도 한다.

그간 많은 학자들은 자본주의의 발전이 체험 경제의 창출이나 접속을 가속화시킴으로써, 경험이나 추억, 이야기의 매매나 접속이 우리 일상생활에 풍미하게 될 것이라는 전망을 제시한 바 있다(Rifkin, 2000; Jensen, 1999). 다양한 체험은 오늘날 자본증식을 담보하는 유력한 상품의 하나로서 인정되고 있기 때문에 관광산업에는 막강한 자금, 기술, 인력, 조직력이 투여되고 있으며, 그러한 투입요소들이 직접적 체험을 향한 문화적 욕구와 연결되면서 체험은 교환가치를 함유한 상품 목록으로 편입되고 있다.

이 같은 체험 욕구의 흐름 속에서 관광산업은 현대사회에 중요한 역할을 한다. 관광산업은 여가관의 변천이나 공간성 극복을 지향한 유목적 욕구, 다양한 문화자원을 대상으로 한 시각적 욕구 등과 같은 사회의식의 변화를 통해 확산되고 있다. 더 나아가 체험에 대한 상품화 경향이 가세되어 현대인의 심리적 욕구에 부응하는 유망 여가산업의 전형으로서 부상하고 있다. 관광의 현대적 가치는 공간 체험을 통해 향유 가능한 심미적 의미의 정도가 어느 정도인가에 따라 달라진다고 해도 과언이 아니다. 현대사회에서는 정보통신기술의 발달에 의해서 인간 개인의 자아와 외부 환경인 사회체계 간의 상호 연관성이 그 어느 때보다 커지고 있다. 이러한 상황에서 개인은 지난날 손쉽게 획득할 수 있었던 심리적 안정감을 누리지 못한 채 자아정체성 위기를 경험하는 경우가 많다. 정보기술적 논리에 의해 주도되는 사회의 합리화는 과거에는 조직화되지 않았거나 존재하지 않았던 사회적 상호작용을 강요하고 있다.

이제 수세기 동안 개인 정체성의 기반이 되어왔던 단일한 사회적 역할에 대한 사고가 사회조직의 복합성 증대에 따른 중첩적, 다차원적 정체성 정립에 근간을 둔 변화의 압력에 노출되어 있다. 정체성 위기는 바로 '다중성(multiplicity)' 이라고 통칭할 수 있는 현대사회의 특징을 잘 나타내주는 현상이라 할 수 있다. 이처럼 우리사회는 자기 고유의 유일무이(唯一無二)한 개인의 내면세계만이 존재하는 것이 아니라 수많은 내적 세계와 네트워크에 의한 다양한 시공간의 가치가 병존(竝存)하게 되었다. 정보화에 따라, 즉시적, 상시적으로 다양한 문화를 지각하는 현대인들은 관광이라는 비일상적 의례를 통해 그것을 실질적으로 체험하고 확인하면서 정체성 변화를 체험하고 있다.

어떤 물음에 대해 단일한 정답이 존재하는 근대적 가치와는 다른 포스트모던사회의 질서 속에서는 다양성의 가치가 중요하다. 그리고 이 다양성의 문화는 관광이 성장하는데 과정에서 나타나는 주요 체험수단이라 할 수 있다. 이러한 관광객 체험의 대상이 되는 관광자원은 시공간 문화라 할 수 있다. 오늘날 많은 관광객들은 새로운 문화체험의 습득을 통한 삶의 질 향상을 도모한다. 관광을 위한 시간의 기획이나 관광공간 선정 과정부터 그들 각자의 기호이자 관심의 대상 선택 행위로 특징지워진다. 달리 말해 관광행위는 선택된 관광대상과의 긴밀한 상호관계 하에서 그 문화적 의미를 드러낸다. 따라서 관광객과 관광대상, 그리고 그 대상에 속한 또 다른 사회성원들은 모두가 현지에서의 생활세계를 공유하는 관광활동의 구성요소로서 작용하게 된다.

이처럼 관광은 점증하는 현대적 여가욕구의 충족 과정을 반영하는 것이되, 떠돌며 본다는 '유람(遊覽)' 이라는 역동적 기호욕구를 수렴한 것이라는 점에서 다른 정태적 여가활동들과 변별된다. 즉, 이동성을 전제로 하는 관광에 대한 욕구는 현대인의 유목적 성향을 대변한다. 이동지향성은 관광이라는 사회적 행위를 조장하며, 관광객은 떠돌며 구경하는 가운데 탈귀속성의 미학을 체험하게 된다. 요컨대 관광객은 생소한 여건 하에서의 상호작용을 통해 새로운 문화적 체험을 하게 되는데, 그들은 특히 이질적 문화양식이 제공하는 새로운 삶의 모습이나 유형을 주체적으로 바라본다. 오늘날의 관광객은 구경꾼으로서의 객체적 입장을 넘어 관광행위의 주체로서 발돋움하고 있다고 말할 수 있다.

이제 관광은 개인적 생활세계의 범역을 넘어 정치(국가), 경제(자본), 생활방식(관습), 환경 등과 다면적으로 서로 영향을 주고받으며 발전되어온 바, 이러한 관광산업의 합리화(rationalization) 과정은 관광의 지속적 확장에 기여해 왔다. 이와 관련하여 일찍이 엘리아스(Eilas)가 심도 있게 논의한 결합체 사회학(Figurational Sociology)이라는 개념에 주목할 필요가 있다. 결합체 사회학은 엘리아스와 그의 동료들이 저술한 저서들과 관련된 사회학연구방법을 지칭한다. 엘리아스는 결합체를 '상호지향되어 있고 의존적인 사람들의 구조' 라고 설명한다. 그가 강조하는 '상호의존성' 은 결합체적 접근의 핵심적인 개념이다. 엘리아스는 결합체를 '끊임없이 유동적인 상호의존적 관계' 로서 연구해야 한다고 주장한다(Elias, 1978). 여가문화의 논의는 엘리아스의 결합체 사회학의 방법론적 측면에서 구체적으로 전개할 수 있다. 그의 이론이 현대사회의 여가문화연구에 주는 핵심적인 시사점은 여가가 단순, 복잡성 여부에 관계없이 평범한 일생생활에서 흔히 결여되어 있는 강렬한 즐거움과 감정을 분출할 수 있도록 해주는 '문화의 보상적 기능' 을 수행한다는 것이다. 더 나아가 여가행위 과정에 국가, 자본, 노동, 도시들의 결합체적 역동성이 존재한다는 것이다,

엘리아스의 이런 논의는 하버마스(Habermas)의 체계와 생활세계와의 관계에 대해 비판적 분석을 통해서도 논의가능하다. 하버마스가 주장한 것처럼 과거에는 주로 정치 · 경제영역에 의해 구성되는 사회적 체계(social system)의 영역이 점차 합리화된 영역으로 바뀌면서 사회 · 문화영역으로 이루어진 주관적인 생활세계(life world)를 지배하는 경우가 많았었다. 그러나 현대사회로 오면서 중요한 것은 비합리적 영역이 합리화될 가능성이 높아지고 있으며, 사적 생활세계의 문화 영역이 과학적 논리로 대표되는 공적 체계에 다시 영향을 미치게 되었다는 사실에 주목해야 한다(Segerstrale, 1989). 이러한 논리는 현대사회의 여가산업 영역에 적용 가능하다. 생활세계의 영역에 존재한 여가문화는 현재 계속된 합리화, 산업화 과정이 진행 중이며, 따라서 자본에 의한 지나친 상업화 과정에 대한 도덕적 담론 역시 중요한 공공의 사회적 쟁점으로 등장하고 있는 것이다.

요컨대, 관광산업은 정치적, 경제적, 문화적 영역 등과 상호연계되어 삶에 변화와 활력을 제공하는 현대인의 '일상적인 비일상적 의례' 로서 제도화되고 있다. 현대인은 통제나 규율을 요구하는 노동세계에서 벗어나 개성과 자아의 표현과 관련한 체험을 맛보고자 하는 여가 욕구를 날로 신장시켜왔다. 더구나 고된 근로체험에서 벗어나려는 산업사회의 도피적 관광 개념은 최근 새로운 문물을 적극적으로 향유하려는 참여적 유형으로 바뀌어 가고 있다.

이제 관광은 개인이 자유의지대로 자유 재량시간을 활용하려는 건전 여가활동의 전형이다. 관광은 인간의 견식을 넓히고 활력을 도모하며,

안정적 여건 하에서의 해방감을 추구하며 즐기는 자아실현적 활동의 일환으로 인식되고 있다(박석희, 1995). 따라서 관광산업은 더 이상 사회경제적 발전에 역행하는 사치성 활동범주로 폄하되어서는 안 될 것이며, 또 재정적 투자 없이 이루어지는 자본 축적 영역으로 그 가치를 경시되어서도 안 된다. 사회체계 수준에서의 관광산업 진흥방안이 진지하게 모색되어야 함은 바로 이 때문이다.

(2) 관광산업과 관광정보시스템

시공간 압착현상, 시각적 욕구의 부활, 접속기능의 강화 등과 같은 기술사회적 변화상은 관광산업의 발전을 촉진하는 사회구조적 요건으로 작용해왔다. 여기에 관광활동의 상품화 경향이 맞물려 오늘날 관광자원의 잠재적 가치는 자본의 힘을 통해 현재화되고 있다. 즉, 자본은 관광 잠재력을 지닌 사물이나 활동들을 볼거리화, 놀거리화 시킴으로써 관광 자원에 내장된 경제적 가치를 실현해 나가고 있다(Gunn, 1988).

이 같은 사회현상과 맞물려 오늘날 관광산업에서는 관광자원의 상품화와 더불어 이를 적극적으로 광고 · 홍보함으로써 관광객을 유인하려는 다양한 마케팅 영역이 등장하고 있다. 본격적인 관광자원의 개발 과정이 진행되기 시작한 것이다. 관광산업이 지속되기 위해서는 그 내재적 가치를 올바르게 파악하여 소비 가능한 상품으로 전환시키는 관광자원 영역의 상품화가 필수적이다(박석희 · 이미혜, 1997). 관광자원의 산업화 과정은 여러 단계로 설정할 수 있으나, 모든 것의 출발은 관광정보의 원활한 공급과 유통이라 할 수 있다. 이러한 점에서 관광정보를 공급하는 시스템으로서의 광고나 홍보는 관광산업 진흥의 초석이라고 아니할 수 없다.

현대사회에서 온-오프라인을 막론하고 수없이 형성되고 있는 광고시장은 상품 소비에서 오는 사회적 효과와 상품에 대한 욕망을 이어주는 교량역할을 한다. 즉, 광고를 통해 상품이 세간에 알려지며 소개된 상품에 접하면서 소비활동의 새로운 주체가 형성되는데, 소비자들의 정보 수요가 증가할수록 그러한 순환과정이 공고화한다. 따라서 광고홍보는 애초에는 사용가치의 증진만을 목표로 했으나, 현재는 기호가치의 창출이라는 이미지 차원으로 나타나고 있다. 이는 곧 광고, 홍보가 사람들 생활공간의 자유로운 확장에 기여할 수 있음을 시사하는 것이다.

새로운 문화체험을 핵심으로 하는 관광자원에 대한 정보를 온-오프라인을 통해 사람들에게 공급하는 과정은 중요하다. 관광정보의 중요성은 관광목적지를 결정하기 위한 자료에 국한되는 것이 아니다. 관광행동은 목적지 선정 이후에도 일정, 교통편, 숙박, 경비 등에 관한 일련의 의사결정과정을 내포하는 복합적 소비모형의 전형에 해당한다. 따라서 최근 일부의 관광경영학자들은 지각적 비용이나 지각적 노력 등의 개념들까지 동원해 관광행위의 분석을 시도하고 있다. 관광자원을 관광 행위자에게 전달하는 과정에서 결정적 역할을 담당하는 것이 관광정보시스템이다.

우리가 일반적으로 말하는 관광, 여행정보란 관광객들이 목적 지향적인 행동을 선택하는데 유용한 일체의 알림사항이라고 할 수 있다. 관광정보에는 어떻게 여가를 보내는가에 대한 방법과 권고사항의 내용에 관한 프로그램, 장소 · 시설에 관한 것, 여가활동의 기술, 비용에 관한 것 등이 존재한다. 관광행위에 있어서 정보란 관광주체인 관광객과 관광객체이며 대상인 관광자원, 관광서비스를 연계시켜 주는 역할을 한다(오익근, 1998).

관광자원이 관광객들에게 관광상품으로 제공되었을 때, 잠재적 관광객들은 제공된 관광상품을 선뜻 택하지 않고, 핵심적인 상품 정보 외에 부가적인 정보들을 참고하여 추가적으로 고려하는 과정을 거치기도 한다. 즉, 그들은 관광상품을 최종적으로 결정하기까지 다음 다섯 가지의 순차적 단계를 거치게 된다. 첫째, 관광객이 관광지나 관광상품이 있다는 것을 피상적으로 알게 되는 상태인 인지단계, 둘째, 관광지나 관광상품에 대한 좀 더 상세한 정보를 얻기 위해 보다 적극적 탐색작업에 임하는 지식단계, 셋째, 구체적으로 좋고 나쁜 가치판단의 개념이 개입되는 관심단계, 넷째, 더 확실한 내용을 파악하기 위해 정보의 추가 탐색을 요하는 평가단계, 다섯째, 특정 관광상품에 대한 매력을 느끼게 되는 선호단계가 그것이다(Wilkie, 1990), 이들 모두는 모두 객관적 자료의 과다 여부를 넘어선 소비자의 내적 심리상태와 연관된 것이다.

관광자원에 대한 정보와 관련한 관광객들의 심리적 불만은 온-오프라인을 연계하는 종합적인 수준의 관광정보시스템의 필요성을 방증하는 것이다. 관광정보시스템은 주로 다음 두 가지 측면에서 중요성을 지닌다. 첫째, 그것은 특정지역의 관광정보를 총괄적으로 방문객들에게 제공함으로써 그들을 관광지로 끌어들이는 유인 역할을 담당한다. 즉, 관광지를 방문한 사람에게는 서비스의 판매를 촉진시키며, 행선지를 아직 결정하지 못한 사람들에게는 발길이 닿도록 방문을 유도한다(Fesenmaier & Vogt, 1993). 둘째, 종합적인 관광정보시스템은 관광자원의 지리 · 역사 · 문화 · 사회적 배경 및 현황들을 상세히 전달함으로써 관광객들에게 보다 깊이 있는 지식을 제공하는 기능을 수행한다. 따라서 효율적인 관광정보 데이터베이스를 구축해 관광대상과 관광주체간의 접속을 강화시키는 것이 정보화 시대의 관광진흥 전략의 핵심과제라고 본다.

물론 관광정보 데이터베이스의 구축은 관광활동에 임하는 관광자원 수요자의 입장에서 보다 만족스러운 관광활동을 할 수 있도록 유도하기 위한 관광산업적 배려사항에 해당한다. 하지만 관광정보시스템의 구축에 의한 산업적 효과는 관광자원 공급자의 측면에서도 발견할 수 있는데, 이는 주로 소비자들의 관광상품 구매의도와 깊이 연관되어 있다. 일반적으로 여행상품의 가격은 관광정보의 접속 여부에 따라 소비자의 감정에 다르게 다가올 수 있다. 관광상품의 특성상 동일한 기간과 목적지의 여행 상품이라도 여정에 포함되어 있는 교통시설, 숙박시설, 식음료 등의 내용이 크게 달라질 수 있다. 특히 관광객들의 준거가격(reference price)은 소비자마다 다양하게 나타날 수 있다. 또한 동일한 일정과 조건의 여행상품이라 하더라도 여행상품을 판매하는 여행사의 지명도나 신뢰도에 따라서도 준거가격이 다르게 책정된다(Urbny, Bearden & Weibaker, 1998). 즉, 관광객들은 지명도나 신뢰도가 높은 판매자나 기업이 홍보하는 관광상품에 높은 준거가격을 책정하여 긍정적으로 생각할 것이다. 여행상품은 동일한 상품이라 하더라도 개개인의 효용격차에 따라 가치가 변할 수 있는 상품이므로, 소비자마다 여행상품에 대해서 생각하는 가격 수용범위가 달리 나타날 수 있다(Akshay & Monroe, 1998). 특히 무형성, 비가시성을 특징으로 하는 관광자원의 경우, 사전정보의 양이나 질이 제품의 가치를 판단하는 주요 단서로서 작용하기 때문에, 관광자원 공급자의 입장에서는 잠재적 관광자들에게 효율적 관광정보를 제공하여 정보시스템을 통해 특정 관광자원에 대한 가시적인 긍정적 이미지를 갖도록 하는 것이 관광상품 구매자들을 소비활동으로 유도하는데 있어 중요하다.

관광정보의 제공 정도와 관광지 이미지는 밀접한 관련을 맺고 있다.

관광객들이 사전에 어떤 정보를 취득하여 해당 목적지에 대한 친근감의 정도를 가지게 되었는지, 그리고 그 관광지의 문화적 배경에 대해서 학습했는지, 목적지에 대한 어떤 기대의 정도를 가지는지에 따라 관광지 이미지 역시 달라진다(Chen & Kerstetter, 1999). 이러한 긍정적 관광자원의 이미지를 만드는 데 중요한 것은 신뢰성 있는 관광정보이다. 특히 한 지역 공간 전체가 관광자원으로 인식되는 경우 그 이미지는 더욱 중요할 수 있다. 따라서 관광목적지 마케팅전략의 가장 기본적 목표는 잠재적 관광자들의 기대에 부응할 수 있는 관광 이미지를 산출할 수 있는 종합적이고도 세부적인 관광정보시스템을 구축하는 일이다. 비록 직접적으로 체험되지 않은 것일지라도, 일단 긍정적으로 형성된 이미지는 잠재적 관광자로 하여금 특정 관광지에 관심을 갖도록 하는데 큰 영향을 끼친다(손대현, 1995). 특히 오늘날은 여러 가지 정보통신기기의 발달로 뉴미디어를 통해 특정 관광지 사이트에 접속한 후, 그로부터 획득된 이미지를 통해 관광행위에 임하는 관광객들이 증가하고 있다(손대현 · 이지은, 2001). 최근 들어서는 온라인상의 가상 이미지는 지금까지 현실세계에서 통용되어 온 관광이미지 못지않게 관광소비자들의 의사결정에 막강한 영향력을 발휘해 관광상품의 평가에 영향을 미치고 있다. 이처럼 관광자원을 공급하는 업계의 입장에서는 부정적 상품정보에 의해 낮은 범위의 가격 수용대가 형성되지 않도록 고심할 것이다. 또한 자사상품에 대한 긍정적 상품 정보가 널리 알려지게 함으로써 상품의 가격 수용대가 높아지도록 노력하고자 할 것이다(최영성 · 엄서호, 1997). 요컨대 관광자원을 공급하는 여가 공급자의 입장에서도 관광객들의 효율적 관리를 위한 관광자원의 정보화가 절실하다고 본다.

현대사회는 근대사회에서의 소품종 대량생산의 원리가 더 이상 통용되기 어려운 시대로서, 다양한 소비자의 기호를 어떻게 충족시키고 공급하느냐가 관광산업의 성공 여부를 결정하는 중요한 관건이 되어 있다. 따라서 다양한 관광행위자의 감각이나 취향을 선도적으로 포착해 이를 시스템 개발과정에 적절히 반영함으로써 관광객들이 소비하기 원하는 신뢰도 높은 종합적인 관광정보 안내망을 구축하는 작업은 중요하다. 이 같은 시스템이 가져올 긍정적인 기능은 관광정보화를 통해 모든 가(暇)수요자들, 특히 종전에 관광정보의 사각 지대였던 하위계층에게도 관광에 관한 자료를 널리 공급할 수 있기 때문이다. 복잡다단한 현대사회를 살아가는 사람들에게는 육체적 · 정신적 피로나 긴장을 해소시키는 일이 계층을 불문하고 그 중요성을 더해가고 있다. 따라서 관광활동 예정자에게 각자의 개성, 취향, 가족구성, 여행시간, 예산규모 등에 맞추어 적절한 정보를 제공해 줄 관광안내 서비스의 필요성이 점증하고 있다(김천중, 2000a; 2000b).

일반적으로 관광행동을 하려고 할 때, 관광자원 이용자들이 그 관광자원이 포함된 관광지까지 도달하지 못하게끔 막는 상황적 요인이 있는데, 우리는 그 제약요소들을 '공간마찰력'으로 설명할 수 있다. 공간마찰력이란 거주지와 관광지가 공간적으로 분리되어 입지함에 의하여 특정 관광지로서의 공간 이동을 억제하는 힘을 말한다(김사헌, 1987; 양광호, 1999). 일상생활을 영위하는 거주지와 관광지 간의 공간적 분리가 클수록 관광객들이 관광지를 방문하는 과정에서 개인적으로 여행비용, 여행시간, 심리적 부담감, 정보의 불확실성 등이 증가한다. 이 때문에 현대사회에서는 거시적으로는 거주지와 관광지 간의 공간적 분리가 크지 않은 도시 관광의 유형이 많이 나타나기 시작했다. 이미 오래

전부터 거주지와 특정 관광지를 사이에 두고 공간 내 과잉경쟁 관계들이 나타나기도 하고 있다(양광호, 1999). 따라서 이러한 공간마찰력에 의해서 관광행위의 수요나 능률이 떨어지는 현상을 적절한 정보시스템을 구축함으로써 극복해야만 한다.

접근성이 용이한 온라인 관광정보시스템의 구축은 정보접근 및 향유에 대한 공정한 기회를 제공한다는 사회 복지적 견지에서도 의의가 적지 않다. 특히 오늘날에는 관광객이 목적지 방문 이외에 현지에서 이벤트, 스포츠, 문화행사 등 다양한 활동에 참가함으로 관광활동의 욕구가 다양하게 분화되고 있다. 따라서 관광객의 필요와 요구에 상응하는 관광대상 및 관광 프로그램에 대한 최신 정보를 신속정확하게 전달할 수 있는 온라인 정보체계의 확립은 시급한 과제라 할 것이다.

이처럼 정보사회에 날로 그 가치가 증대되고 있는 관광활동을 진작시킬 수 있는 온라인 관광정보시스템의 구축은 관광산업의 활성화를 위한 선결과제라고 볼 수 있다(변우희, 2000). 관광정보시스템은 단순히 관광학 측면에서의 논의를 넘어 인근 유관 산업과의 관계에 대한 논의, 보편적 정보이용의 복지적 측면, 입법적 고찰, 휴가 등과 관련한 기업 및 노동자와의 관계 등과 관련되어 있다. 이처럼 관광자원을 사회구성원들이 함께 체계적으로 공유하는 노력은 중요하다. 문화적, 생태학적 요인들을 내포한 관광자원은 기본적으로 독점적 소유나 특정 개인만의 향유가 바람직하지 않은 공공재(public goods)적 성격을 지녔다고 할 수 있다. 따라서 관광산업의 발전을 위해서는 경제적 이윤추구 위주의 영리적 고려 이외에 사회구성원들의 여가욕구를 골고루 충족시켜줄 수 있는 복지적 측면에 대한 배려가 사회적으로 동반되어야 한다. 실제로 사회경제적 지위가 낮은 일반 노동 계급들은 그들의 사회생활의 반경(network)이 좁기 때문에 거기에서 비롯된 커뮤니케이션 수단이 결여되어 있으며, 그 수단을 활용할 수 있는 시공간자원 역시 부재한 것이 사실이다. 관광산업은 관광자원의 공공재로서의 특성을 충분히 고려하여 복지적 영역과의 연계적 제도화 과정이 진행되어야 한다. 추후 정보기술이 경제활동 전반에서 위력을 발휘할 신(新)경제 체제 하에서는 관광시장의 가치가 재화나 서비스의 배분 기제로서 더욱 중요시될 것임에 틀림없다. 그럴수록 사회적 형평을 도모하며 시장의 실패를 방어하기 위한 공공복리에 대한 필요성이 커지게 되는 바, 관광 분야에서 보편적 서비스라는 공공정책의 기본 이념이 정책 수립과정에 적절히 반영되어야만 한다. 그러한 노력은 다수 국민의 삶의 질을 제고시킬 수 있는 균형적 관광정책을 도출해 낼 수 있다는 점에서 인간 개개인에게 실질적인 도움을 줄 수 있다.

2 체험사회와 관광

1) 체험 욕구의 사회구조적 고찰

(1) 계급과 관광

일반적으로 사람들은 한 사회의 정립된 문화가 그 사회에서 지속적으로 적층된 역사적 사실과 밀접한 관련을 맺고 있다는 사실을 알고 있다. 각 지역에 분포한 문화는 개인의 삶과 그 구조적 특징이 상호의존적으로 연결되어 있다. 따라서 어떤 개인의 특정 행위에 내재된 의미의 원천을 논의함에 있어 개인의 자율성과 함께 고민해야 하는 것은 그 행위의 구조적 원천이 어디에서 비롯되었는지에 대한 사실 확인일 것이다. 개인은 행위를 위한 적절한 자원을 동원할 때 관념의 영역에서 의미 체계의 실천적 산물들을 반영한다. 내적 심리상태가 외적 행동으로 나타나게 되는 것이다. 그리고 그 내적 심리상태는 오랜 기간 한 개인에게 영향을 미친 문화의 구조적 속성에 기인한다. 따라서 사회구성원 각자의 정서적 체험은 실제 개인의 독창적인 선택과 자유의 문제로만 귀결되기보다는 그 체험 내부에 잠재해있는 항구적이고 지속적으로 구성된 역사적 사실과도 밀접한 관련을 맺고 있다.

세계 각국에서 구성된 문화적 조건들을 살펴보면 이들 조건이 사회질서로 고착된 여러 가지 원인들이 있다. 따라서 다원화되고 여러 층위로 구성된 문화에 대한 비판적 자각은 결국 인간 스스로의 성찰성을 근간으로 해당 문화에 대한 역사적 분석을 시작하면서 이루어질 수 있다(Berger & Luckman, 1967). 즉, 문화는 복합적인 연계구조에 의해서 사람들 간 행위와 의식의 조화와 갈등의 연결통로로서 기능하게 된다. 개인의 의식적 행위와 어떤 한 시공간의 배치 기저(基底)에 내재한 사회구조적 질서와의 연결에 대한 고민은 문화적 사실의 탈장소화 과정에서 비롯되는 연계적 관계에 대한 진지한 경험을 의미한다(Lash & Urry, 1994). 단순히 그 연계성과 관련한 개별 사실의 분석도 중요하지만, 사회전체의 문화적 변화를 야기한 각 개별 개념들의 분절된 역사적 변화과정이 결국 전체 주류 사회문화 정립에 어떤 영향을 미쳤는지의 과정을 밝히는 귀납적 과정의 고민 역시 역사를 주요 테마로 한 다양한 연구의 목적 중 하나이기도 하다.

여가, 관광활동은 사람들 각자의 의식적인 문화코드에 의해서만 이루어진 것이 아니라 타자와의 기호, 의미 등의 교환을 통한 복잡한 사유 체계와 사회구조적 영향력 속에서 발현된 사회현상임을 알아야 한다. 현재도 일정부분 그러한 면이 있으나, 과거 전통사회에서는 자신의 의식적 선택에 따른 여가 및 관광활동 향유의 권리와 자유가 누구에게나 부여되지는 않았다. 여가, 관광의 활성화 기제들이 인류에게 확산되기까지 오랜 역사적 시간이 필요했다. 삶의 주요 수단이라 할 수 있는 시간의 중요성에 대한 사람들의 관심이 증가하고 있다.

사회구성원으로서 인간은 각자 다양한 역사적 사건들을 겪으면서 현재 사회에서 통용되는 보편적 속성을 갖게 되었다. 이 보편적 속성의 심층적 분석을 위해 어떤 하나의 역사적 사건을 촉발시킨 계급 문제에 대한 본원적 의미를 개별 개념들의 연관성 속에서 고찰하는 것이 중요하다. 이와 관련된 역사적 부분을 좀 더 자세히 살펴보자. 근대 이전 사회의 계급 분화과정에서 지배계급은 자신들의 비노동활동에 대해 정당성을 부여하고 여가활동을 향유할 수 있는 권리가 스스로에게만 있음을 부각시키기도 했다. 즉, 여가 활동은 지배계급만이 향유할 수 있었던 삶의 목적이자 수단이었다(김문겸, 1993). 신분제 사회가 이어져 온 국가들에서는 지배계급과 피지배계급 간의 생활양식의 차이가 동서양(東西洋)을 불문하고 항상 존재했었다(이왕무, 2012). 하지만 이 같은 계급 차이에 따른 삶의 형태가 18세기 말부터 19세기 초 노동자 계급에 새로운 존재 의미가 부여되면서 큰 변화를 겪게 된다. 즉, 노동과 여가의 밀접한 통합으로부터 시작하여 중간계급의 도시화 및 산업자본의 압력에 의한 생활영역의 체계적 분리 과정이 진행되기 시작했고, 19세기 말에는 여가, 여행 등의 인간 행위에 대한 계급 규정에서의 개념 변화가 나타나기 시작했다(Walton, 1981). 19세기에 와서 여가활동이 중간계급에까지 확대되어 상류계급에서나 볼 수 있었던 관행이 나타나기도 했으며, 이는 결국 산업혁명이 가져온 계급, 노동 등의 구조적 변화에 영향을 준 일련의 역사적 사건과 밀접한 관련을 맺고 있기도 하다.

지금은 누구나 흔히 사용하는 단어 중 하나인 '근대(modern)'라는 용어가 유럽에서 본격적으로 논의되기 시작한 것은 19세기에 이르러서였는데, 이를 통해 르네상스(Renaissance) 시기로 대표되는 사회문화적 전환기의 역사적 사건들을 그 이전의 시대와 구분하는 계기가 된다. 즉, 15세기 이래 이루어진 철학, 역사 및 기존 사회질서에 대한 사람들의 새로운 가치관과 세계관이 산업혁명을 통해 확산되기 시작했으며, 결국 그러한 사회질서 속에서 층화된 계급 체계 질서에 새로운 변화를 가져오게 된다(신승환, 2003). 노동계급의 역할이 본격적으로 등장하게 된 시기 역시, 자본주의의 급속한 발원기라 할 수 있는 산업화 시대부터라고 할 수 있다.

주지(周知)하다시피 18세기 중엽, 영국을 시작으로 본격적인 산업화 과정을 거치면서 유럽은 근대화라는 역사적 변화를 경험하게 된다. 산업혁명 시기 이전까지는 귀족계급의 삶의 형태가 노동계급과 달랐는데, 그 계급 간 차이는 여가·관광 영역에서 나타나기 시작했다. 예를 들어 17~19세기에 걸쳐 나타난 그랜드 투어(Grand Tour)라고 불리는 관광형태는 결국 당시 여가 양식에서도 계급적 분화가 이루어졌으며, 그것이 귀족계급의 특권이었음을 잘 보여주는 대표적인 사례라 할 수 있었다. 더불어 당시 영국 귀족들의 자녀들은 프랑스와 이탈리아를 거치는 교육관광을 하였으며, 이는 교육 목적이 강한 관광활동임과 동시에 당시 사회의 계급적 지위의 차이를 여실히 보여주는 사회적 사실(social fact)이라 할 수 있다(French, Craig-Smith, & Collier, 2000). 이 교육관광은 유럽 내 위치한 자국과는 다른 문화를 습득하기

위해 떠나는 여행으로 사람들은 외국어나 펜싱, 승마 등을 배웠다. 교육관광은 사회 내 계급 간 차별을 둠으로써 사람들에게 다른 계급과 구별되는 특정 관심분야의 학습 욕구를 확산시키는 효과를 낳기도 했다. 이 같은 역사적 과정은 현대사회에서 상위 계급에 위치한 사회구성원들이나 그들의 자녀들이 교육관광 형태로 체험하고 있는 문화관광, 역사관광, 유산관광, 생태관광 등의 특수목적관광(Special Interest Tourism: SIT)으로 이어지고 있다(Gibson, 1998).

한편 지배계급의 생활양식과는 대조적으로 19세기 산업혁명 시기 노동계급은 노동활동으로 인한 피곤함을 술과 도박으로 해소하면서 여가문화에서의 계급적 차이가 나타나기 시작했다(이노우에 순, 2004). 노동계급이 생산적인 여가 · 관광 활동에 종사하지 못했던 이유는 그들의 노동이 곧 충분한 부(富)의 축적으로 이어지지 않고, 빈곤으로 대물림되는 현상이 지속적으로 나타나 계급 간 층위가 더 공고하게 구별되는 현상이 나타났기 때문이다. 이처럼 여가 · 관광 활동은 오랜 역사적 과정을 통해 사회계급과 밀접한 상관관계를 유지하면서 그 발전과정을 거치게 되었다.

한편 산업화 과정에서는 여가 · 관광 활동에 영향을 준 교통수단이 발달하게 되면서 계급 간 관계 역시 차츰 변화하게 된다. 19세기 초반에는 증기선의 발명으로 관광을 즐길 수 있는 리조트들이 해변가에 발달하기 시작했으며, 1830년 이후부터 본격화된 여객철도의 개발 및 이용 활성화로 여행시간이 단축되면서 여행객 수가 증가하게 되었다. 이 시기의 노동계급은 시간이나 비용 문제로 여행에 많은 제약을 받았으나, 19세기 산업혁명 이후 새롭게 등장한 신(新)중간계급의 경우, 앞서 제시된 여가 · 관광 활동의 사회적, 경제적 제약요인들이 어느 정도 해소된 덕분에 해변으로의 당일여행이나 빈번한 휴가여행이 가능해지는 등 귀족계급의 생활방식을 흉내 내기 시작했다. 특히, 19세기에는 이제껏 상류층 소비과정에서 노동계급과의 차별성에 근거해 명맥을 유지해왔던 리조트들이 점차 계급 간 구별짓기의 수단에서 사라지는 한편, 귀족들은 좀 더 고급스런 관광지를 찾아 나서게 된다. 이는 관광이 기존 지배계층만을 중심으로 존재했던 것에서 점차 그 범위를 넓혀가는 과정이라 할 수 있다(Shaw & Williams, 2004).

이상 살펴본 바와 같이 사회에서 향유되는 여가 · 관광자원의 이용은 그 사회의 계급과 밀접한 상호작용을 하게 된다. 중요한 사실은 관광과 같은 체험 욕구의 실현은 단순히 한 개인의 의지로만 이룰 수 있는 것이 아니며, 한 사회계급 구조의 강한 영향력 속에 있다. 여가 · 관광자원의 체험에 내재한 본질이 귀족계급에 의한 소수의 향유인지, 아니면 노동계급을 중심으로 하는 대중적 소비인지 여부는 수많은 역사과정을 통해 그 양상을 달리해왔다. 이 같은 현상에 대한 고찰은 현대 사회에서 고착된 개인의 행동들이 오랜 역사과정을 통한 구조적 질서와의 상호작용 속에서 구축된 사회현상임을 확인해주는 근거를 마련해 준다고 할 수 있다.

(2) 자유, 시간, 관광

일반적으로 인간이 자신의 의지대로 사회에서 행동할 수 있다는 것은 자신이 활용할 수 있는 시간 자원의 선택에 있어서 자유가 보장되었음을 의미한다. 시간을 자신이 주체적으로 사용할 수 있는 기회는 계급사회에서 피지배계층에게는 허락되지 않은 인간의 기본 권리 중 하나였다. 시간 사용은 자신의 삶의 가치와 관련한 문제이기도 하며, 이 자유 담론은 인간행동에 대한 특권을 부여한 사회적 인정과 연계하여 생각해보아야 한다.

역사적으로 마음껏 어떤 행동을 할 수 있는 자유에 대한 특권이 본격적으로 인간의 삶에 부여된 시기는 도시가 사람들의 삶을 향유하는 공간으로 사람들에게 차츰 인식되면서부터이다. 도시 내에서의 생활양식에 사람들이 점차 관심을 보이게 된 것은 약 12세기부터인데, 이는 결국 특정 사회를 지배하고 있는 계층의 안정된 권리 향유와 관련되어 있다. 한 지역에서의 삶을 자신의 자유대로 누릴 수 있는 권리가 부여된다는 것은 타자와 자신을 구별하는 과정에서 선택의 기회가 행위 주체에게 더 많다는 것을 시사한다. 그리고 이를 일반화시키면 어떤 사회구조의 압력으로부터 자유롭다는 것을 의미한다.

시간 사용의 자유는 시간을 오로지 자신만의 삶의 자원으로 선택할 수 있는 권리가 특정 인간에게 부여되었음을 사회가 인정하는 역사적 흐름이기도 하다. 왜냐하면 과거 르네상스 시대를 지나 근대 사회로의

본격적인 진입이 이루어지기 전까지 전통사회에서의 자유는 오로지 신(神)이 결정하는 문제였으며, 인간에게는 그것을 인정하거나 향유할 수 있는 삶의 정체성이 부여되지 않았기 때문이다(Bauman, 2002). 결국 현대 사회에서 인간에게 주어진 삶의 주체성에 대한 자유는 '신으로부터의 자유, 지배계급으로부터의 자유'를 의미하며, 이 자유는 특정 시간을 어떠한 강압이나 조정, 타협 없이 인간 자기 삶의 한 수단으로 이용할 수 있는 권리를 부여 받았음을 나타낸다.

더 나아가 그 자유는 시간 자원의 선택이 인간의 일상적 삶의 역사에 있어서 큰 해방을 가져다주었음을 의미한다. 거대담론을 통해 인간해방을 논의해보는 역사적 분석도 의미가 있으나, 개별적 인간 욕구를 탈근대적 담론 구조 속에서 논의하는 것도 인간 자유의 개인화된 역사적 고찰 과정에서 나름대로의 의미 부여가 가능하다. 왜냐하면 인간 자유의 구체적 표현 행위가 대부분 일상생활에서의 단순하고도 정례화된 삶에서 비롯되기 때문이다. 이 같은 개인의 일상적 삶의 향유를 위한 주된 수단은 시간 자원이며, 그것의 향유는 인간 자유의 근원적 욕구체계의 발현 모습이라 할 수 있다.

한편, 15세기를 지나면서 사람들은 개별화된 역사적 사실에 대해서 관심을 가지고 사유(思惟)하면서 보편적 가치의 해체에 대한 고민을 하기 시작했다. 어쩌면 과거의 이 현상은 현재 나타나고 있는 포스트모던 사회의 전조(前兆)였다고도 말할 수 있다. 일반적으로 역사 연구에서의 근대성이라 함은 18세기 이래 인간생활의 대부분에서 안정적으로 구축된 생산성, 효율성 중심의 광범위한 사회적 사상체계라 할 수 있다. 이 시기의 근대적 인간은 개체 인간으로서의 고유한 권리를 지니면서도 각각의 개별적 특성을 논의할 수 있는 보편성을 추구하게 된다. 이성은 합리적 인간의 주체성을 강조하며, 그 사상과 행위의 주체성은 다시 개인의 자율성을 추구하게 된다. 자율성은 인간이 개인으로서의 정체성을 지니고 있으면서도 사회적 주체로서 보편적 질서를 자기가 생각한 것처럼 추구한다는 의미를 내포하고 있다. 이 같은 사실 때문에 당시 사회구성원들은 자연과의 관계에서 자연을 지배하고 정복하는 주체이며, 근대 사회에서 그들 사유 방식은 인간이 자연을 향유할 수 있는 기본적인 권리를 인정하는 역사적 과정을 거치게 된다(신승환, 2003). 시간에 대한 추상적인 사회체계의 적용은 진보이데올로기가 작용한 사회현상이라 할 수 있다.

지금까지 살펴본 사회 현상을 잘 보여주는 한 가지 사례가 바로 박물관이다. 박물관은 역사적 사건과 사물에 대한 시간적 가치를 부여한 중요한 집약물이다. 그리고 사람들에게는 르네상스 시기부터 본격적으로 주목받기 시작되었다고 볼 수 있다. 14세기 후반 이탈리아의 상층 계급에서 생활해 온 르네상스 시대의 권력자들은 개인의 자유로운 기호와 선택으로 고대 예술작품을 수집하기 시작했다. 이 같은 행동들은 인간 중심의 개인화된 문화적 선택의 힘이 시간성에서 비롯된 상품 가치를 소유하는 데까지 영향을 미치게 되었다(전진성, 2004).

과거 역사를 통해 살펴볼 때, 여가 · 관광 활동과 같은 인간의 동적 행위를 위한 시간 이용의 자유는 르네상스 시대를 넘어 근대 역사과정 속에서 본격적으로 나타났다. 즉, 그러한 행위들은 주체적 인간의 사유 체계 내 근원적인 사고 구조 속에서 점차 외부로 발현되기 시작한 것이다. 그와 동시에 사회구성원들의 이야기(story) 담론 구조 속에 시간이라는 새로운 개념이 자연스럽게 들어오게 된다. 시간은 현재도 국가, 시장 영역 등의 다양한 관계 속에서 묘사되고 논의되고 있다(최혜실, 2007).

인간 자유의 실현은 시간과 관련된 권리를 담보로 하는 사회제도의 변화 속에서 나타났다. 앞서 논의한 바와 같이 한정된 삶에 필요한 자원으로서의 시간 이용 권리를 얻기 위해서 노력하는 피지배계층에게 있어서 그 권리 획득은 계속된 사회 투쟁의 역사였다. 이는 곧 인간의 실존적 삶의 자유와 관련된 중요한 문제였기 때문이다. 특히 노동과 관련한 시간 권리에 대한 역사적인 '제도화' 과정은 그 치열한 투쟁의 모습을 잘 보여주고 있다. 한 예로 이미 예전에 시간 단축과 관련한 노동입법이 시작된 영국에서는 인간 삶과 관련한 다양한 일들이 발생했다. 추후 관련 제도들은 구빈법으로 이어지면서 18세기부터 20세기에 걸쳐 나타난 '하루 8시간 노동' 이라는 확립의 제도적 근간이 되었다(김진섭, 1997).

사회구성원들의 여가시간은 주체적, 능동적 삶을 살아가게 하는 직접적인 자원이며, 이 사실에 대한 사회적 인식 때문에 시간의 자원화를 둘러싼 지배계급과 피지배계급 간의 뿌리 깊은 갈등관계가 역사적으로 지속되어 온 것이다. 그런데, 여러 가지 여가활동 중 여행이나 관광은 시간 사용뿐만 아니라 일반적으로는 일상공간에서 탈일상공간으로의 이동을 전제로 한다는 점에서 시간의 연속적 자유까지 보장되어야 한다. 결국 피지배계급에 비해 시간적 자유가 상대적으로 많았던 지배계급이 관광, 여행에 대해 먼저 관심을 가지게 되었던 것이다.

동적 여가활동으로서 다른 여가활동에 비하여 비교적 많은 시간이 필요한 관광분야에서는 이미 앞서 언급한 바와 같이 17세기 이후 등장한 그랜드 투어로 새로운 전기(轉機)가 마련된다. 사람들이 시간을 통해 공간 이동에 참여함으로써 새로운 삶의 가치를 추구하는 행위가 본격적으로 나타나기 시작했음을 의미한다. 시간 자원의 향유 권리와 한 사회의 계급적 위치가 연관되어 있었기 때문이다. 이 시기 유럽에서는 시간, 부, 권력 등을 가진 사회지배계급의 자녀들이 교육을 목적으로 관광요소들을 대거 포함시킨 여행을 했다. 더 나아가 지배계급이 아니더라도 유적지, 그림, 조각 등 가시적인 관광자원과 관련한 사람들의 향유에 대한 욕구가 점차 사회적 권리로 인식되기 시작했다. 나폴레옹 전쟁 말기에 이르러서는 부르주아 계급도 현대 사회에서 확산되고 있는 국제관광 형태를 본격적으로 시도하기 시작했다. 귀족 계급과 달리 제한된 시간과 비용으로 인해 여행 기간만 짧았을 뿐 관광자원과 시간 선택 자유가 점차 보장되면서 관광의 새로운 패턴들이 구체화되기 시작한 것이다(Bate, 1911). 그리고 마침내 19세기에 이르러 사회 전역으로 여행, 관광자원 향유 과정과 연계된 시간, 자유 등의 사회적 쟁점이 확산되기에 이른다(Towner & Wall, 1991).

2) 체험문화의 산업화

(1) 국제관광의 확산

역사적 사실들을 근거로 생각해볼 때, 인간의 근원적 욕구 중 하나는 시간 자원의 이용을 통한 공간 이동이라 할 수 있다. 여행은 인류사에 있어 대부분을 차지하는 공간이동과 관련한 중요한 생활문화 중 하나이다. 농경시대에도 모든 인류가 농경생활을 영위할 수는 없었을 뿐더러 초목지역에서 목축을 생업으로 하는 인류에게는 이동이 불가피했다. 더 좋은 곳으로 이동하려는 욕구는 공간이동의 범위를 확대시켰다. 농업생산이 시작된 이후에도 건조지대와 초원지대에 형성된 목축을 생업으로 하는 사람들은 가축의 식량인 초목을 찾아 유목생활을 할 수 밖에 없었다. 최근 인간의 문화적 특징을 규정하는 용어로 '호모 노마드(homo nomad)'에 대해서 본격적으로 이야기하게 된 이유는 바로 이 시기 사회구성원의 특징에 대한 궁금증에 기인한다고 볼 수 있다(이노우에 순, 2004).

앞서 살펴본 바와 같이 여가를 둘러싼 계급과 관련한 갈등, 시간 자원의 이용 문제, 공간 이동을 통한 자유로운 생활양식의 향유 문제 등은 근대 사회로 이어지면서 역사적으로 공고하게 만들어진 여행, 관광을 위한 사회구조적 조건으로 자리 잡게 된다. 이 과정은 19세기 말에 가속화되었으며, 20세기 초반 유급(有給)휴가의 실행, 대중교통수단 발달, 휴가지역의 적극적인 마케팅, 철도회사와의 연계, 저렴한 숙박시설 및 캠프 야영지 운영, 해변리조트 완공 등의 사회 변화로 더욱 확장되기에 이른다(Williams, 1999).

더불어 최근 포스트모던 사회로의 진입으로 국지적으로 운영되었던 관광공간의 국제적 확장 현상이 나타나기 시작했다. 특히, 초국적, 다국적 기업 간 긴밀한 접촉으로 자본투자에 관심을 기울인 자본과 국가 간 다양한 협상이 이루어지고 있다. 이 같은 시대적 흐름 속에서 국제관광이라는 관광형태는 더욱 그 외연을 확장하게 되었다. 국제관광은 일반 대중들 스스로가 자신의 시간을 조정하고 안전과 문화향유 욕구를 해소하기 위해 시간 자원을 할당할 수 있는 자유를 가지게 되었음을 보여준다. 또한 국제 관광의 활성화를 통해 여가활동이 계급적 지위와 관계없이 우리의 평범한 일상생활에 침투했음을 보여주는 예이기도 하다(Matthews, 1978).

국제관광은 지금도 지속적으로 그 영역을 확장해 나가고 있다. 1970년대 석유파동, 1980년대 경기 후퇴, 1990년대 초 걸프전 등의 관광 활동에 대한 부정적인 사회질서도 국제 관광객의 증가추세를 억제하지는 못했다(Williams, 1999). 이처럼 확장된 국제관광을 통해 인간 삶의 시간과 장소의 경계가 심리적으로 점차 좁혀지는 활동공간의 축소 현상이 나타나게 되었다. 그 과정에서 사람들은 다양한 문화 차이를 체험하면서 깊이 사고하는 인간의 근원적 자유와 성찰에 대한 삶의 목적을 새롭게 인식하게 되었다(Robertson, 1992).

특히, 최근의 정보통신기술 발달로 인해 시공간 제약들의 해소 현상이 나타나게 되었고, 여가 · 관광 문화가 상업화되기 시작했다. 이는 관광자원을 둘러싼 자본의 초국적 이동을 가져왔다. 초국적 기업들(transnational corporations)은 국가적 정체성만을 추구하지 않고 안정적인 수익창출을 위해 시장 범위를 넓혀가고 있다(박길성, 1996). 이 시장구조의 영향 속에서 관광은 인간 문화의 다양한 재현 과정을 통해 개인 및 집단 문화의 공유와 공존을 유도하면서 대중들에게 더 깊이 다

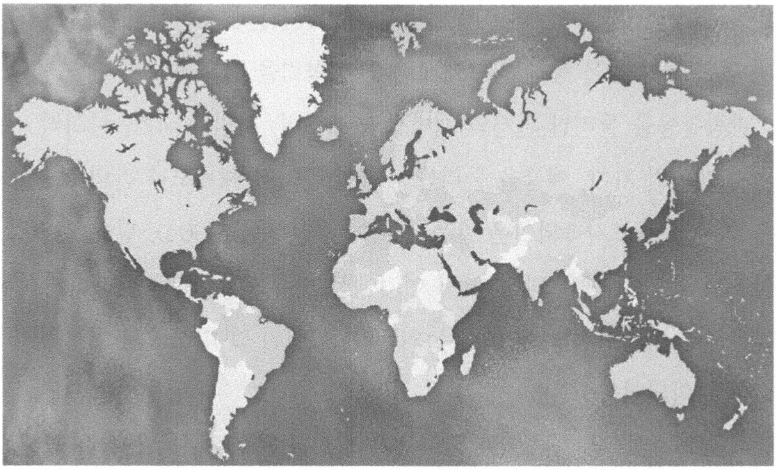

가가고 있다. 역설적으로 관광을 둘러싼 문화적 결속이나 갈등 문제는 오랜 역사 속에 내재된 적층된 문제이며, 그것이 관광의 매력물이 되기 시작했다. 따라서 이제는 문화적 특수성과 세계적 보편성의 교류와 융합을 유도하는 인문학에 근간을 둔 사회 참여가 필요한 시기라고도 할 수 있다(임용한 · 노태협, 2014)

역사적으로 살펴보면 시장구조 외에도 국가와 시민사회에서도 관광 확산을 위한 다양한 제도적, 시민 참여의 노력을 경주하고 있다. 최근 들어 국가는 복지활동의 범위를 다변화하여 국가 구성원의 문화적 향유까지 보장해주기 위해 노력하고 있다. 현대 국가는 특정 계급에만 혜택을 주는 것이 아니라 보편적 이익을 배분하고, 구성원 각각의 불평등 문제까지도 관심을 기울여야 한다. 왜냐하면 현대 국가는 시장의 모순을 조정하는 주체로서 공적인 이해관계를 조정하기 위해 노력해야 하기 때문이다. 사회구성원들의 공평한 여가 · 관광 활동을 위한 다양한 정책들이 확장되어 실현되고 있다. 현대 사회에서의 국제관광 확산을 위한 시장적, 제도적, 기술적 발달은 여가 시간의 자원화와 향유 공간의 범위 확장 등을 통해 인류에게 많은 영향력을 행사해왔다.

관광활동을 둘러싼 환경의 개방성과 폐쇄성, 시민과 국가, 사회적 가치와 개인적 가치, 계급을 둘러싼 다양한 문화적 헤게모니 간의 모순들은 역사적으로 지속되어온 갈등 관계이다(전진성, 2004). 당연히 관광활동의 일상적 향유 과정 역시 여기에서 자유롭지 못했다. 따라서 이 같은 사회구조적 변화에 대한 논의는 인간 행위 및 의식 연구에서 병행되어 논의되어야 한다.

최근 포스트모더니즘이라 불리는 다원성의 문화적 사조는 인류 역사에서 나타난 어떠한 경우보다도 많은 사회구조적 영향력과 연계되어 있다. 포스트모던 시대의 사회문화적 특징에 대응하여 인간이 생활하기 위해서는 자기 자신에 대한 반성과 타자에 대한 이해가 병행되어야 한다. 그리고 사람들은 그 성찰적 사고를 체험하기 원한다. 과거의 그곳과 현재의 이곳, 그리고 과거와 현재의 시간적 차이에 대한 정확한 인식과 직접적 체험의 지혜를 요구하는 시기에 인류는 살고 있는 것이다(신승환, 2003). 요컨대 인류의 인간적 삶에 대한 역사적 성찰을 가능하게 해주는 사회구조적 기제가 바로 국제관광의 모습으로 나타난 것이라 할 수 있다. 그리고 그 국제관광은 다른 문화에 대한 사람들의 체험 욕구가 더해주면서 더욱 다양한 상품 형태와 서비스로 그 영역을 광범위하게 확장하고 있다.

(2) 체험형 관광상품 : 특수목적관광(SIT)과 축제

시공간 자원을 이용한 관광객의 개별 욕구를 충족할 수 있는 체험형 관광상품이 나오면서 지금까지 일반 대중들에 의해서 유지되어 온 대

량관광 유형에서 벗어나 개인 선호에 기반을 두고 소통하는 대안적 관광시장이 나타나기 시작했다. 이는 개인 중심의 정교한 문화적 지각과 소비, 자연과 다문화에 대한 체험욕구 확대 등에 기인한 관광객의 행동 변화 때문에 발생한 현상이다. 관광객들은 새로운 문화 체험의 욕구를 실현시킬 수 있는 관광상품의 출현을 원한다. 그리고 실제로 관광상품을 공급하는 자본영역에서는 그러한 수요자의 욕구에 맞추어 관광자원의 정체성을 변화시키고 있다. 관광객들은 제한된 시간 내에 최적의 체험을 제공하는 관광상품을 자본에게서 구매하고자 한다. 최근 관광객들은 감정적인 자극을 추구하여 상품보다는 그들이 원하는 추상화된 기호 자체를 구매하고자 노력한다. 이들은 직접 무형의 관광자원을 체험하고자 하며, 실제 관광행동 과정에서도 독특한 분위기나 심미적인 것을 추구한다. 즉 그들이 체험하는 상품은 가시적인 실재적 사물 형태의 관광자원이 아닌 경우도 많다. 관광산업을 주도하는 자본의 입장에서도 소비자에게 독점적으로 제공할 수 있는 체험상품을 지니고 있어

야 판매에 있어 절대적인 경쟁우위를 확보할 수 있기 때문에 향후에도 산업화 시대의 소비 대상물과는 다른 독특한 체험 문화의 상품화 현상은 더욱 확산될 것으로 보인다.

사람들이 원하는 문화체험의 욕구를 충족시키기 위하여 자본의 입장에서는 관광상품을 개발함에 있어 다른 지역이나 기업과 차별화될 수 있는 새로운 문화를 끊임없이 발굴하고, 제조해야 하는 상황에 놓여있다. 이제 관광산업에서 체험 문화의 상품화가 그 산업의 성패를 가르는 주요한 요인이 되고 있다. 체험은 실제로 보고 듣고 겪는 일, 또는 그 과정에서 얻는 지식이나 기능을 총체적으로 가리키는 말이다. 따라서 체험 관광은 현장에서의 직접 경험뿐만 아니라 관광행위의 사전, 사후의 활동까지도 포함된다. 체험 소비의 대상은 인간 생활의 모든 환경요소까지 포함되기 때문에 그 범위를 한정하기란 어렵다. 체험관광은 관광객의 원초적 감각과 이성적 학습을 통해 사람들에게 즐거움, 재미 등의 감정적 자극을 준다.

관광객의 차별화된 감정적인 자극이 발생하여 지속되면, 그것을 유도한 특정 관광공간의 브랜드(brand)가치는 더 강화된다. 또한 관광자원을 이용하여 개발한 체험문화를 통해 관광자의 지적 요구를 자극하여 그들이 창의적으로 생각하게 만든다. 즉 현대사회의 관광활동 과정 속에서 관광객과 관광자원 공급자의 쌍방향적 활동이 지향된다. 체험관광은 관광객과 관광 대상을 서로 엮어주는 새로운 관계의 형성을 주도하고 있다. 그들 모두는 관광상품 브랜드와 관광객 간의 심리적 유대가 형성되도록 브랜드 공동체(brand community)를 형성하는데 중점을 두는 것이다(이경숙, 2005). 자본은 관광객이 체험과 관련된 문화관광 활동을 하는데 다양한 선택권을 주어 경험적 감각의 느낌들을 극대화시키고, 관광객들이 관광 현장에서 능동적 행동을 취하도록 유도한다. 이처럼 문화와 자본은 선택적 친화력을 지니고 결합하게 된다.

사람들은 체험관광을 통해 다양한 문화적인 환경의 실제적인 모습과 가치를 습득하게 된다. 그 체험관광의 주요 범주로 문화관광이 있다. 문화관광이라 함은 '탐구여행, 예술문화여행, 축제 및 기타 문화예술행사 참여, 유적지 및 기념물 방문, 민속예술 연구여행, 성지순례 등 본질적으로 문화적 동기에 의한 인간들의 이동' 이라는 협의의 정의와 '개인의 문화수준을 향상시키고 새로운 지식이나 경험 · 만남을 증가시키는 등 인간의 다양한 욕구를 충족시킨다는 의미에서 다른 지역의 생활양식이나 전통적 행동양식에 접하고 체험하는 것' 이라는 넓은 의미가 함께 존재한다(UNWTO, 1985 ; 홍창식, 1997에서 재인용). 이 문화관광으로서의 체험관광을 통해 독특한 관광상품을 소비하는 관광객은 단순히 제품의 특징이나 이익을 배분 받기보다는 잊지 못할 감각이나 체험에 의한 자극에 의해 마음을 움직이는 서비스 제공을 기대한다.

최근 들어 사람들의 다양한 문화 욕구를 충족시키기 위한 새로운 관광 유형이 등장하고 있다. 과거에는 존재하지 않았던 인간의 문화적 욕구와 자본의 산업적 전략이 친화력을 갖고 만들어낸 현대사회의 대표적 관광유형의 하나가 특수목적관광(Special Interest Tourism: SIT)이다. 특수목적관광은 '특정관심사를 개발하고자 특정한 주제와 관련 지역 및 장소를 방문하는 관광객들의 전문화된 관광(UNWTO, 1985)', '여행목적지의 경제적 및 사회 환경적 필요와 관광객 욕구를 만족시키기 위해 일반화되지 않은 서비스를 경쟁력 있는 가격으로 대규모 상품화시킨 것(Poon, 1997)', '특정지역이나 목적지에서 추구할 수 있는 특별한 관심을 가지고 하는 관광으로 관광목적지의 독특한 환경과 관광객의 특별한 관심분야에 대한 적극적인 활동(Reed, 1980)'으로 정의할 수 있다(이상 진병렬, 2006에서 재인용). 대부분의 특수목적관광객들에게 방문지역에서 제공해 주어야 하는 경험은 신기성과 그 지역만이 지니고 있는 정통성이라고 할 수 있다(이경모, 2005). 이와 관련하여 특수목적관광은 포스트모던 사회의 새로운 관광유형으로 [그림 2]와 같이 분류 가능하다(Dowling, 1993; 이경모, 2005에서 재인용)

특수목적관광은 대중관광(mass tourism)의 반대개념으로 설정할 수 있으며, 전통적인 매력물을 중심으로 대규모로 이루어지는 대량관광에 대한 대안적 형태의 형태와 내용으로 분류할 수 있다. 이처럼 관광객이 추구하려고 하는 체험문화에는 다양한 기호들이 숨어있다. 이 체험의 욕구에는 경험을 통한 모험을 원하는 인간 의식이 내재해 있다. 그 모험이 가지는 다양한 특성들과 주요 몰입 단계, 참여자의 인식과 감정 조정 등의 원리에 자본이 관여하였고, 이를 적절하게 상품화시켜 특수목적관광을 만들게 된다. 이 새로운 관광형태를 통해 자본은 일상

그림 2 도울링(Dowling)의 특수목적관광의 유형과 분류

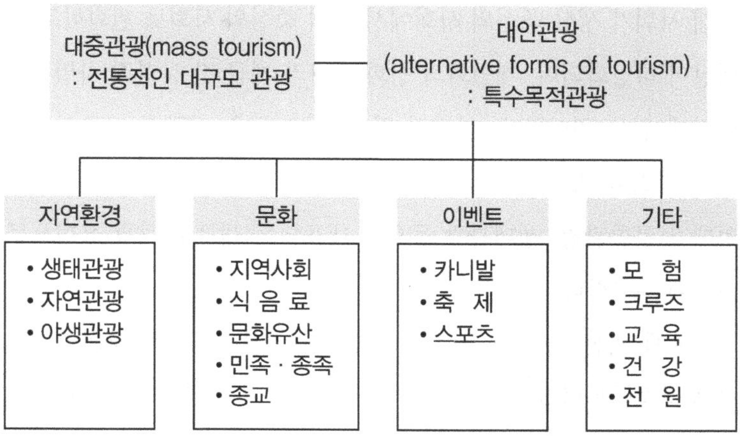

자료 : Dowling(1993), 이경모(2005)에서 재인용

생활에서 탈출할 수 있는 자연환경, 몰입할 수 있는 육체적, 정신적 위기와 도전의식, 재미, 학습의 기회 등을 제공하기에 이른다.

이처럼 오늘날 다양하게 표현되고 있는 문화관광의 증가는 포스트모더니즘에 기반을 둔 시대적 흐름과 밀접한 관계가 있다고 볼 수 있다(Rojek, 2000). 지금까지 대부분의 관광이 관광객들의 체험을 하나의 보편적인 유형으로 동질화하였다면, 특수목적관광과 같은 관광 유형은 관광경험, 관광동기, 관광환경에 있어서 관광객들의 체험 욕구에 내재된 다양성과 차이를 인정한다. 오늘날에는 이러한 대규모적이고, 대중적인 의미를 가지는 전통적인 관광 대신에 소규모 집단적이고, 기호적인 의미를 내포하는 관광이 새로운 패러다임으로 등장하고 있다(Baudrillard, 1991; Maffesoli, 1993). 테마파크 관광과 같이 체험 영역과 관련된 새로운 환경의 증가도 현재의 탈근대 관광의 추세를 잘 보여주는 새로운 유형의 관광산업화 과정의 예라고 할 수 있다(조광익,

2006). 일반적으로 말하는 포스트모더니즘에 기반을 둔 사회 질서는 근대 사회가 생산 중심의 사회에서 소비 중심의 사회로 변화하고, 소비 대상이 다양화되며, 개인화의 심화에 따라 계급 간 문화적 차별성이 사라지게 됨을 의미한다. 따라서 탈근대론자들은 관광객 기호의 다변화와 관광소비 대상의 다양화에 따라 근대 사회의 획일적인 대량관광의 형태가 문화관광, 생태관광 등으로 대표되는 새로운 관광 유형으로 변화됨에 주목한다.

자본에 의한 산업화 전략으로 특징지어지는 근대적 사회의 모습과 함께 포스트모더니즘 사회에서의 관광의 의미는 현대사회에 내재된 복합적 특징을 잘 반영해준다. 그들의 문화 향유 욕구로 말미암아 관광객은 인간 본연의 생활정치를 도모하는데, 현대 관광의 특성 중 하나는 개인의 욕망과 쾌락을 지극히 개인주의적 관점에서 자극한다는 점이다. 이러한 변화는 관광 공급의 다양화를 수반하게 되는데, 개별화된 관광 수요에 대응하기 위한 소규모 전문여행사의 출현, 소수 사람들의 기호를 만족시키기 위한 새로운 관광목적지의 프로그램 개발 등은 그 좋은 예라고 할 수 있다. 또한 일상생활에서 사회구성원 간 긴장을 해소시켜 줌으로써 관광 향유의 권리와 평등에 관한 담론 제기까지 시도하게 만들고 있다.

특수목적관광과 함께 관광자원의 문화산업화 현상을 나타내는 또 다른 예가 축제(festival)이다. 축제영역의 자본 침투는 체험소비 문화의 산업화 현상을 보여주는 중요한 예라고 할 수 있다. 축제는 일상의 영역에서 일탈하고자 하는 그들 욕구의 외연물이라고 할 수 있다. 축제기간 관광활동은 일상생활의 불확실한 측면을 다양한 볼거리로 체험하게 함으로써 사회적 압박에 의한 일상생활에서의 심적 부담을 줄이는 역할을 한다. 축제가 지닌 즐거움의 원천은 사회생활의 일상적인 규칙들의 위반행위를 허용하는 것에 있다. 문명화된 삶에서 비롯된 본능의 억압은 사회구성원의 삶을 힘들게 할 때가 많다. 그 사회적 압박감에서 벗어나기 위해서 사회구성원들 그들만의 시간인 여가 향유를 꿈꾼다(Rojek, 2000). 대부분의 사람은 사회에 의해 개인 스스로가 지닌 본능이 억압될 때, 그 기본적인 사회적 요구에 일정한 저항을 하게 된다. 축제는 노동생활과 관련된 일상의 억압된 욕구를 분출시켜주는 배출구로서의 일정한 역할을 한다는 점에서 중요한 문화 행위이며, 동시에 문화의 산업화 현상을 보여주는 대표적인 예라고 할 수 있다. 외부에 존재했던 사람들은 이 문화 체험을 위하여 시간을 할애하여, 그 축제 체험의 공간으로 이동하기도 한다. 이제 축제는 전형적인 문화관광자원의 하나로 발돋움하고 있다. 축제를 통한 관광산업은 관광객들로 하여금 자본이 제작하고 만든 유무형의 문화관광상품을 소비하게끔 유도한다. 축제의 문화 콘텐츠는 그 지역문화의 특성과 전략들을 위해서는 필수적인 요소이다. 축제 기간에 자본은 문화와의 지속적인 연계를 추구하여 생존하기 위한 전략을 도모한다. 전통문화의 세계화, 전통문화자원의 관광 상품화를 위한 꾸준한 노력 등은 물론 세계적인 관광축제로서의 정체성을 확보하여 이를 육성 · 발전시키려는 자본의 전략으로 구체화된다.

특수목적관광이나 축제의 예에서 알 수 있듯이 관광객의 문화적 욕구는 시장에서의 소비자로서의 취향과 이를 반영하는 체험 욕구와 밀접한 관련을 맺고 있다. 이 체험과 문화적 취향의 문제는 단순하게 문화 영역에 한정되어 있지 않으며, 자본과의 밀접한 상호작용을 통한 문화 및 자본영역의 통합적 산물로서 등장하게 된 것이다. 그리고 문화체험의 취향은 시장에서 소비자들의 구매결정의 중요한 준거가 된다. 물론 개인의 취향 형성을 시장에 의한 외재적 과정으로만 취급해서도 안 된다(임희섭, 2002). 관광은 문화적 영역의 산업화 경향을 통찰할 수 있는 사회적 산물이다. 체험과 같은 문화영역에 한정되어 있었던 인간 욕구가 자본과의 친화관계에 근거해 융합되고 있다.

관광을 통한 체험의 소비 속에는 시간성과 공간성이 공존해 있으며, 따라서 그 속에는 과거, 현재와 미래의 모든 지각적 해석이 숨어있다. 이제 관광 향유를 통해 노동의 정례화에서 비롯된 소외를 극복할 수 있으며, 일상성에서 비롯되는 다양한 제약 요인으로부터 탈피할 수 있다. 하지만 환상으로서의 우리의 시간과 공간에 접속할 수 있는 권리 속에 자본은 이미 침투해 있으며, 체험 상품 자체의 이용 서비스를 상품으로 판매하는 더욱 세분화된 자본주의 원리가 작용하고 있다는 점도 중요하게 인식해야 할 사실이다.

관광이 자본과 결합하여 다양한 유형의 체험을 통한 부가가치 형성해내는 플랫폼을 제공하면서 상품의 성격과 그것을 수반하는 서비스 관계의 변화를 야기했다. 관광을 통한 체험의 소비는 비일상적 문화와 친화성을 지니고 있다. 이 체험에서 파생한 의식의 활동 구조는 다양한 자본주의 사회의 기호와 상징을 직접적인 실천행위의 수준에서 능동적으로 받아들이게 도와준다. 관광을 통해 인간은 일상과 비일상 영역에서 사회적 표상들을 대상으로 통일성과 응집성을 체험하게 된다. 관광을 통해 문화와 자본 간 공진화 과정이 발생하며, 그 속에서 대면적 상호작용과 여러 가지 교환 작용을 통한 신뢰구조가 형성되는 것이다. 바로 이 상호작용을 통해 현대 관광은 다양한 유무형의 문화자원공유가 가능하게 되는 것이다. 따라서 관광 활동을 함에 있어 사회구성원들의 문화소비활동의 성찰이 필요하다. 현대 관광활동을 통한 문화적 주체로서 존재하기 위해서는 자본의 일방적 영향력을 변용시킬 관광객들의 관계성 회복을 통한 상호소통이 이루어져야 할 것이다.

이제 무형 자산의 가치 창출에 대한 인식이 보편화되면서 시공간 체험에 대한 소비활동과 관련된 다양한 문화 콘텐츠가 사회적으로 구성되고 있다. 관광은 체험 문화의 산업화 경향을 잘 나타내어 주는 전형이라고 할 수 있다. 체험 소비의 욕구와 같은 인간 내면 영역이 자본과의 친화적 관계에 근거해 함께 융합되고 있다. 하지만 복잡한 인간의 욕구는 시장 논리에 의해서만 충족될 수는 없다. 또 다른 현대사회에서의 구성 원리 중 하나인 공공성에 근거한 호혜성의 원리 역시 중요하다. 우리는 일반적으로 사람들이 가지고 있는 체험 욕구의 공정한 향유를 지향하는 사회적 가치의 실현에도 더욱 관심을 가져할 것이다.

3 융합사회와 관광

1) 학문 연구의 역사와 관광분야의 융합연구

산업사회를 지배했던 '차이'를 주요 논제로 삼는 학문 담론은 과학적 인과성과 이원론적 사유에 근간을 둔 현실 반영이라 할 수 있다. 하지만 21세기 이후 다른 삶의 영역 간 소통이 강조되는 생활환경에서는 여러 가지 과업을 실행할 수 있는 융합지식에 대한 중요성이 부각되기 시작했다(김문조, 2013). 이 같은 인류의 탄생 시기부터 지속되어 온 시대적 특징과 세계관의 지향점들을 21세기 이후의 그것과 비교, 정리하면 〈표

1>과 같이 나타낼 수 있다. 21세기 이후의 시대는 시공간적 경계를 초월한 상호작용을 가능하게 해주는 새로운 융합문명의 사회질서가 지배하는 사회이며, 이를 통해 그 시대를 살아가는 사회구성원 역시 그들 삶의 관점을 전체론적으로 바라보게 되는 탈분화의 시대를 맞이하게 되었다.

표 1 초장기적 시대 진단

시기	구분	문명사적 성격	세계관
인류의 탄생	분화시대	분화문명	원자론적 세계관
21세기 이후	탈(脫)분화시대	융합문명	전체론적 세계관

자료 : 김문조(2013).

이 융합의 시대에서 시공간의 의미를 파악하는 것은 매우 중요하다. 융합문명에서는 다른 생활영역과의 소통 및 네트워크가 중요한데, 그 주된 대상이 인간의 의식과 행위 영역 뿐 아니라 환경 간 이동의 영역까지 확장되었다. 이 같은 사회문화적 환경 속에서 학문 사이 연계적 연구의 중요성 역시 커지게 된다. 산업사회를 지배했던 개별화된 학문적 정체성과 동시에 학문 분야 간 유연화된 학문 경계가 성립 된 것이다. 관광학 역시 이 같은 융합학문으로서의 정체성을 지니고 최근 그 중요성이 더욱 부각되고 있다.

본격적인 대중사회의 출현은 전문가 집단에서의 지식체계의 전달 못지않게 그것이 대중에게 전달 및 수용되는 과정에서의 주체적 구성 역시 시대적으로 중요하게 만들었다. 과거 전통사회의 학문이 엘리트적 지식체계의 기능을 중시했다면 민주주의가 실현된 현대사회에서는 이 같은 추상적인 사고를 넘어 일반 대중들의 일상적 생활을 설명해 줄 수 있는 지식체계의 융합이 주요 사회문제 해결의 도구가 되었다. 즉, 이

현상은 지식을 일상생활의 향유도구로 사용할 수 있는 사회계층의 범위가 더욱 넓어진 것을 의미한다. 그리고 지식 정보체계의 공급자와 수신자 간 수준과 간극이 좁혀짐을 뜻하기도 한다. 사람들은 어떤 학문이 사회현실을 설명하는데 가장 적절한가라는 문제보다는 이 사회적 사실을 어떤 학문적 융합을 통해 효과적으로 설명할 수 있는가에 더욱 관심을 가지게 된 것이다.

더군다나 현대 정보사회와 같은 고도 복잡사회에서는 높은 복잡성을 인지한 인간과 다양한 사회 환경이 서로 결합해 상호관계를 맺으면서 함께 진화하게 된다(김문조, 2013). 이 현상은 인간과 과학의 상호의존적 요소들이 서로 영향을 미치며 함께 발전하는 방식을 의미한다. 융합기술은 과학적 차원의 영향력은 물론, 동시에 사회적으로도 인간의 일상생활 영역에 많은 변화를 가져왔다. 그 중에서도 다양한 매체에 의한 문화 다변화 현상은 그 대표적인 영향력 중 하나이다.

현대사회는 융합적 세계관에서 비롯되는 다양성에 대한 인정이 중요한 사회적 질서 원리로 자리 잡고 있다. 인간, 과학기술, 사회 구조 간 활발한 상호작용은 융합사회에서 각 학문 영역이 추구하고 있는 방향을 보여주는 사례라 할 수 있다. 현대사회와 같은 복잡하고 다차원적인 사회 현상을 설명하기 위해서는 학문 영역 간 연구의 네트워크가 활발하게 이루어지고 있으며, 융합적 가치를 표방하는 새로운 응용학문들이 다양하게 등장하게 된다.

이러한 학문 연구의 경향을 반영하는 관광학은 그 대표적인 학문 분과라 할 수 있다. 관광활동은 인간과 이를 둘러싼 환경의 복잡한 연계와 지속적인 관계맺음에서 비롯된다. 따라서 관광 활동을 이해한다는 것은 인간 삶의 본질에 대한 고찰이자 현실의 다층적 해석이라고 규정할 수 있다. 관광학의 최근 연구 흐름은 인간과 환경에 대한 인문학, 사회과학, 자연과학 등 개별 학문분야의 발전과 함께 더욱 그 연구의 다양성과 깊이가 더해지고 있다. 그리고 그러한 개별화된 각각의 영역들이 점차 융합되어지는 전개 과정 속에서 더욱 심도 있는 논의들이 진행되고 있다.

따라서 학문 융합 현상과 관련한 연구 방법의 전형을 보여주는 관광콘텐츠 연구의 현재 위상과 추후의 발전 가능성을 탐색적으로 살펴보는 작업은 중요하다. 여러 학문의 하위 분과들 중 관광자원에 대한 연구는 상상력과 감성적 사고에 근거한 인문학적 사고를 해야 함과 동시에 체계적이고 분석적인 자연과학적, 사회과학적 연구방법을 함께 강구해야 하는 최근 주목받는 응용 학문 영역이라 할 수 있다.

이 같은 관광학의 발전 과정을 적용해 볼 수 있는 학문 영역의 융합적 연구 과정에 대한 역사적 고찰을 시도해보자. 현대사회의 학문 영역을 범주화하는 방법은 다양하다. 그 중 거시적 분석체계에 의해 인문학, 자연과학, 사회과학의 세 영역으로 나누어 여러 가지 논의가 이루어진다. 또한 그 각각의 영역은 다시 세부 학문 분과로 나누어진다. 각 학문 분과들은 오랜 역사적 발전 과정을 통해 고유한 이론 및 방법론적 발전을 지속시켜왔다. 특히 각 학문의 연구주체이자 대상인 인간을 바라보는 관점의 차이는 그러한 학문 영역을 나누는데 중요한 기준을 제공했다.

고대 서구에서는 참된 인간의 문화적 가치는 교양이었다. 따라서 이 시대의 인간다움이란 곧 자연 상태의 정제되지 않은 문화와 반대 개념이었다. 하지만 이와 같은 인간관은 중세에 와서 바뀌게 된다. 중세에서는 인간의 존재를 신과 비교하여 인간의 성품을 부정적으로 평가하기도 했다. 추후 이 중세의 부정적 인간관은 르네상스 시대에 와서 다시 한 번 바뀌게 되는데, 이 시기에 사회에서 바라보는 인간관은 고대의 긍정적 인간관을 이어 받기 위한 학문 전통에 의해 구성된다(김영한, 2004). 일반적으로 르네상스 시대 당시의 학문에서는 인간의 능력을 고귀한 것으로 상정했다. 바로 이 시대에 현재 인문학이 추구하는 가치의 기초가 정립되었다고 해도 과언이 아닌데, '인간 또는 인간성이 무엇인가' 라는 큰 질문에 대한 해답을 연구하는 학문으로서 뿌리내리게 된다. 르네상스 인문학의 정신은 주로 규범적 성격이 강한 주제로 구성되었으며(Kristeller, 1979), 자연과학과 관련된 교육이 일정부분 외면되기도 하면서 인간에 대한 감성과 성찰, 삶의 가치가 주로 연구되었다.

그러던 중 17세기 과학혁명으로 합리주의의 시대가 오게 되었다. 이 시대의 인문학은 비과학적 가치관을 연구한다는 이유로 배척을 받게 되었으며, 자연과학에 비해 상대적으로 규범적, 반성적 가치가 강한 인문학 위상에 위기가 찾아오게 된 것이다(김영한, 2004). 17, 18세기에 본격적으로 구축되기 시작한 자연과학은 과학적 탐색의 정당성을 확립하고자 했던 사람들에 의해서 발전했다. 이 때 주로 이루어진 경험적 연구과정은 추후 과학의 본질을 논의함에 있어서 점점 중심적인 학문적 위상을 갖게 된다. 더 나아가 자연과학자들은 검증 불가능한 선험적 주장을 하는 세부 학문 분야에 대해 회의적인 반응을 보이게 된다. 이 같은 역사적 과정이 지속되면서 이미 19세기 초 이전에 자연과학자들은 과학이라는 용어를 곧 자연과학을 지칭하는 용어로 사용하기 시작했다(Wallerstein, 1996).

19세기는 지식의 학문적 전문화로 인해 다수의 분과학문이 창발하기 시작한 시기였다. 그와 동시에 그 분과 학문들을 연구하는 학자들은 개별화된 지식 연구에 대한 구체적인 현실적용 가능성을 사회적으로 요구받기 시작한다. 그 역사적 과정 속에서 점차 자연과학과 인문학이라는 극단 사이에서 더 명확하게 사회적 현실을 중심으로 그 세부 주제들을 연구하고자 하는 학문이 나타나기 시작했다. 19세기 중엽을 지나면서 사회과학 구조가 분과학문으로 태동하여 자리 잡기 시작한 것이다. 사회과학에 속한 다수의 분과 학문들은 경험적 근거를 토대로 현실에 적합하며 적용가능한 객관적 인식체계와 관련한 지식 중심의 연구가 진행되었다.

현대사회에서 사회과학 구조는 우리의 일상생활에 많은 영향을 미쳤다. 이 시기의 사회에서는 대학과 같은 교육기관들의 팽창이 본격적으로 일어났으며, 그 과정에서 학자들은 이웃한 인접 학문 영역의 생산적 침투를 장려하게 되었다. 이 같은 시대적 흐름과 함께 학문 분과의 경제적 지원 역시 학문의 발전에 주요 변수로 작용하게 된다. 연구에 대한 투자들을 통해 그 동안 지속되어 온 과학 발전의 차별적 극점들이 학자들에게 점차 덜 엄격하게 인식되기 시작한 경향도 있었다(Wallerstein, 1996).

현대사회의 주된 학문 영역의 주요 흐름 중 하나를 '융합', '통섭' 등의 용어로 명명할 수 있는 것은 이 같은 학문의 역사적 발전 과정 속에서 일원화된 과학 분과학문들이 그 체계 및 내용에서 끊임없는 재구조화 과정을 겪었기 때문이다. 기존 과학이론의 인식론적 연계 및 교류를 통해 학문 간 공유된 지식연구의 기획이 지속적으로 이루어지고 있는 것이다. 이른바 '인간-환경-사회구조'의 연계 주제에 맞는 초(超)분과 학문적 연구의 필요성이 대두된 것이다.

지금까지 살펴본 역사 과정을 통해 현재는 학문 영역 간 융합 연구는 다방면에 걸쳐 지속적으로 이루어지고 있다. 예를 들어 문학 분야에서는 오래전부터 그 수용 과정에서 역사와 연계되어 연구되어왔다. 왜냐하면 문학작품에 나타난 의미는 엄밀하게 규정되어 있는 현실과 관련되어 있기 때문이다. 하지만 문학작품의 수용자가 이를 자신이 속한 시공간의 특징이나 작품 속의 현실과 연계하여 인식하지 못할 경우, 그 수용 과정은 실패로 이어지게 된다. 문학작품 속에서 환기된 현실과 작품 외 사회적 사실과의 객관적 불일치 때문에 작품 수용의 실패가 나타나게 되는 것이다(Steinmetz, 2000). 사람들은 원칙적으로 문학에 내재된 역사성에 대해 자신이 경험하지 않더라도 그 동인들에 대해서 인식하고, 공감할 수 있어야만 그 작품에 대한 이해도를 높일 수 있다. 따라서 어떤 문화콘텐츠의 역사성은 특정 사회의 역사적 상황과 구조의 특성 속에서 나타난다. 사람들은 작품 수용을 통해 스스로가 인지하는 수용 과정의 의미를 밝히고 자신의 상황과 작품 상황 간의 거리를 줄이게 된다. 이처럼 특정 콘텐츠를 둘러싸고 각 학문영역들은 복합적으로 연계되어 발전을 거듭하고 있다. 각 학문영역 간 생산적 연계가 가능해짐은 특정 콘텐츠에 대한 연구자의 가치 개입 또는 중립이라는 전통적 분석 방법의 근원적인 시각 차이가 불분명해짐을 의미하는 것이기도 하다.

관광은 이 같은 융합 현상이 나타나고 있는 대표적 학문 분과이다. 지금까지 관광과 관련한 연구의 중심은 주로 경영학적 논의에 있었다. 그런데 최근 들어 관광활동의 주체인 인간의 근원적 욕망, 사회 환경 간 상호작용 등 인문학적, 사회과학적 연구와 관광자원 개발과정에서의 자연과학적 연구 등이 동시에 활발하게 진행되고 있다. 관광콘텐츠에 대한 연구는 다양한 융합 연구를 통해 더욱 다양해지고 있다.

관광은 응용연구 체계를 대표하는 연구의 소재로서 다(多)학제적 연구가 가능하다. 따라서 인간세계에 대한 체계적 해석을 가능하게 해 줄 수 있는 복합적인 이론과 방법론의 적용이 가능한 학문 분과라 할 수 있다. 관광은 기존 연구 패러다임의 강화와 동시에 새로운 학문적 관점들을 연계하여 다양한 연구가 진행될 수 있다. 경영학, 경제학, 심리학, 사회학, 지리학 등의 각 학문 분과의 경계를 초월하는 연구가 가능하다. 또한 단일차원적 분석단위의 구분을 넘어 연구 범위를 융합적으로 확대할 수 있다. 관광자원의 소비는 인문학적 관점에서의 역사, 문학 등의 콘텐츠와 관련이 있으며, 이를 구체적으로 실행하는 과정에서 박물관, 기념관 등의 형태가 외연되기도 한다. 그리고 그 관광 콘텐츠에 내면에는 관광자원으로서 정체성을 부여하는 시간과 공간이라는 역사문화관광의 원류가 숨어 있는 것이다.

2) 관광자원에 대한 융합연구의 가치

이 같은 융합사회의 학문분과 간 연계를 통해 수많은 새롭고 다양한 연구 대상들이 나타나기 시작했다. 그 중 하나가 바로 관광자원과 관련된 연구라 할 수 있다. 최근 삶의 다양성을 추구하고자 시공간의 이동을 원하는 사회구성원의 욕구가 발현되면서 여러 가지 관광자원을 이용한 관광산업이 급성장하고 있다. 포스트모던 사회의 질서가 새롭게 분기하고 있는 이 시대에 다양한 인간의 문화 활동이 나타나고 있는데, 특히 관광은 문화자원의 체험에 대한 인간의 욕구가 표출되어 산업적으로 융합된 개인적, 사회적 행위 중 하나라고 할 수 있다. 기술매체와 문화자원의 융합화 현상으로 새롭게 산업화되고 있는 관광분야에 대한 분석뿐만 아니라 기존의 관광유형을 개념화하여 공식화된 유형으로 층화시켜 바라보는 관점도 중요하다.

지금까지 관광자원의 가장 근본적인 개념이라 할 수 있는 시공간에 대한 인문학적, 순수 사회과학적 연구가 소수이기는 하나 계속 이어져 오고 있다. 하지만 대부분 관광자원과 관련된 논의는 경제적 가치 등을 추정하고 마케팅 전략, 소비자 행동 등의 과정을 분석하는 경영학적, 경제학적 연구가 대세를 이루어왔던 것이 사실이다. 이제 관광에 내재된 시공간적 흐름에 따라 인간에게 그 가치가 내재화되는 관광자원의 본질과 특성에 대한 다차원적 논의가 필요하다(Urry, 1990).

관광 행위 주체로서의 정체성을 지닌 사람은 스스로 시간과 공간의 관계에 대한 근본적인 고민을 통해 시공간이 우리의 관광활동 내에서 어떻게 변화하는지를 깊이 고민한다(Soja 1989). 이 같은 관광객들의 인식론적 태도는 인간의 이성적 · 감성적 행위 과정의 지적 · 심미적 욕구를 구체화시켜 줄 수 있다. 특히 앞서 살펴본 바와 같은 정보통신기술의 발달은 인간 체험영역의 확대를 유도하여 온-오프라인 상의 다양한 문화적 산물의 접속과 산업화 과정을 분기(分岐)시키는 효과를 가져다

주었다. 특히 최근 논의되고 있는 융합의 개념은 체험기반 문화상품의 성격이 새로운 대상물로 탈바꿈되는 '내용적 변화'를 의미하며, 이 기술과 문화 간 연계 현상 역시 활발하게 나타나고 있다(최현철, 2015).

물론 그 관광자원의 철학적 고찰 과정 외에 정보통신기술의 기반에서 새롭게 융합되고 있는 새로운 관광유형을 실용적으로 범주화하고, 이를 관광자원의 두 축이라 할 수 있는 시공간적 경계에서 나누어 신(新)관광활동의 종류들을 구체화하는 과정도 중요해졌다. 이 과정을 통해 정보통신기술에 의해서 관광객들에게 전달되는 여러 가지 문화적 상징의 범위를 해석하기도 한다. 이미 '과거-현재-미래'로 이어지는 급변하는 시간성의 흐름과 '이 곳'과 '저 곳'의 공간적 한계를 극복하는 세계시민으로서의 인간 활동 영역에 대한 고민이 있어왔다(Wapner, 1977). 지금까지 진행된 그와 같은 관련 주제의 연구는 체험행위를 통해 인간이 기본적으로 느끼게 되는 감정과 주체적 감흥에 대해 사람들이 함께 공감하게 만들어주었다(서정일, 2016).

그러한 탐색 과정을 통해 포스트모던 사회를 주도하면서 정보통신기술에 의해 확산되고 있는 산업 및 관광상품을 범주화해볼 수 있어야 한다. 더불어 관광객과 관광대상의 상호작용 속에서 다양하게 분화되고 있는 관광유형을 검토함으로써 융합적 관광활동의 유형을 시공간적 자원을 이용하여 예측하는 실무적 연구 성과물도 사회가 요구하고 있다. 기술적, 문화적 의미의 융합 과정은 삶의 질에 대한 사람들의 관심을 구체적으로 실현시켜준다. 그리고 그 융합 현상의 본원적 의미에 대한 탐색은 미래 소비사회에서 생활하는 인간행위의 근원적인 특징과 관광으로 구체화되는 소비활동의 정향성에 대한 논의를 가능하게 할 것이다(Featherstone, 1991a).

미시적 일상생활에서 사람들의 여가시간이 증가나고, 거시적 사회영역에서 세계화가 확대되면서 소비자의 욕구를 충족시켜줄 관광자원에 대한 연구가 활발하게 진행되고 있다. 관광자원의 상품화 과정에는 인간, 자본, 사회 등이 함께 관여한다. 관광자원의 상품화 과정을 통해 구현된 관광콘텐츠는 '관광기업이 관광자의 욕구를 유발시키고 충족시켜줄 관광대상을 바탕으로 각종 서비스를 제공하는 유무형의 경험'을 가리킨다(안종배, 2008). 자본은 관광자원을 다양한 관광콘텐츠로 구성하여 사람들의 욕구를 충족시키는 상품으로 만들고, 적절한 가격으로 그들에게 공급해야 하며, 이를 통해 소비자들은 삶의 만족을 얻게 된다.

융합적 성격의 관광자원은 다양한 역사문화의 소비활동에 의해 더욱 확대된다. 상상력과 이성이라는 서로 상반되는 인간 사고체계는 관광을 통해 함께 수렴되어 다시 환경에 영향력을 행사한다. 바로 그 관광의 향유수단이 될 수 있는 관광자원은 사람들의 욕구를 확대시킨다. 관광 욕구는 대부분 인문학적인 상상력 속에서 창조적으로 구현된다. 한편 이에 대한 소비 및 실제 사물에 대한 체험 · 판단 과정에서는 상상력뿐 아니라 근대적 합리성에 기반을 둔 이성적 사고방식이 함께 투영된다. 자본주의 사회에서 관광객의 관광자원 체험과정에는 감성세계와 도구적 합리성에 입각한 기술적이면서 교환론적 사고가 함께 나타난다. 융합시대의 관광자원을 둘러싼 창의적 상상력은 환상원리와 현실원리 속에 공존해 있다.

관광자원의 발달은 융합사회에서의 공존문화의 모습을 잘 보여준다. 이 융합문화는 객관과 주관, 이성과 감성, 일상과 환상 등의 긴장관계를 상호보완적으로 사람들에게 투영시켜 삶의 일정한 형태 및 내용의 규칙성을 내재화시킨다. 결국 관광자원은 소비자가 서로 다른 시공간의 사회적 산물을 개인의 상상력으로 분화 또는 결합시키면서 합리적 사고에 의해 스스로 구성하는 인식 객체 중 하나라고 할 수 있다.

자신을 중심으로 주변의 접속 가능한 다양한 관광자원을 결합하고 재창조하는 관광객의 적극적 소비 행위는 최근 일반적인 문화현상에서 나타나는 '자기구성성'이라는 콘텐츠 융합의 기본 원리를 우리에게 잘 나타낸다(Jenkins, 2008). 구성성의 개념에서 중요한 것은 콘텐츠 융합 활동의 주체인 인간의 능력이다. 관광자원을 산업적, 사회적으로 융합시켜주는 것은 합리적 기술이지만, 먼저 인간의 감성적 상호작용을 통해서도 그 융합 가능성이 타진된다고 볼 수 있다.

관광자원은 그 개발 과정에서도 융합적 성격을 지닌다. 예를 들어 지역의 역사문화자원을 디지털 관광콘텐츠화 시키는 과정은 복잡한 학문간 협업을 통해 이루어지게 된다. 한 마을을 선정하기 위해 현지조사하면서 스케치하고, 그림 지도를 그리면서 인터뷰를 시도하고, 동시에 동영상을 촬영하여 별도의 저장장치에 넣는 체계적 과정을 거치게 되는 것이다(김현 외, 2008). 이 같은 관광콘텐츠화 작업은 디지털 마을 콘텐츠 제작으로 구체화되며, 이 작업은 인접 학문간 연계가 없으면 매우 힘든 과업이라 할 수 있다. 이처럼 관광자원의 개발 과정에서 융합적 관광콘텐츠로서의 속성은 구현되는데 많은 노력이 필요하다. 그리고 관광객들은 그 융합적 관광자원을 체험하기 원한다.

현대사회에서는 관광자원의 효과적인 제작과 활용을 위해서는 다양한 매체를 이용한 과학기술적 자료 수집과 제작과정이 필요하다. 또한 그 콘텐츠에 내재된 이야기를 찾아 이를 재구성할 수 있는 인문학적 역량도 중요하다. 그 뿐만 아니라 관광콘텐츠 제작 과정을 효과적으로 진행하기 위해서는 조사자와 조사대상지 주민과의 상호 이해관계를 정확하게 파악해야 한다. 따라서 이를 논의하기 위한 비(非)편향적 정보제공과정의 유지가 필요한데, 이 같은 일련의 과정을 통해 사회과학적 지식이 탄생하게 된다. 그리고 이 지식은 다시 관광콘텐츠 제작에 필요한 자연과학 영역인 정보통신기술로서 재공급된다. 이처럼 새로운 관광콘텐츠의 제작 과정에는 문학, 역사와 같은 인문학적 지식은 물론, 과학기술에 근간을 둔 자연과학적 지식, 관광자원을 둘러싼 사회관계의 규명을 위한 사회과학적 지식들이 함께 수반된다. 이 융합적 논의들은 관광콘텐츠와 행위자를 이어주는 매개 역할을 하게 된다.

관광자원의 융합 개발 과정에서 인문학은 미학적인 독립된 영역으로 존재하기도 하고, 어쩔 수 없이 사회적 수요에 의해 영향을 받기도 한다. 또한 관광자원의 인문학적 역량은 뜻밖에도 과학기술에 의한 상상력의 증강을 통해 관광행위자에게 사실적 사고를 할 수 있는 영향력을 행사하기도 한다. 이 새로운 관광자원을 소비자에게 적절하게 공급하기 위해서는 서비스 제공 시 해당 객체가 사회문화적 환경에 적합한지를 고려해야 한다. 새로운 서비스는 관광자원의 공급에서 필요한 부분이지만, 재정 및 사회적 관계 등이 신중히 고려되지 않으면 이용자에게 만족을 줄 수 없다.

물론 전통적 관광연구의 주된 하위부문인 관광산업 및 관광경영과 관련된 연구에서도 융합 연구는 꾸준히 진행되어 왔다. 이와 관련한 융합 연구의 예로는 관광자원의 패키지화(packaging)에 대한 연구를 들 수 있다. 그 과정은 여러 가지 관광콘텐츠를 하나로 결합하여 상품으로 구성하는 작업이기 때문에 어떻게 적절한 콘텐츠를 융합시키느냐의 방법을 합리적으로 선택하는 것이 그 상품판매의 성패를 결정한다. 이 패키지화 과정에 관련되는 일반적인 관광자원의 세 가지 범주는 크게 핵심상품(core product), 유형재(tangible product), 보조재(augmented product)로 나눌 수 있다. 핵심상품은 상품 소비를 통해 얻게 될 핵심 편익이자 충족요구를 말하며, 유형재는 소비자의 만족을 조장할 핵심상품의 물리적 표현, 즉 구매할 구체적인 물적 제품이나 서비스를 말한다. 마지막으로 보조재는 핵심적 요구를 보다 쉽게 충족시키는데 필요한 관광콘텐츠 주변의 부수적 특징을 제공하는 재화를 말한다(McKercher & Du Cros, 2008).

예를 들어 어떤 관광자가 유럽의 역사에 대해 관심을 가지고 이를 체험하기 위해 관광활동을 계획했다면 그에게 핵심상품은 유럽의 역사 이야기가 될 수 있다. 또한 그가 유럽에 도착하여 이를 체험하기 위해 유럽의 박물관을 관람하고 역사 유적지를 찾아다녔다면 그것들은 곧 핵심상품을 실현하기 위한 유형재가 된다. 마지막으로 그가 이동하는 과정이 하나의 콘텐츠로 묶여 있어서 관광지에서 편리하게 무료셔틀 등을 운영했다면 그것은 핵심상품과 유형재의 소비를 위한 보조재로서의 역할을 하는 재화라 볼 수 있다. 이 사례에서 제시한 관광콘텐츠의 향유과정 역시 융합 연구의 필요성을 요구한다. 관광객이 처음 관광욕구를 가지게 된 것은 역사라는 인문학적 지식에 근거한 것이며, 이를 계획하고 실천하는 과정에서는 경제학, 지리학 등의 또 다른 학문분과의 지식이 필요하다. 마지막으로 자신의 만족감에 대한 정도를 측정해 보기 위해서는 심리학의 도움을 받을 수 있다. 이처럼 관광자원에 대한 개발, 마케팅 과정을 구성하고 있는 핵심상품, 유형재, 보조재가 패키지화되어 효과적으로 운영되기 위해서는 융합 연구를 통한 지식 창출이 필요하다.

더 나아가 관광자원들은 똑같은 내용을 포함하고 있더라도 시간과 장소에 따라 각각 1, 2, 3차 관광콘텐츠로서 서로 다르게 기능하기도 한다. 관광을 하게 되는 근원적 목적이자 최고의 관심대상이 되는 1차 관광콘텐츠, 다른 장소를 방문하는 것이 목적이지만 인근 관광루트를 경유하면서 함께 볼 수 있는 기회가 될 때 방문하기를 원하는 2차 관광콘텐츠, 그리고 방문 목적이 전혀 없었다가 우연히 발견하여 소비하게 되는 3차 관광콘텐츠로 그 가치가 관광자의 상황에 따라 각각 다르게 구현된다(Mill & Morrison, 1985). 이상 논의한 바와 같이 관광자원들은 같은 형상을 하고 있더라도 관광자의 욕구와 환경에 따라 그들에게 내면적으로 다르게 인식될 수 있다. 이 같은 이유 때문에 관광자원에 대한 융합 연구가 필요한 것이다.

관광자원 연구는 단편적 지식이나 수용 능력에 의해서 이루어지기 어려우며, 다양한 연구자 간 연계와 해석에 의해서 구체화될 수 있다. 최근 각광받고 있는 역사문화관광과 관련한 관광자원의 향유 과정에서 관광자의 사실 분석과 해석적 사고 모두가 중요한 이유 역시 이 같은 융합적 관광자원 연구의 가능성을 지지해준다(민웅기, 2012c). 오늘날 관광학 분야의 관광자원 개발 연구는 의미 있는 융합지식 체계를 우리에게 공급해 줄 것이다.

3) 가상세계의 등장과 새로운 관광자원의 등장

일찍이 하비(Harvey), 어리(Urry) 등의 사회과학자들은 시공간의 압착(time-space compression) 현상을 통해 인간 활동상의 한계가 극복되고 있는 현재의 시대적, 사회적 상황을 설명했다. 인간 활동의 기본적 자원이자 원형이라 할 수 있는 이 현상을 가능케 한 것은 정보통신기술을 통한 물리적 환경의 확장이다. 시공간의 한계에 대한 극복은 세계 문화의 확장과 지구적 질서의 재편을 가져왔다. 자본, 문화, 서비스 등의 한계가 국민국가의 한계를 벗어나게 되었으며, 초국적 자원의 지구화를 통해 자본 영역은 더 이상 국가가 통제할 수 없는 빠른 속도의 성장을 경험하게 된다. 국가는 정책 수단 운영의 효율성을 추구하는 과정에서 전통적 시공간의 질서로는 설명할 수 없는 다양한 관계를 맺기 시작했고, 이해관계에 따른 복합적 협력관계를 유지하기 위해서도 노력하고 있다(Harvey, 1989; Urry, 1990; Wapner, 1977).

특히 앞서 살펴본 것처럼 정보통신기술은 이 같은 네트워크의 관계망을 형성시켰다. 또한 탈조직화 현상은 금융과 산업 모두를 세계화시켰다. 단순히 국민국가 및 경제체계의 경계가 확장된 것을 넘어서 지구적 금융자본이 가상세계에까지 침투하게 되었다. 대부분의 금융 거래가 가상공간에서 이루어짐은 물론 자본 교환의 매개가 되는 다양한 문화자원 역시 가상세계에 존재함으로써 이를 중심으로 새로운 소비시장이 형성되는 현상이 나타나기 시작했다(Featherstone, 1991b; Giddens, 1991).

시공간의 제약이 극복되면서 더욱 활발하게 나타나고 있는 문화의 세계화 현상은 가상세계의 본질을 논의한 보드리아르(Baudrillard)의 이론으로 설명 가능하다. 그가 말한 '시뮬라시옹(Simulation)'은 자본주의 사회에서 실재를 대체하는 인위적인 산물로서 자본주의 사회를 지배하고 있는 현실의 모사나 가상적 이미지 등을 총칭한 개념이다(Baudrillard, 1981). 특히 이제 미디어를 통한 콘텐츠는 더 이상 원본의 의미가 없어지고 원본과 모사물의 구별 역시 어려워지고 있는 가운데 미디어의 중요성과 이미지의 가치가 높아지고 있다(McLuhan,

1964). 정보매체의 개발로 대표되는 정보통신기술의 영향력은 다양한 문화산업에도 영향을 주었다. 정보통신기술은 사실과 허구의 통찰에 대한 인간의 사고체계를 더욱 확대시켰으며, 이동성(mobility)에 대한 욕구를 강화시켰다(Giddens, 1991; Harvey, 1989; Urry, 2002).

최근에는 가상현실(virtual reality: VR)과 증강현실(augmented reality: AR)과 같은 기술력에 의해 현실세계에서 체험하기 어려운 관광지가 가상적 체험 공간으로 구체화되기도 했다. 예를 들어 발달된 미디어 기술은 현실과 가상을 연계하여 관광자원의 범위를 확대하는 융합관광전략에 필요한 안정적 사회적 자본과 사회기반시설의 확보를 가능케 했다(전경란, 2016; Narang, 2009). 또한 인공지능(Artificial Intelligence: AI) 기술을 관광산업에 적용한 다양한 사례 역시 곳곳에서 나타나고 있다. 이를 통해 인간 삶의 본원적 가치와 삶의 질에 대해 더 많은 심층적 논의가 가능하다. 이처럼 실제 문화자원을 체험하는 것이 목적인 관광활동에서도 가상현실의 실현을 가능하게 해주는 정보통신기술 덕분에 체험 대상의 범주가 확대되는 현상이 실질적으로 나타나고 있다. 정보통신기술 이용 자체가 주요한 관광자원이 되기도 하고, 이를 이용한 가상현실이 관광활동의 시·공간 영역을 더욱 확대시켜 나가고 있는 것이다.

일반적으로 사람들은 어떤 대상과 상호작용하는 과정에서 체험 상황의 진정성(authenticity)과 의사(擬似)이벤트(pseudo-events) 원리를 모두 경험하게 된다. 맥켄넬(MacCannell)이 언급한 이 진정성은 개체가 지닌 근원적 정체성에 대한 사람들의 인식을 의미하며, 부어스틴(Boorstin)이 논의한 의사이벤트에 대한 분석은 사람들이 상품의 체험 소비에서 겪을 수 있는 위험성을 경계하고 안정된 가짜 모습을 선호할 수 있음을 설명해준다(Boorstin, 1964; MacCannell, 1976). 즉 사람들은 어떤 문화콘텐츠를 소비함에 있어 그것만이 가진 고유한 가치를 추구하려는 욕구와 함께 그 가치의 소비 과정에 어떤 위험성이 존재한다는 것을 꺼리며, 오히려 편리함을 추구하면서 진정성 체험에서 파생되는 낯섦을 회피하려는 이중적 성향을 동시에 지니고 있다(민웅기, 2016). 심지어 문화콘텐츠를 구성하는 이야기 구조 역시 진짜와 가짜를 넘나드는 스토리텔링(storytelling)을 통해 사람들에게 심리적 감흥에 영향을 주기도 한다(최인호, 2008).

정보통신기술의 발달은 이 두 가지 인간의 본원적 욕구 모두를 실현 가능하게 했다. 그리고 최첨단 정보통신기술의 발달을 통해 시공간에서 나타나는 인간의 물리적 활동 및 체험의 한계가 극복됨으로써 그동안 사회구성원들이 누리지 못했던 특정 사물, 인간, 문화자원에 대한 진정성의 가치를 깊게 사고하게 되었다. 사람들은 그 감정변화를 스스로 느끼면서 자신의 감흥에 대해서 성찰하고 체험할 수 있게 되었다.

최근 들어서는 관광객들이 체험하는 과정에서 그 동안 회피하게 되었던 타문화에 존재하는 관광자원의 체험이 기술력의 발전을 통해 이루어지면서 새로운 문화관광자원들의 시장성에 대해 자본 영역에서 관심을 가지기 시작하고 있다. 관광객은 문화관광자원의 소비과정에서 느끼는 심리적 참신함과 새로움에 대해 자본이 투여된 표준화된 미디어를 통해 구체적으로 인식하기 시작했다. 물론 이 같은 본격적인 소비지향사회가 도래하면서 인간의 욕구충족이라는 순기능적 측면의 문화상품 소비 외에도 그 체험 과정을 인위적으로 조정하는 자본 영역의 역기능적 원리까지 문화관광소비자에게 함께 다가오게 되었다. 이제 감정이 소비되는 시대에서 나타나는 여러 가지 순기능과 역기능에 대해서 사회구성원들이 함께 심도 있는 논의를 해야 하는 시대가 왔다.

새로운 문화관광상품의 등장은 정보통신기술의 발달로 더욱 확산된다. 그리고 이는 사회구성원들의 소통체계로서 내재되어 있는 문화구조에 영향을 받게 된다. 일찍이 부르디외(Bourdieu, 1979)는 생활양식을 결정하는 인간의 선택적 기호에 대해 상징적 상품과 서비스를 제공하는 사회구성원들의 문화자본(cultural capital)에 대해 이야기했다. 일정 수준의 문화를 향유할 수 있는 능력인 이 개념은 인간의 사회화(socialization)과정을 통해 내재화되며, 다양한 계급관계 형성과정에서 파생되는 생활양식의 차이를 통해 외현된다. 본격적인 소비사회의 도래로 인간의 생활양식 기호의 다양성이 확대됨으로써 계급 간 상호작용 속에서 문화자본의 중요성이 드러나고 있다. 한편 소비사회에서 관광을 비롯한 서비스 경제의 확산과 사람의 사회화 과정은 문화자본에 기반을 둔 주체적 행위 과정과 밀접한 관련이 있다. 문화자본의 습득, 향유 과정에 의해 사람들의 여가패턴이 다양해졌다. 사람들은 텔레비전 시청이나 잠자기 등의 수동적 여가활동에서 벗어나 정체성과 관련된 욕구를 만족시켜주는 여가활동에 관심을 갖게 되었다. 이 같은 여가활동을 스테빈스(Stebbins)는 진지한 여가(serious leisure)의 개념을 통해 논의했다. 진지한 여가는 '활동에 참여하는 사람들에 내재한 자원에 대한 지식, 기술 등을 표현하거나 향유할 수 있을 정도의 일정 수준이 요구되는 전문적, 체계적 여가활동' 을 의미한다(Stebbins, 1982).

정보통신기술의 발달은 사람들이 여가자원 소비과정에 필요한 흥미, 기술, 지식, 경험 등의 축적을 가능하도록 했다. 다양한 관광자원 체험과정에서의 사회화 현상이 자연스럽게 진행됨으로써 이 진지한 여가활동에 대한 사람들의 지식 습득이 과거보다 쉬워졌다(민웅기, 2016). 관광유형에도 이 진지한 여가활동에서 요구하는 지식수준이 구체적으로 실현되기 시작했다.

이상 살펴본 바와 같이 관광객과 관광대상의 상호작용 및 문화자본과의 관계에 의한 관광활동의 변화상을 살펴보면, 주체적 관광행위자인 관광자와 관광소비의 객체인 관광대상 간 상호작용의 정도와 관광자원을 소비하는 사람들에게 요구되는 문화자본의 정도에 따라 관광유형은 네 가지로 나눌 수 있다. 이 체험상품의 범주를 정리하면 [그림 3]과 같다.

첫째, 관광자의 문화자본은 많이 요구되지 않지만, 관광자와 관광대상 또는 관광지 관광상품 제공자와의 상호작용이 요구되는 '소비관광'이 있다. 면세혜택, 쇼핑 상품의 다양성 등에 대한 간단한 정보검색을 통해 전적으로 소비하기 위한 목적으로 이루어지는 관광활동을 의미한다. 한 예로 싼 물가를 따라 이루어지는 선진국의 개발도상국으로의 쇼핑관광 등이 이 유형에 속한다. 그런데, 최근 들어 이 쇼핑관광의 의미

그림 3 관광자–관광자원의 상호작용 및 문화자본 간 관계에 의해 변화되고 있는 현대관광의 유형

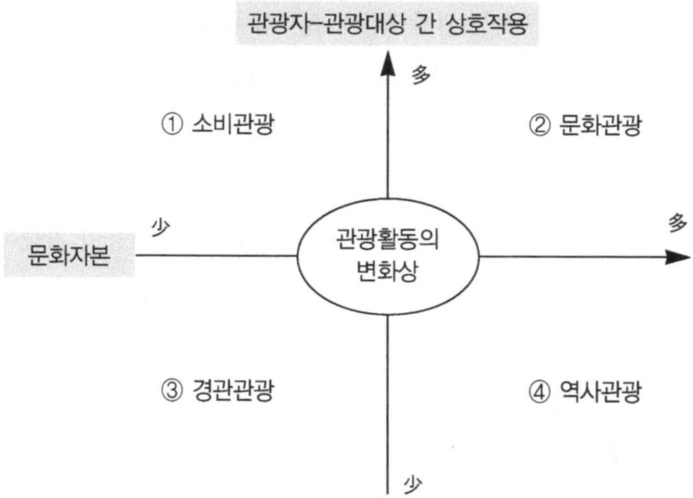

가 변화하고 있다. 단순히 상품을 구매한다는 목적을 넘어 자신의 정체성을 찾기 위한 의식적 융합 과정을 거쳐 특정 관광지를 대표할 수 있는 문화적 산물을 구매하기 위해 쇼핑하는 관광활동 사례가 나타나고 있다. 예를 들어 전통적으로 유지되어 온 명품 등의 고가 상품을 저렴하게 구매하려는 기존의 쇼핑관광 외에도 자신의 직업군에서 쓰이는 장인정신이 녹아 있는 재화, 전통적 문화재로서의 가치가 있는 지역 특산물, 최신 기술을 갖춘 기계제품 등 다양한 목적의 쇼핑관광이 실현되고 있다. 이 같은 현상으로 정보통신기술의 발달로 인해 소수의 소비자들이 특정한 의미 있는 자아상 구현을 통해 통합되어 연계될 수 있는 구조적 시장 환경이 마련되었고, 관광자원의 매력성 구매과정에서 표출되는 틈새시장(niche market)이 확보되었다.

둘째, 관광자와 관광대상의 상호작용 정도와 관광자의 문화자본이

모두 높게 요구되는 문화예술관광이다. 이 관광유형에서 관광상품은 관광 호스트(host)의 유형적 예술작품, 무형의 대중문화활동, 고급예술 활동 자체이며, 관광자는 관광대상의 실제적 활동을 통해 그들과 커뮤니케이션하게 된다. 최근 문화예술관광에 대한 사람들의 향유 욕구는 더욱 커지고 있다. 이는 정보통신기술의 발달로 인해 관광자의 교육수준 향상 및 여가시간 확산에 따른 사람들의 사회화 과정이 고정된 시간과 장소를 넘어 유연하게 이루어지면서, 진지한 여가활동이 가능해졌기 때문이라고 볼 수 있다. 이 수준 높은 관광자원은 그러한 색다른 관광체험을 추구하는 사람들의 교육 과정에서 더욱 빛을 보게 된다.

셋째, 관광자의 문화자본이나 관광자와 관광대상 간 가시적인 의사소통이 크게 필요하지 않은 관광의 유형으로 경관 등을 자원화하는 관광이다. 예를 들어 주로 자연자원 감상을 통해 이루어지는 경관관광은 인간 본원적인 탈일상성에 대한 욕구를 충족시키고, 스스로의 성찰을 통해 그 만족도를 극대화하게 된다. 동일한 관광대상에 대해서 관광자들이 갖는 감정은 모두 다를 수밖에 없다. 최근 정보통신기술 등으로 대표되는 과학기술을 통해 환경적 · 구조적 여가 제약이 완화되면서 관람 기회가 추가적으로 생겨났다. 사람들은 진정성에 대한 욕구 못지않게 체험하는 과정에서 나타나는 위험성을 익숙한 상황으로 극복하려고 노력한다. 정보통신기술의 발달은 관광활동 과정에서의 위험성을 의사이벤트로 구현되는 환상을 통해 완화시켜 주었다(Boorstin 1964).

넷째, 관광자의 다양하고 심도 있는 문화자본이 필요하지만, 관광자와 관광대상의 상호작용이 가시적으로 표현되지 않는 유형으로 역사관광이 있다. 역사관광은 단순히 역사문화자원뿐만 아니라 과거의 역사유물이나 미술품 등을 포괄하는 관광유형을 의미한다. 역사적 사실이나 유물과 직접적인 상호작용은 이루어지지 않기 때문에 이를 보완하기 위해 역사적 사실에 대한 후대의 해설 등이 동반될 수 있다. 역사자원 감상을 위해서는 관광자들에게 이와 관련한 광범위한 교육이 요구되며, 그 사회화 과정에서 다양한 문화자본의 습득이 이루어져야 한다. 정보통신기술의 발달은 과거의 유적(遺跡)과 사료(史料)에 대한 더욱 많은 기록과 관람을 가능케 하여 관광자원의 질적 · 양적 성장이 이루어지게 기여했을 뿐 아니라 관광소비자들이 문화자원을 습득하는 과정에서 진지한 여가활동을 향유할 수 있는 여가기회(leisure chance)를 확대시켰다고 볼 수 있다.

정보통신기술을 통해 새롭게 구현되고 있는 관광자원과 자원의 상품화 현상에 범주화 및 분석 역시 가능하다. 관광행위자들에게 새롭게 소비되고 있는 관광자원의 상품화 범주는 인간 또는 인간 행위 자체인 경우와 관광자의 외부에 존재하는 사물 또는 경관(landscape), 의례(ritual)라는 두 범위로 구획화시킬 수 있다. 한편 다른 한 범주로는 관광대상 또는 관광장소의 범위가 관광자가 머물러 있는 '이 곳'의 실재적 공간일 수 있으며, 관광자가 존재하는 곳을 넘어서는 '저 곳'의 가상공간일 수도 있다. 이 같은 특징에 의해 관광자원의 상품화 과정을 범주화하면 [그림 4]와 같이 크게 네 가지 나눌 수 있다.

첫째, 인간활동을 통해 관광자가 존재하는 장소에서 실제로 직접적인 신체의 움직임을 통해 구현되는 관광자원의 상품화 과정이 있다. 최근 센서(sensor)기술을 통해 관광객이 특정 공간에 있으면, 관광자의 행동을 센서가 직접 감지하여 이를 화면에 구현시켜 그들의 움직임을 통해 해당 관광 자원에 연계, 실현하는 방법이다. 예를 들어 국내의 국립한글박물관에서는 각 자음과 모음을 화면에 보이게 하여 관광자가

그림 4 정보통신기술에 의한 새로운 관광자원의 상품화 과정과 범주

관광상품화 범주	관광대상(장소) 범위	실재(이곳)	가상(저곳)
	인간행위	① 직접적 실재 구현	② 정보기기를 통한 일상의 가상세계 체험 (AR, VR)
	사물의례	③ 디지털 기술 자체의 관람체험	④ 역사문화콘텐츠, 자연환경의 시각체험

신체적 움직임을 통해 그 글자를 손으로 잡아 이를 글자로 맞추는 체험 부스(booth)가 있는데, 이러한 공간은 기술을 이용하여 새롭게 관광자원을 상품화시킨 사례라 할 수 있다.

둘째, 인간이 행위를 통해 자신이 현재 속하지 않은 장소에 위치한 '저 곳' 의 문화를 정보기기를 통해 가상으로 체험하는 관광유형이 있다. 소위 말하는 증강현실(AR), 가상현실(VR) 등을 통해 가상세계를 체험하는 것인데, 과거 '포켓몬GO' 게임을 통한 체험관광콘텐츠는 그 대표적인 사례라 할 수 있다. 게임 어플리케이션이 현재 관광자가 존재하는 실재 공간의 모습을 가상의 관광장소와 연계, 융합시킴으로써 관광자가 실제로 존재하지 않는 일상의 가상세계를 체험하면서 일상생활 주변에 위치한 관광장소를 자연스럽게 체험하게 된다.

셋째, 관광상품화의 범주가 사물 또는 의례일 경우, 실재적 공간인 이곳에서 존재하는 디지털기술 자체의 관람이 관광목적지의 주요 상품이 될 수 있다. 예를 들어 정보통신기술을 통해 특정 애니메이션, 영화

등의 문화상품이 만들어지는 과정 자체를 최첨단 그래픽, 디자인 등을 통해 관람할 수 있다면 관광객들은 그 디지털 기술의 구현 과정을 실제 시각으로 확인하고 체험하기 위해서 관광목적지를 방문할 수 있다. 과학기술이 발달한 현(現)시대에 이 같은 다양한 미디어 콘텐츠를 실현하는 수단들이 많아지면서 최근 새롭게 사람들의 호기심을 자극하는 이미지 중심의 가상 관광콘텐츠는 과거에 없던 관광상품의 확산과 소비과정을 유도하고 있다.

넷째, 현재 이곳에서 볼 수 없는 가상공간의 역사문화콘텐츠, 자연환경 등의 사실적 경관, 의례 등을 화면을 통해 시각적으로 체험할 수 있는 관광상품의 유형이다. 예를 들어 최근 엑스포(EXPO) 등의 메가 이벤트(mega-event)공간에서는 해외의 문화적 산물들을 직접 관광자원 형태로 관람하는 것이 아니라 가상의 기술적 역량이 갖추어진 이미지 화면을 통해 다른 국가에서의 관광자원을 관람할 수 있게 되었다. 화면을 통한 관광 콘텐츠는 과장된 형태가 아니라 사실적이며, 마치 이곳에 실제로 있는 사물인 것 같은 착각을 하게 된다. 하지만 실제로는 다른 장소, 시간에 존재하는 가상적 문화역사에 기반을 둔 관광자원이다. 이 같은 관광활동이 구현되는 공간은 시뮬라시옹의 전형이며, 새로운 관광상품화 과정의 유형이라고 할 수 있다.

이처럼 정보통신기술의 발달에 따라 다양한 관광 유형들이 외생되고 있으며, 내재적으로 그 본원적 의미가 다각적으로 변화하고 있다. 한편 정보통신기술과 문화 콘텐츠 간 융합현상에 의한 새롭게 나타나고 있는 미래관광은 [그림 5]와 관광상품에 내재된 '시간'의 영속성과 단절성, '공간'의 정주성과 이동성을 각각의 축으로 유형화 할 수 있다.

그림 5 시공간의 특성 구분과 미래관광의 유형

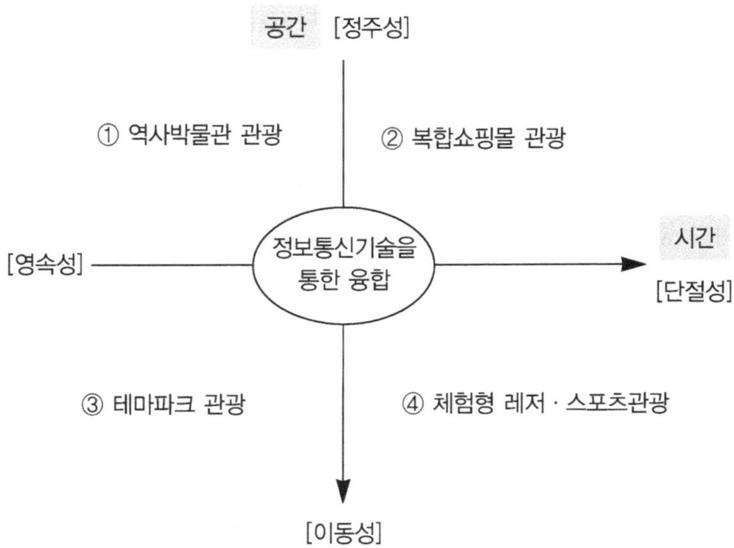

첫째, 과거부터 현재까지 진행되어 온 시간의 연속성을 인정하며 정주적 공간에서 이루어지는 대표적인 관광활동 유형으로 역사박물관 관람을 들 수 있다. 교육관광 등의 대안적 관광(alternative tourism)의 전형으로 최근 급부상하고 있다. 요사이 최첨단 정보통신기술의 발달로 완전히 다른 형태로 시장 영역에서 이루어진 주요 관광자원의 개발 사례이다. 그 예로 최근 프랑스의 루브르 박물관과 일본의 인쇄회사인 다이니폰프린팅(DNP: Dai Nippon Printing)이 선보인 '루브르-DNP 박물관랩(Louvre-DNP Museum Lab)'은 AR, 3D 기술 등의 입체영향을 활용하여 다양한 영상 시뮬레이션을 구현하고 있다.

둘째, 현존하는 시간의 한계성에 대한 인식과 함께 정주적 공간에서 이루어지는 관광의 유형으로 복합쇼핑몰 관광을 들 수 있다. 대중 관광객은 몰(mall)을 중심으로 집적화된 공간에서의 관광활동 욕구를 지니고 있기도 하다. 이 같은 욕구가 반영되어 특히 최근에는 단순 쇼핑뿐만 아니라 정보통신기술에 기반을 둔 엔터테인먼트 콘텐츠를 결합시킨 복합쇼핑에 적합한 관광문화자원들이 등장하고 있다. 한 예로 최근 나타나고 있는 대규모 복합쇼핑몰의 경우, 다양한 상품소비공간, 숙박시설, 첨단 게임 놀이공간을 개발하여 가상 콘텐츠를 이용한 가족 위락형 공간으로서의 융합형 관광자원으로서 각광을 받고 있다(MBN · 한국관광학회, 2016).

셋째, 정보통신기술 융합에 의한 미래 관광 유형 중 시간적 연속성과 공간적 이동성에 근거를 둔 유망 관광 유형으로 테마파크가 있다. 테마파크 관광은 과거 향수(鄕愁)를 느끼게 해 줄 수 있는 역사관광자원 뿐만 아니라 미래에 생길 수 있는 현상을 상상에 의해 구체화시킨 문화관광자원까지 관광객의 욕구실현 범주가 매우 다양하다. 테마파크는 관광객들에게 과거 시간성에 근간을 둔 친숙한 경험과 미래의 새로운 경험을 동시에 제공하고, 다양한 이야기(story)와 첨단 기술(technology)이라는 무형의 관광자원을 효과적으로 제공함으로써 관광객의 새로운 체험 욕구를 충족시켜줄 수 있다. 더 나아가 테마파크는 기존의 편의시설 등과의 연계를 통해 거대한 복합적 수익구조를 창출 할 수 있는 개발전략을 세울 수 있다는 장점을 갖고 있다. 구체적인 사례로 이미 세계로 확산된 디즈니월드(Disney World)와 유니버설스튜디오(Universal Studios) 등을 들 수 있다. 최근에는 특정 기업의 주력 판매제품을 테마파크화하여 이를 관광객들에게 개방하는 사례도 있는데, 독일 BMW 사의 경우 회사 자체를 테마파크화하여 산업관광지로서 관광객들을 유치하기 위해 노력하고 있다(MBN · 한국관광학회, 2016).

넷째, 시간적 단절성과 공간의 이동성을 근간으로 한 미래 관광유형으로 친환경 체험 · 스포츠 관광이 있다. 지속가능한 환경적 가치를 추구하는 관광 유형 중 하나로 등장한 이 유형은 기존의 일상 생활권을 벗어나 자연환경을 향유하고자 하는 관광객들의 욕구가 표출되면서 캠핑 등의 형태로 나타나고 있다. 그런데, 최근 이 관광 유형이 기존의 단순 아웃도어(outdoor) 레크리에이션 관광과는 다른 패턴으로 나타나기도 한다. 다양한 정보통신기술을 통한 정보 공유로 가족단위 뿐만 아니라 1인 관광객들이 기존에 알려지지 않은 관광자원을 개발 · 공유하는 양상으로 그 외연을 확장하고 있다. 과학기술에 기반을 둔 다양한 복합적 관광 프로그램 및 체험을 위한 이동성의 확장 현상은 모바일 시대의 정보 공유 및 참여 욕구의 정도를 증가시켰다. 예를 들어 관광객들이 효과적으로 자연환경을 접하면서 관광을 할 수 있도록 교통체계와 이동수단, 지역특성들을 융합해 산악자전거 · 사이클링 등의 관광탐방로를 개발하는 융합 관광프로젝트가 자연 자체를 주요 관광자원으로 삼고 있는 세계의 국가 곳곳에서 운영되고 있다. 또한 관광기반시설 확충 외에도 모바일 어플리케이션을 이용한 관광지 홍보 및 접근성 제고에도 힘쓰고 있다. 특히 오지(奧地) 탐험 등의 모험관광(adventure tourism)이 가능해진 것 역시 정보통신매체를 통한 개방된 정보의 공유 활동이 활발하게 이루어지고 있기 때문이다.

4 소결

지금까지 살펴본 바와 같이 '여가'는 오랜 기간 땀 흘려 일하는 '노동'에 상반되는 활동으로 인식되어 왔다. 전통사회에서 여가는 긍정적 삶의 하위 범주로 이해되었던 반면, 노동은 생존을 위해서는 필요한 것이되 가급적이면 기피해야 할 부정적 활동범주로 간주되어 왔다(Ritzer, 1987).

이 같은 관념은 근대 서구사회에 이르러 급진적 변화에 직면하게 된다. 변화를 주도한 것은 개신교 윤리를 앞세운 종교개혁 운동으로서, 중세기까지의 부정적 노동관은 '소명으로서의 노동'을 강조한 종교개혁 이후 획기적으로 변모한다. 즉, 개신교 윤리는 근대 자본주의가 요청하는 근로행위를 고취하면서 부르주아 계급을 새로운 사회적 주도세력으로 대두시켰는데, 자본주의의 후속적 발전으로 부르주아 공리주의가 지배적인 관념으로 정착되면서 '노동→생산성→사회진보'라는 논리가 일상적 사고로서 자리 잡게 되었다(김문겸, 1993).

사회진보 이데올로기와 직결된 노동의 긍정적 가치는 정보 사회에 이르러 새로운 전환기를 맞고 있다. 산업사회의 '시간지향적' 노동원리는 노동활동 및 여가활동의 상호침투와 혼융이 촉진되고 있는 정보사회 단계에 들어서면서 영역 간 명확한 구분이 없어지기 시작했다. 현대사회의 시간개념은 아직은 산업 자본주의적 구성에서 중요시 되었던 시간관에 의해 좌우되는 경우가 많다. 사회가 여전히 '시계 시간(clock time)'의 규제 하에 놓여있기 때문이다(Giddens, 1995; Lash & Urry, 1994). 하지만 이러한 선형적 시간관은 시공간적 제약을 해체하는 첨단 정보통신기술의 등장과 함께 점진적으로 완화되어 자연적 시간으로부터의 탈출이나 해방의 움직임이 도처에서 발견되고 있다. 따라서 시간은 더 이상 생산물을 산출해내는 공급 차원에만 적용되는 것이 아니라 사람들의 삶을 여유롭고 윤택하게 하는 소비생활의 원재료에 해당하는 소비자원으로 간주되기 시작한다.

정보사회의 핵심적 특성들은 여가활동에 심대한 영향을 미친다. 첨단 정보통신망을 경유해 여가 선택의 폭과 깊이가 모두 증가하고 있다. 또한 오늘날 초국적 자본은 문화적 세계화의 가장 민감하고도 극적인 이미지를 제공하는 메커니즘을 유도한다. 자본, 문화적 세계화 현상은 이질적 문화체험을 원천으로 하는 관광부문에서 그 위력이 최고조로 발현되는 바, 지역적 경계나 국경을 넘나드는 관광활동은 선진국, 후진국을 막론한 많은 국가들에서 물적 소모가 적은 고부가가치를 유발시키는 산업군으로서 주목받고 있다.

이 같이 현대사회에서 사람들이 관광에 참여하게 된 구조적 조건을 계급, 시간, 자유 등의 개념에 대한 역사적 변화과정을 중심으로 살펴보는 것은 관광자원 이용과 관련된 본원적인 사회적 가치를 평가한다는 측면에서 중요하다. 사회과학적인 측면에서 역사를 고찰할 때 무엇보다 유념해야 할 점은 특정한 시대에 발생한 사건으로 인해 사회에 어떤 전반적인 변화가 발생했는지를 인식하는 것이다. 관광 참여가 가능해진 역사적인 사회구조적 조건에는 계급, 시간, 자유 개념의 변화 역사가 내재해 있다. 오늘날 대중관광의 형태로 외현된 관광 유형은 오랜 시간 동안 이루어진 계급 간 의사소통의 역사를 통해 가능해졌다. 또한 시간 사용을 둘러싼 지속적인 정책적, 산업적 변화과정을 통해 현재의 여가·관광 활동에 필요한 자원의 물적 토대가 마련되었다. 이는 결국 인간 의식과 행위에 대한 주체적 자유 실현의 역사라고 볼 수 있으며, 산업사회를 거치면서 점차 자신의 욕망을 관철시키고자 하는 자유의 특권이 일반 대중에게 부여된 결과인 것이다. 이처럼 관광 참여의 사회구조적 조건은 계급, 시간, 자유 개념의 역사적 변천 과정과 밀접한 관련이 있다.

관광과 관련한 역사적, 문화적 연구는 사건(event), 변화(change),

그리고 특정 대상에 대한 관심(concern)을 면밀히 고려하여 분석하고, 사실에 근거해서 이루어져야 한다(Elton, 1969). 특정 사건을 연구하는 과정에서 연구자들은 어떤 사건의 연속적인 반복성, 지속성 등에 관심을 갖게 된다. 다양한 역사적 사건들은 복잡다단한 사회과학적 변수와 관련되면서 그 변화가 이어져오고 있다. 이를 연구하기 위해서는 현재 나타난 특정 역사적 사건이나 사실이 어떤 다른 사회구조적 변수들과 연계되어 그 모습을 갖추기 되었는지 고민할 필요가 있다.

현재 많은 관광 관련 연구들이 자본을 매개로 하는 관광상품의 교환가치에 초점을 맞추어 논의가 진행되고 있는 것이 사실이다. 왜냐하면 현재의 자본주의 시장구조 속에서는 화폐형식에 근간을 둔 교환가치는 더 이상 인간의 본원적인 감각적 필요와 직접적으로 연결되지 않아도 되기 때문이다. 하지만 관광에는 이 같은 교환가치를 넘어서는 많은 내재적 의미가 함축되어 있다. 최근 관광을 위한 역사적 공간의 재현 과정에서 선대와 후대의 문화를 이어주는 사회적 가치가 부여되기도 한다(최형국, 2012). 이처럼 전통사회를 거쳐 근대사회를 지나 현대의 포스트모던 사회에 이르기까지 관광을 둘러싼 계급적, 시간적, 인권적 역사문화에 대한 복잡한 철학적 층위를 고찰할 필요가 있다. 관광은 그 변화 과정에서 우리 삶의 지평을 넓히고 반성할 수 있는 다양한 사회문화적 수단을 제공했다. 이처럼 관광이 대중화되어 확산된 이면에는 여러 가지 사회구조적 조건의 실현과 지원이 포함되어 있었던 것이 사실이다(신승환, 2003). 이에 대한 역사문화적 고찰을 통해 누구나 평등하게 스스로에게 부여된 삶의 의미를 향유할 수 있는 상호호혜성의 가치에 대해서 생각해 보아야 한다. 체험을 통해 자신, 타인과의 성찰적 담화에 근거를 둔 의사소통(discursive communication)을 하게 되는 것이다(Habermas, 1979).

이제 삶의 문제를 전통적인 정치, 경제 영역에 국한되어 계급적 위계 모델에서만 논의하지 말고 융합 모델로 변용하여 그 역사적 과정에서 나타나는 다양한 문화적 차이에 대해서도 이야기해 보아야 한다. 이 소통의 과정에 대한 논의는 과거 전통사회부터 진행되어 온 전형적인 계급 경계의 층위에서 벗어나 문화적 의식이나 행위 차원에서 외현된 계급 간 생활양식의 차이에 대한 심층연구가 더 진행될 수 있음을 의미한다(김문조, 2005). 그런 의미에서 관광의 확장은 여러 시공간에서 나타나는 문화적 의례의 체험은 개인화된 인간 체험 욕구가 공동체 문화로의 가치 추구로 전환됨을 의미한다.

최근 그 변화가 나타날 수 있는 사회구조적 조건이 갖추어지고 있다. 정보통신기술의 발달에 따라 기술과 문화적 산물의 융합을 통해 관광활동은 그 형태와 기능이 다양하게 확장되고 있다. 정보통신기술의 발달을 통해 문화관광상품 인프라의 안정적 구축이 가능해졌으며, 기술적 상호작용 외에도 대인적 교류와 소통까지 확장되어 관광자원을 기반으로 하는 호혜적 네트워크의 형성이 이루어지고 있다(Portes, 1998). 정보통신기술의 발달로 관광상품의 범주를 인간과 사물로 범주화했을 때, 관광대상의 범위가 실재와 가상의 영역으로 확대되어 사람들이 다양한 관광활동을 할 수 있는 계기가 마련되었다. 전통적으로 문화관광 연구에서 시도된 '실재 이곳'에서 나타나는 관광유형 외에도 다양한 관광활동의 체험 범주에 대한 실천 가능성에 대한 연구주제들이 제시되었다. 또한 관광자와 관광대상 간의 상호작용을 확장시켜 기존에 존재하던 관광활동의 범위를 확대시켜주었다. 소비관광, 문화관광, 경관관광, 역사관광은 지금까지 지속적으로 사회구성원들에게 소비되어 온 관광활동의 전형이지만, 그 내재적 · 본원적 의미 구현과정을 도와주는 현재의 정보통신기술은 관광자의 인식 범위와 수준을 더욱 심도 있게 변화시키는데 도움을 주었다. 소비관광, 경관관광이라는 '대중관광(mass tourism)' 유형과 문화예술관광, 역사관광 등의 대안관광(alternative tourism) 유형이 중첩되어 융합 관광시장이 제조되고 있다.

근본적으로 정보통신기술은 관광자원의 본원적 가치를 융합시킨 것을 넘어 관광활동의 자원으로 존재하는 시간과 공간에 대한 인간 인식의 범위까지 융합시키고 있다. 현실, 가상현실, 증강현실의 실현을 통한 시공간 영역의 융합현상은 관광객들이 새로운 생활양식을 스스로 구성할 수 있는 기회를 열어주었으며, 과거에 대한 회상과 현재로의 적용, 미래로의 계획을 통한 문화적 산물의 외연을 더욱 확장시키는 역할까지 담당했다(김문조, 2012).

사람들은 사회적 관계 속에 내재된 자아 정체성을 경험하게 되며, 관광은 이를 가능하게 해준다. 관광은 개인에게만 초점이 맞추어진 개별화된 행위라 할 수 없다. 문화 체험과 감성 공유에는 책임이 따른다. 최근에 확산되고 있는 생태관광은 개인적 문화체험 욕구와 사회적 책임이 결합된 대표적인 관광활동 사례라고 볼 수 있다(Lindberg, 1999).

포스트모던 사회에서 확산된 관광의 외재적 모습을 이해하기 위해서는 이 개념들의 역사적 변화 과정을 진지하게 이해할 필요가 있다. 개인의 주체적 여가활동의 전형이라 할 수 있는 관광은 오랜 기간 이어져온 사회구조적 조건과 함께 역사적 사실에 근거하여 논의해야 할 사회현상임을 인식해야 할 것이다.

또한 과학기술의 발달은 관광의 산업적 성장에 기여하는 것에 그치지 않고, 행위자들의 문화자본 영역까지 침투하여 삶의 본원적 의미를 성찰할 수 있도록 행위자 역량까지 극대화시키고 있다. 더 나아가 시각적 소비 외에 내재적인 심리적 가치를 고양시킬 수 있는 다양한 기술 서비스 체계와 문화콘텐츠의 융합적 재구조화 현상이 이루어지고 있다(민웅기, 2016). 이제 새롭게 등장하는 4차 산업혁명 시대에는 3차 정보혁명의 산물인 정보통신기술에 의한 산업군이 어떻게 문화적으로 융합되는지에 대해서 주목해야 한다(하원규 · 최남희, 2015). 특히 관광산업은 정보통신기술을 관광정보탐색에 이용하기도 하고, 정보통신기술의 체험자체가 관광상품으로 새롭게 창조되면서 새로운 형태의 상품화 현상이 나타나고 있다. 정보통신기술은 관광상품이 실재적 현실과 가상적 현실 속에서 인간행위와 사물을 통해 새롭게 변모하는데 많은 영향을 끼쳤다. 이를 통해 시공간 영역의 변화가 나타났으며, 역사박물관관광, 복합쇼핑몰관광, 테마파크관광, 체험형 레저스포츠관광 등의 형태로 구체화되었다. 앞으로 정보통신기술에 기반을 둔 새로운 관광산업 범주는 기술과 문화가 융합된 인간과 환경의 상호작용 속에서 여러 가지 형태와 내용으로 변화할 것이다.

이 융합 문명의 전형적 산물로서의 관광은 사회구성원에게 중요한 개인적 · 사회적 의미를 지닐 수 있을 것이다. 정보통신기술의 발달에 따른 관광영역의 자기구성성은 행위자 각자가 추구하는 삶의 가치와 의미를 다시 생각하게 만든다. 이제 새로운 관광의 유형과 의미체계는 지금까지와는 전혀 다른 모습으로 재구조화될 것이다. 다양한 문화 간 융합현상으로 인해 인간 개인의 의식과 행위에 기반을 둔 실존적 의미에 대한 성찰적 욕구는 더욱 커질 것이다(Walters, 1996).

제2장

관광자원과 시공간 소비

제2장 관광자원과 시공간 소비

인간은 시공간의 변형을 통해 삶의 다양한 의미를 탄생시킨다. 특히 자유 시간(free-time) 확보와 공간 이동을 전제로 하는 관광은 인간 삶의 가치 영역 변화에 중요한 영향을 미쳤다. 사람들이 탈일상적 활동을 영위하기 위해서 여러 가지 사회적 조건과 자원들이 필요하다. 그 중 본원적 삶의 범주이자 수단은 바로 시간과 공간이다. 관광산업은 이 시공간을 통해 문화, 자연 등에 대한 체험욕구를 만족시키는 산업군이다. 최근 관광은 체험소비 산업으로서 그 사회적 정체성이 확장되고 있다. 관광객은 제한된 시간 내에 최적의 체험을 제공하는 관광상품을 구매하고자 하는데, 이 현상은 체험 소비의 합리화 현상으로 극대화된다. 요컨대 관광은 문화 영역의 산업화 경향을 통찰할 수 있는 대표적인 사회적 산물이라고 할 수 있다. 관광을 통해 탈일상적인 여가문화를 누리기 위해서는 일상적 생활 패턴 속에서 이루어지는 노동시간 외의 별도의 시간이 요구되며, 그와 동시에 그 여가향유 주체를 위한 공간이 마련되어야 한다.

1 관광자원의 실존적 의미 : 시간과 공간

개인화된 인간을 자연의 세계에서 분리시키는 최초의 실존적 행위는 외부 세계로부터 자신을 객관화 할 수 있는 인간 스스로의 능력에 의해서 이루어질 수 있다. 사람들은 시간적 간격, 공간적 거리와 이용 형태를 창조하면서 그들의 삶을 직접 구성해 나간다. 또한 일상문화와 일정 정도의 거리를 의식적으로 둠으로써 자신의 삶을 사회와 주체적으로 분리시키는 능력도 가지고 있다. 이 객관화 과정은 인간 상황의 시간성과 공간성에 기초하여 이루어진다. 따라서 시간과 공간은 우리가 현실세계 내에서 실존을 확인하고, 정체성을 확립 할 수 있는 유일한 도구이자 수단이다. 시공간의 변형 과정을 통해 인간 삶의 다양한 의미가 탄생하는데, 그 속에 체험과 긴장, 그리고 균형 있는 해석이 존재할 때, 주체적인 인간 의식은 탄생하게 된다.

역사적으로 시공간은 다양한 형태로 변화되어 왔다. 그 중 특히 시계시간에 의한 시간양화현상은 중요한 사회적 변화를 낳았다. 노동이 시간에 의해 그 대가를 지불받고, 기업가들은 시간을 비용으로 인식함에 따라 그것은 하나의 자원으로 인식되기 시작했다. 특히 산업혁명 이후, 현대에 이르면서 일정한 방향성을 가진 시간을 동일한 단위로 쪼개고 나누어지면서 일정한 기준에 의해서 측정할 수 있는 표준시간 개념이 등장하게 된다. 한편 시간과 마찬가지로 공간 역시 사회적 현실의 영향을 받는다. 현대사회의 역동성은 사람들이 생활하는 공간 관계를 규정하는 제도화 과정에서 파생된다. 이 현상은 공간의 특수성들로부터 인간을 자유롭게 하고, 서로 떨어져 있는 동일한 공간에 부재하는 다른 것들 사이의 상호작용을 허용하게 된다. 따라서 사람들의 일반적인 시

공간 체험은 자기의식을 중심으로 각기 다른 생활양식에 맞춰 나타나게 된다(Giddens, 1990; Lash & Urry, 1996).

현대 사회에서는 각기 다른 시간과 공간이 존재하기 마련이다. 그러한 문화 차별화의 시간축은 중심과 주변 지역들 사이에 있는 공간축과 교차하여 인간 상호작용에 영향을 미친다. 시간과 공간에 대해 사람들이 생각하는 방식은 자연적인 사건들보다는 그들의 삶의 방식, 세계관에 기초해왔다. 따라서 시간과 공간은 철저한 사회의 창조물이며, 다양한 영역으로 정의되는 사회 구성물이라 할 수 있다(이희진, 2006).

한편 시간과 공간은 물질과 함께 문화를 만들어 내는 중요한 요소이기도 하다. 그 동안 산업화 시기, 노동영역에서 민감하게 다루어진 이 개념은 현대사회에 이르러 다양한 문화, 여가 영역에 적용되기 시작했다. 특히 다양한 문화 소비활동 중 시간의 확보와 공간적 이동을 담보로 하는 관광은 시공간의 영역의 변화와 이에 따른 사회구성원들의 인식흐름에 따라 그 향유 방식이 달라진다. 더군다나 관광은 일상생활에서 탈일상생활로의 이동을 전제로 하기 때문에 시공간은 관광을 통한 위락의 기본적인 속성이자 중요한 수단이라고 할 수 있다. 관광을 위한 시간 확보와 빠른 이동방식이 다른 사회에 대한 심미적 평가까지도 바꾸면서 사람들이 실제 세계를 체험하는 방법에 상당한 영향이 가해졌다. 그 과정에서 시공간적 장벽이 줄어들수록 공간 내 장소의 다양화에 대한 자본의 민감성은 커지고, 매력적인 방식으로 차별화된 장소가 가져오는 영향력은 증가하게 된다(Harvey, 1989; Lash & Urry, 1996). 따라서 시공간에 자본 영역이 개입하게 됨으로써 행위자의 체험 소비가 자본에 의해서 합리화되는 과정을 인문사회과학적 시각에서 고찰하는 것은 중요하다.

시간은 근본적으로 사회마다 다르게 인식되고, 또한 한 사회 내부에서조차 다양한 영역으로 정의되어진다. 특히 자본주의 사회의 발달과 더불어 사람들은 시계시간에 의해서 통제되었던 삶을 살아왔다. 역사적으로 노동과 관련한 산업사회를 지배한 시간규율은 단일한 실체가 아니라 사회적으로 구성되어 왔다. 일반적으로 시간규율은 표준화, 규칙성, 조정 등의 차원으로 이루어져 있다. 표준화란 사람들의 시공간 궤적이 타인의 궤적과 일치하도록 훈련된 정도를 의미하며, 규칙성은 사람들의 시공간 궤적이 반복적이고 일상화되는 정도를 말하고, 조정은 사람들의 시공간 궤적이 다른 무리 없이 연결되도록 훈련되는 정도를 의미한다(Glennie & Thrif, 1996). 물론 이 시간규율의 범주와 개념은 하나의 조합일 뿐이며, 더 다양한 융합현상도 가능하다. 그러한 융합 현상은 현대 사회 구성원들은 시간 감각의 감수성을 확장시킨다.

과거 포드주의적(Fordism) 생산방식과 관료제는 이러한 시간 개념을 실현시킨 결정적인 생산시스템이었다. 산업화에 따른 노동체제는 시간편성에 기초를 둔 노동규율 체계를 강요했다. 그 과정에서 노동자들은 그들 자신만의 시간과 고용된 시간을 공식적으로 구분하기 시작했다. 노동자 시간에 대한 권리 원칙을 주장하게 된 것이다. 한편 고용주인 자본가에게 있어서 시간은 그들이 획득할 수 있는 자본이었기 때문에 생산의 효율성에 저해되는 피고용자들의 삶의 질과 관련된 다양한 여가 활동들을 규제, 억압하기도 했다(김복수 · 손문금 · 정수남, 2004; Gershuny, 2000).

소위 우리가 명명하는 자유 시간이란 공간에 대한 거리, 사회적 관여와 관련한 이동의 문제와 연계되어 사람들에 의해 구성된다. 역사적으로 노동에 대한 임금과 자유 시간의 보상을 보장하는 문제는 과거부터 지속적으로 이어져온 계급투쟁 과정에서부터 존재해왔다. 사람들이 여가 활동을 즐기기 위해서 시간을 재구성하고 조합하는 행동이 가능해짐에 따라 현재 추상적 의미의 시간이 사회구성원들이 향유할 수 있는 가시적인 실제로 만들어지고 있다. 일찍이 포디즘의 시대에 발생한 인간 소외로 말미암아 사람들은 너무나 규칙적인 노동 과정의 정당성에 대해 다시 생각하기 시작했다. 그들은 스스로 원하지 않는 노동의 정례화가 도처에 산재해 있다는 사실을 의식하게 되었고, 일상생활 뿐 아니라 존재 그 자체가 세속적 억압에 사로잡혀 있다고 생각하기에 이른다(Graburn, 1983).

이 같은 의식적, 구조적 변화와 함께 탄생한 사회적 구성물이 휴가 제도이다. 휴가는 일종의 제도화된 여가활동이며, 보편적 여가의 한 형태이다. 휴가 향유의 제도화는 시간의 분화와 자원화를 의미한다. 비생산적 목적을 위해 일상의 시간과 리듬으로부터 이탈함을 뜻하는 것이다. 이는 휴식, 놀이, 자유, 변화의 인식론적 근거에 의해 지배된다. 휴가를 통해 여행을 가는 것은 단지 현재 살고 있는 하나의 삶의 터전으로부터 탈출하는 것일 뿐만 아니라 현재의 문화 구조로부터의 탈출을 의미한다. 휴가는 그 기간이 제한적이기 때문에 좀 더 긴 일상적인 시간과는 대조된다. 따라서 만약 일상생활을 벗어나 이동하는 휴가 시간이 있다면 그것은 일상생활을 떠나 출발하는 관광으로 특징지어지는 결별의 기간과 비일상적인 장소에서 변화를 경험하는 제한된 중간 기간, 그리고 일상적 노동 영역으로 돌아오는 마지막 기간으로 구성되어 있다. 관광은 이와 같은 시간의 복합적인 구성에 의해서 이루어진다. 이 휴가 시간에 의해 이루어지는 여가활동의 한 범주로서의 관광은 일상에서 벗어나 대안적인 생활양식의 주기를 체험한 후, 추후 다시 일상권으로 재진입하게 됨을 전제로 한다. 요컨대 휴가를 통해 여행을 하는 것은 체험의 재조직화 과정이다(Graburn, 1983). 그것은 대안적 시간의 문화적 구성이며, 그 생활양식은 자아 정체성이라는 인식에 물질적 형태를 부여한다. 즉 노동 시간이나 일상의 정례화된 시간과 대조적으로 휴가시간은 한 개인에게 특별하게 부여된 사회적 시간이며, 일상적 삶의 간격으로부터 정지된 문화 구조를 체험할 수 있는 기회를 열어준다(Adler, 1989).

그런데 휴가가 제도화 되면서 시간이 자본에 의해서 본격적으로 삶의 자원으로 이용되기 시작했으며, 그 구체적인 형태로 나타난 대표적 행위 중 하나가 관광이라고 할 수 있다. 휴가기간을 통해 사람들이 관광을 하는 것은 여러 가지 사회적 의무와 노동 윤리로부터 면제되는 것을 의미한다. 그들에게 사회적으로 부여된 자유로운 시간을 새롭게 활용할 수 있는 권리가 주어지는 것이다. 그 휴가기간 동안의 관광은 차별화된 시간 소비를 포함한다. 관광은 수없이 많은 노동자들의 투쟁을 통해 획득된 유급휴가에 대한 개인적 관리의 발생과 깊은 관련이 있다. 그것은 근대 산업화와 노사관계의 산물이다. 휴가를 얻어 관광을 한다는 것은 근대적 생활을 지배한 긴박하고 조밀한 시간 간극이 가진 부정적 측면에 대항한 문화적으로 구성된 욕구의 표현이라 할 수 있다. 이 욕구는 자본이 끊임없이 시간을 자원화하여 분배하는 원인이기도 한 것이다. 물론 관광객에게 주어진 시공간은 그들이 관광활동 중 나타나는 휴가 시간의 재구성 과정을 통해 자본에게 유리한 방향으로 조작되기도 한다.

한편 일상적 노동시간의 탈출을 통한 휴가 제도에 의해 생긴 시간과 함께, 실질적으로 이용되는 관광활동의 또 다른 도구는 바로 공간일 것이다. 이 공간의 실재에 대한 가시적인 표현 중 하나인 장소는 인간 활동이 일어나는 곳인 동시에 인간이 경험을 통하여 의미를 부여하는 대상이다. 장소는 지리적 실체, 입지, 문화차원의 부문으로 범주화 할 수 있다(백선혜, 2005; 이진희, 2006). 그것은 시간의 흐름에 따라 형성되어지는 변화하는 사회적 실체이다. 사람들은 장소를 이미지 및 새로운 신화가 부여된 판매의 대상으로 생각하기도 한다. 정보화가 진행된 자본주의 사회에서는 이미 거래나 이동, 통신에 있어 공간적 장벽을 줄여서 자본을 유치하기 위한 장소들의 유치와 관련한 경쟁들이 시작되었다(Harvey, 1989).

하지만 장소 간 경쟁은 단순히 생산 기능만을 의미하지는 않으며, 문화 중심지나 쾌적한 도시 및 지역경관을 만들어서 관광 소비자를 끌어들이는 수단으로 나타나기도 한다. 현대사회에서 이 장소 마케팅 전략이 새로운 관광자원의 개발 과정으로 떠오르게 된 것은 정보기술 혁명에 의한 다양한 사회조직 변화에 기인한다. 세계 경제의 재구조화로 인하여 자본의 전략은 도시의 지역 구조를 급속히 변화시켰고, 정부는 범지구적으로 빠르게 회전하는 자본을 일정 지역에 유치하기 위해 새로운 공간 이미지를 만들어가기 시작한 것이다.

자본에 의해 리조트나 테마파크 같은 인공적인 관광 매력물들은 대량으로 건설되고 있다. 특히 대표적인 장소 마케팅의 외연물인 관광지는 공간적으로 관광객의 탈일상적인 생활권에 위치된 관광 매력물과 관광서비스를 갖추고 관광객의 관광욕구를 충족시켜 준다. 또한 관광지는 기능적으로 관광 상품화의 핵심적 구성요소가 되는 복합적 개념을 내포하고 있다(오상훈, 2005; 이진희, 2006). 사람들은 관광에 의한 일상공간에서의 이동을 통해 일시적으로 심리적 해체과정을 경험하고, 다양한 사회구조적 제약으로부터 탈피한다. 현실과 완전히 다른 공간적 격리를 통해 새로운 세계에 접속함으로써 그동안 체험할 수 없었던 다양한 형태의 몰입을 하게 되는 것이다. 지리적 이동으로서의 관광은 즉각적이고 직접적인 하나의 활동으로서 관광객을 단숨에 다른 공간 밖으로 위치시킨다. 사람들은 관광을 준비하는 과정에서도 새로운 공간에 대한 상상력을 발동하게 된다. 그것은 바로 장소의 차이에 의한 색다른 관광만이 갖는 매력이라고 할 수 있는 것이다(이진홍, 2004). 자본은 탈일상적 생활이라는 차이의 실체를 이용하여 장소를 상품화시킨다.

현재 우리 사회에서 관광은 세계의 다양성을 접할 수 있는 다양한 역사문화적 관광자원과 마주하게 되었다. 관광자원의 소비는 시공간의 소비를 의미하기도 하며, 그 활동의 결과 한 개인이 세계와 맺는 관계는 일상성과는 다른 방식으로 변화하게 되는 것이다. 그리고 그 소비활동은 인간의 감성을 변화시켜 체험의 욕구에 대한 만족을 가져오게 한다.

인간 감성은 근본적으로 감정을 기반으로 형성된다. 포스트모던 시대에서는 시간과 공간이라는 추상적이면서도 구체적인 체험 수단을 통해 합리적 이성에 근거한 사실적 지식 뿐 아니라 인지, 심리적 정서, 신체적 정서, 충동 등과 같은 감성의 근본 구성요소가 이루어지는 과정을 학습한다. 따라서 이를 통제, 조절할 수 있는 개인적 역량을 함양할 필요가 있다(노상우, 2012). 이 같은 감성 능력은 한 개인이 사회에 소속될 조직에서의 적응능력에도 많은 영향을 미치게 된다. 따라서 최근 다양한 역사문화적 관광자원을 이용한 교육관광과 같은 대안적 관광활동은 관광을 통해 타문화의 감성을 인지하고, 이를 변별하며 그 정보를 사고와 행동을 안내하는데 도움을 준다. 시공간 소비활동에 의해 자연스럽게 구현되는 관광을 통한 감성 교육은 자기와 타인의 인식영역과 관련하여 다양한 사고와 행동을 할 수 있는 지적 기반을 마련해 줄 것이다(양종국 · 이승국, 2004).

2 시간의 관광자원화 : 역사문화의 해석을 통한 성찰적 소비

1) 문화의 세계화와 역사의 중요성

역사란 우리들이 살아가고 있는 삶의 기억이며, 그 기억을 찾아내기 위해서 지속적으로 기록하는 인간존재의 근거이다. 따라서 정확한 역사적 기록과 그 역사 기록을 통해서 나타나는 역사관은 인간 존재의 의식을 각성시키는 공간을 마련해준다. 역사적 전통의 기록을 통해 우리는 사건의 시간적 과정 속에서 중요한 문제를 미시적인 사건사 중심으로 살펴볼 수 있게 된다. 주지하듯이 사회는 시간과 공간을 통한 삶의 진행과정 속에 존재하며, 그 자체로 의미를 지닌다(Jaspers, 1986).

바로 그 역사의 의미가 무엇인가에 대한 논의는 많은 학자들에 의해서 이루어지고 있지만, 이에 대한 명쾌한 해답은 아직까지 나오지 않고 있다. 지금까지의 수많은 논의를 통해 알 수 있었던 사실은 역사를 지탱하고 있는 내면에는 사회구조, 생활양식과 같은 유무형의 삶의 토대가 존재하고 있으며, '필연과 우연'의 시간적 흐름에 의해 이루어진 선형적인 과정과 그것과 관계없이 반복되는 비선형적 시간 구조에 의한 사건들이 공존해 있다는 점이다. 단순한 사건이라고 할지라도 이를 역사의 흐름 속에서 분석하면 독특한 의미를 가지게 된다. 전통 속에서는 큰 의미가 없었던 사건과 사물이 현재에 와서 과거의 회상과 연계되면서 연속적인 새로운 의미와 의식이 부여되기 때문이다. 바로 이러한 이유 때문에 역사적 사실에 대하여 비판적으로 학습하는 일은 중요하다. 인류의 보편적 가치는 역사에 대한 올바른 학습과 교육, 그리고 내재된 논리를 보편적 가치로 승화시키는 과정에서 우리에게 충분한 삶의 의미를 부여한다. 그 과정이 생략되었을 때, 역사에 대한 타당성을 논증할 수 없는 개별적인 사유만이 존재하게 되어, 사실에 내재된 진리는 본질을 잃고 사라지게 된다.

이 역사에 대한 정확한 분석과 올바른 사관(史觀)을 섭렵하는 일은 쉽지 않다. 이를 위해서는 인간이 유한하고 불완전하다는 사실과 시공간의 한정성을 사회구성원 스스로가 지각할 수 있어야 한다. 인간의 불완전성은 시간에 의해서 지속적으로 적층된 역사적 사실들을 찾아보면 잘 알 수 있다. 역사는 행위를 뛰어넘는 사회구조이며, 일반 사회구성원들이 범접하기 어려운 사회구성의 주요한 원리로 일반 사회구성원들에게서 현재와 미래에 영향력을 발휘하기도 한다(Jaspers, 1985 ; Goertz, 2003). 하지만 최근 들어 역사에 대한 새로운 인식들이 나타나기 시작했다. 역사의 기록은 객관적 사실로만 구성되는 것이 아니라 역사적 사건과 그 해당 사건의 자기의식이 의사소통하면서 하나의 주관적 의식으로 자리 잡기도 한다. 역사연구는 사실에 근거한 사건에 대한 전망과 구

성원들의 사고가 동시에 이루어지면서 그것이 지니는 근본적 목적을 현재와 미래에 이루어지게끔 한다. 우리는 지금도 이 역사를 통해 현재 발생하는 여러 가지 사회적 위기에 대응하고, 궁극적으로 과거에 대한 회상 속에서 미래에 보편화될 수 있는 사회적 가치를 재현한다. 이는 개인의 올바른 역사 인식 속에서 시작된다.

오래된 과거의 회고가 퇴행적이라는 시대착오적 사고와 진보이데올로기의 흐름은 현재의 포스트모던 시대에 와서 무너지기 시작했다. 역사문화자원의 새로운 가치가 부각되기 시작한 것이다. 아이러니컬하게도 선형성을 특징으로 하는 모더니즘적 역사의 흐름이 현대 사회를 지배하고 있는 포스트모던 시대에 변화되고 있다. 포스트모던 사회에서는 거시적 사회구조의 성과를 중심으로 하는 물적 토대만이 중요하지 않으며, 일상생활 및 역사적으로 발생한 정신적 사고 역시 중시되고 있다. 현재 포스트모던 사회에서는 모든 생활양식이 시공간의 공유를 통해 연계되어 있다. 거시적 역사는 시공간 중에 일어나는 미시적 사건들로 구성되어 있다. 따라서 개별화된 실재성도 그것이 모여 거대한 역사가 만들어진다는 점에서 항상 주목해야 한다. 이 같은 사실은 개체 하나하나에 의미를 부여하는 포스트모던 사회의 특징이기도 하다.

포스트모던 사회에서는 대중의 역사적 특수성에 대한 인식이 중요하다. 포스트모더니즘으로의 사회변화는 일반 대중에게 역사가 보여주는 특정한 시간에 나타나는 문화적 가치의 중요성을 부여한다. 문화 코드를 절충하고 혼합시킴으로써 탈중심화된 대중들의 상호독립적인 삶의 구조를 인정하게 해준다(Featherstone, 1991). 포스트모더니즘에 대한 고찰은 역사 연구에서 있어서 특정 사건사의 전제에 한계점을 규정하고, 일반화 논제에 벗어나는 역사적 특수성은 어떤 것이 있으며, 개체로서 전체 역사에서 차지하는 존재론적 의미는 무엇인지, 그리고 과거의 역사적 사실이 현재에 어떤 의미를 지니고 있는지의 문제를 연구할 수 있게 해준다.

이러한 사회구조적 특징에 발맞추어 최근 역사문화자원의 가치가 크게 부각되고 있다. 또한 정책, 산업과 연계되면서 이를 이용한 관광자원 개발이 활발하게 이루어지고 있다. 유무형의 역사문화자원으로 지정된 것을 과거의 회고 대상으로만 보던 시각은 점차 없어지고 있으며, 역사적 산물에 대한 새로운 포스트모던적 가치가 부각되고 있는 것이다. 세계화 과정을 통해 확산되고 있는 문화적 파편화와 이에 대한 개별 사회 구성원들의 체험욕구 증대는 문화적 다양성의 복합적 과정을 나타내어 주는 역사적 사실에 대한 중요성을 부각시키고 있다. 역사적 전통에 대한 보존과 이에 대한 체험을 통해 사람들은 다양한 문화적 기억을 함양하게 될 것이고, 이는 대중들의 삶에 매우 큰 의미를 부여할 것이다. 최근 확산되고 있는 역사문화에 기반을 둔 관광자원 개발 과정은 포스트모더니즘의 역사인식의 변화과정에서 이를 적절한 목적으로 사용하기도 한다. 역사문화를 주요 관광자원으로 이용하고 있는 관광산업은 우리가 그 구현 과정에서 나타나는 근본적인 의미에 주목하게 만든다. 문화 세계화 현상으로 다문화적 공간의 체험에 대한 사람들의 욕구가 증가하고 있으며, 사람들은 그러한 다양한 문화적 자산이 내재된 현재의 문화 특성을 설명할 수 있는 역사적 과정에 대해서도 관심을 가지게 된 것이다.

일반적으로 모더니즘적 삶과 구분되는 포스트모더니즘에서 간과해서는 안 되는 중요한 문제가 다양성의 원리이다. 역사에서의 다원적 표상은 다양성의 원리에 의해서 나타난다. 포스트모던 시대에서는 사회구성원들의 의식과 집단적 상상력에 의해 과거 기억을 재구성하는 방식들이 중요해졌다. 단순한 선형성에 의해서 시간이 움직이지 않고, 끊임없는 가역(可逆)적 시간관이 사람들의 생활에 투여되기 때문이다. 바로 이 시간에 대한 인식을 둘러싼 다양성의 원리가 포스트모더니즘적 사고에 근거한 역사 인식을 가능하게 해주는 조건이다. 모더니즘을 지배했던 이성중심주의, 주체와 타자의 기계적 도식, 자아의 유일무이성, 본격적인 실증주의 연구의 대두 등은 일반적 의미의 해체현상으로 전이되는 포스트모더니즘의 인식세계와 완전히 다른 양상이다. 이처럼 문화구조의 변화에 따른 사람들의 세계관 구성 역시 다르다. 특정 사회집단의 역사문화적 구조는 사회구성원들 각자의 의미 체계를 이해할 수 있게 도와준다(민웅기, 2016).

포스트모더니즘은 역사와 사회를 바라보는 방법까지 변화시켰다. 존재론에서 해석학으로, 존재에서 현상으로, 일원성에서 다원성으로 변해하는 포스트모던 사회에서는 역사를 바라보는 가치를 일정부분 미학적으로 변화시키기도 했다(신승환, 2003). 즉 차이에 대한 인정과 다원적 모습의 인정은 포스트모더니즘의 중요한 특징이기도 하다. 모더니즘을 주도했던 중요한 인간 철학은 근본적으로 지금, 이곳에 사는 인간의 자기 이해에 초점이 맞추어졌다면, 포스트모더니즘은 그에 대한 해석과 태도가 현재에 머무르지 않는다는 점에서 그 개념적 차이가 있다. 그러기에 지금 이곳이라는 시간과 공간은 매우 중요한 실존적인 세계의 자기 성찰을 가능하게 해준다. 관광분야에서 나타나고 있는 역사문화자원에 대한 사람들의 흥미는 바로 이러한 포스트모더니즘의 매력성과 일맥상통한다.

또한 포스트모던 사회에서는 전체 주류적인 역사 흐름과 별개로 나타나는, 개인 및 지역 수준에서의 친밀감을 중요하게 여긴다. 일찍이 어리(Urry)가 논의한 포스트모던적 가치는 다양한 문화산업의 발달을 분석하기 위한 이론적 배경을 제시한다. 관광은 이러한 특징이 투영된 대표적인 개인적, 사회적 활동이라고 할 수 있다. 여기서 관광객은 자신이 속한 문화와 다른 민족 문화를 다양하게 체험하기 위해서 지적이고, 심미적인 개방적 자세를 취한다(Urry, 1994). 관광대상물인 관광지 역시 호기심, 위험감수, 심미적 판단, 지리적 지식, 기호의미 해석능력을 포함한 방대한 양의 속성과 기술을 지닌 관광객과 상호작용을 하게 된다. 역사문화자원이 관광자원으로 개발된 공간은 역사적 사실을 묶어주는 장소이며, 포스트모더니즘적인 다양성에 근간을 둔 사회문화적 맥락을 외현시킨 사회적 실재라고 할 수 있다.

포스트모던 시대를 시장 세계화라는 관점에서 본다면 문화는 활발한 융합과정을 겪고 있다. 현재의 세계화는 혼융화가 한창 진행되는 과정에서 타민족과 문화에 대한 인식도 중요해지고 있다. 예를 들어 소위 '디아스포라(diaspora)' 라 불리는 전 세계에 걸쳐 산재한 공동체의 경우, 이는 다분히 공간적이라기보다 문화적이고, 사회적이다. 디아스포라는 특정 민족이 전 세계에 산재해 거주하면서도 민족의 정체성을 확인할 수 있는 동일한 문화를 유지하며, 하나의 공동체를 형성하는 경우를 일컫는다(Warnier, 2000). 그 디아스포라가 다양한 형태와 내용으로 세계 곳곳에서 나타나고 있다. 문화의 세계화라는 관점에서 개별 민족의 정체성을 정의하기는 어렵다. 정체성의 개념적 범위는 어떤 사람에게 일정한 사회집단에 자신이 속해 있다는 것을 인식시키고, 그것에 동화하도록 하는 행동, 언어, 문화의 집합이라고 규정할 수 있다. 그리고 그 집합의 특징은 오랜 역사 속에서 구조화되어 온 것이다. 정체성은 단지 행위자의 주체적 선택에만 의존하는 것이 아니다. 자신이 속한 문화권에서 이루어지는 집단적인 식별을 통해 일정한 범위의 자기문화가 만들어지고, 그 이후에는 구성된 문화적 특징에 의존하게 된다. 밖으로는 개인이 속한 사회에 의해, 안으로는 개인이 체화한 자신만의 문화에 따라 행위를 하게 된다. 개인의 행동에는 일방적인 문화적 영향력의 비합리적 요소와 개인의 자유를 지향하는 합리적 사고가 함께 내재해 있다. 즉 포스트모던 사회에서는 문화 세계화를 통해 이러한 개별 행위의 특수성과 보편성의 원리가 함께 혼재해 있음을 알 수 있다.

이처럼 다양한 방식으로 나타나고 있는 문화 세계화 과정 속에서 사회구성원들은 자신이 속한 시간과 공간을 넘어 새로운 문화체험에 대한 욕구가 증가하게 된다. 포스트모던 사회에서 인류는 특수한 문화들을 자신의 의지와 관계없이 여러 다양한 문화와 공존해야 하는 현재의 상황에 직면해있다. 지금까지의 색다른 문화구조가 형성된 시공간적 흐름이라 할 수 있는 역사는 인간과 문화를 매개할 수 있는 중요한 사회적 구현물이 된 것이다. 관광분야에서 이 역사문화자원이 관광자원으로 활발하게 개발되고 있는 것은 바로 사회구성원들의 자신의 존재에 대한 성찰적 욕구가 증대되고 있는 현상과 관련이 깊다.

2) 문화의 다양성과 역사를 통한 소통

포스트모던 문화가 모더니즘적 사고와 구별되는 중요한 특징 중 하나는 과거 시간에 내재한 문화를 현재 자신의 행위 준거로 삼으면서 사고하는 것을 허용하는 것이다. 이 특징은 모더니즘의 기본 가치라 할 수 있는 미래 중심적 진보이데올로기와 다르다. 최근에 와서 사람들은 과거의 역사문화적 산물들을 다양한 관광자원으로 개발하여 현재에도 그 가치를 체험하고 있다. 그리고 그 각각의 시대에 존재한 문화들이 하나의 통합된 상품으로 변화하는 것을 즐긴다. 역사문화자원의 개발 및 상품화 과정을 통해 세계화에 의한 문화의 극단적인 파편화와 연계적 일원화 현상이 함께 나타나고 있는 것이다.

포스트모더니즘의 성격은 다양성, 불연속성을 그 특징으로 한다. 포스트모던 시대에서 역사적 사실들은 사건들의 재구성 과정 속에서 존재한다. 사실에 입각한 역사적 사실이 해석과 사고에 의해서 일반 사람들이 인지될 수 있는 수준의 이야기 자원으로 새롭게 탄생하며, 확실한 문화적 이해를 위해서 사회구성원들은 다시 정교한 역사에 대한 학습을 하고 있다(Kaye, 2004). 포스트모더니스트들은 현재와 과거의 불연속성을 주장하면서 시간적 연속선상에서 이미 일어난 과거를 무시하거나 회피하지 않는다. 포스트모더니즘은 일방적 진보의 이념을 회피하면서도 역사의 연속성에 근거한 역사적 기억에 관한 일체의 의식을 재구성한다(Harvey, 1989).

앞서 고찰한 바와 같이 포스트모던 시대의 문화 세계화 현상은 역사의 위상을 더욱 중요하게 만들었다. 역사적 사실은 단순히 과거의 생활양식의 '앎' 을 추구하는 방식을 넘어 현재의 '삶' 에 깊숙하게 투영되어 영향력을 행사하고 있다. 역사는 복잡하게 연계된 타자의 문화를 객관적으로 바라보게 해주면서 사실을 다시 주관적으로 사고하게 도와줌으로써 타자의 시간을 새롭게 구성하게 해주는 도구이자 목적으로서 규정되고 있다. 타자의 시간이 다시 나의 시간으로 구체화되며, 그들의 문화를 이해하게 된다. 역사는 이와 같은 방법으로 우리 삶의 리듬을 효과적으로 할당하는 역할을 한다. 다양한 역사문화의 과거 문화에 대한 체험을 가상적으로 실현하는 것은 물론 현재와 미래의 시간에 적용 가능하게 도와줌으로써 삶의 시간성을 재구조화하게 도와준다.

그 뿐만 아니라 역사는 서로 다른 공간적 삶의 문화에 대하여 상호간 의사소통을 도와준다. 역사성에 대한 사고는 서로 다른 문화권에 있는 인간의 상호주관성에 대한 이해 정도를 높여준다. 이처럼 다양한 전통문화에 대한 이해는 역사 연구를 통해 가능하며, 다른 문화권을 구성하는 사람들 간 규범적, 해석적, 구성적 관계를 유지할 수 있도록 도와준다. 따라서 역사문화자원을 이용한 관광은 한 개인적 차원을 넘어 중요한 사회적 가치를 부여한다.

최근 들어 사람들이 이야기를 통해 과거의 역사를 서술할 때, 과거 기억에 관심을 많이 가지기 시작했다. 기억과 역사의식의 연관성이 주목받고 있는 것이다. 기억은 개인적인 것이 아니라 본질적으로 사회적으로 구성된다는 견해도 존재한다. 아무리 개인적으로 떠올린 기억이라 하더라도 그 내용과 의미를 표현하기 위해서는 불가피하게 타인과의 의사소통을 구조화하는 사회적, 집단적 범주를 사용할 수밖에 없다. 특정한 집단을 이루는 구성원들 간의 의사소통과 상호작용의 방식이 기억의 사회적 틀이다. 어떤 기억은 그러한 사회적 틀을 통해서 매개되기 때문에 오직 특정한 내부 집단의 문화구조에서만 유효할 때도 있다(양호환, 2009). 이 집단적 기억은 그 집단 구성원들에게 자신들을 여타의 집단과 구별 짓는 특수한 정체성을 형성시켜준다. 상이함에 대한 인식이 과거의 보존을 촉진했다면, 다시 이 보존행위는 그 문화적 상이성을 두드러지게 만든다. 특정한 과거의 기억은 공동체 의식의 원천으로 존중받는다. 사람들 사이에서 역사가 중요하게 인식되면서 과거의 유물과 잔재들에는 점점 더 현재의 모습이 새겨진다. 과거는 그 특징이 오늘의 기호에 따라 만들어지고, 그 생소성은 그 흔적에 대한 우리의 보존방식에 의해 길들여진 낯선 사회문화적 실체라고 할 수 있다(Lowenthal, 2006).

과거의 기억이 역사로 온전하게 남기 위해서는 지속적으로 특정 사회에서 존재한 집단적 기억을 파악하는 일이 필요하다. 사회는 사람들의 기억을 습득시키며, 또한 그들은 기억을 회상하고, 인식하며, 정착시킨다. 개인들은 대부분 자신이 속한 집단 '외부'의 문화적 특징에 대해서는 어떤 응집적이고 영속적인 방식을 기억하지 못한다. 사람들의 기억은 주로 특정 시공간에서의 사회화 과정 속에서 적층된 기억의 확실성에 근거한다. 개인의 마음속에 들어있는 의미의 주관적 범주로서 존재하는 문화는 공적으로 나타나는 상징들의 객관화된 체계로서 문화적 상호작용에 의해 서로 얽혀있기도 하다(Olick, 1999). 예컨대 소쉬

르주의자(Saussurean)의 랑그(Langue)와 빠롤(Parole)의 구분, 뒤르켐의 집합의식 개념, 사물 분석을 위한 해석학적 접근 등에서 공통적으로 나타나는 현상은 집합체는 개인 주관성의 합보다 더 큰 기억, 즉 집합체는 정체성을 가지고 있다는 점이다(Olick, 1999). 이들이 모여 하나의 역사적 사실과 문화적 스타일을 만들어내는 것이다(Maffesoli, 1997).

바로 이 집단적 기억은 집단 외부에 대해서는 배타적인 반면, 집단 내부에는 동질적인 의식을 낳는다. 사람들은 이 집단적 기억을 통해서 서로 상호작용하는데, 이는 인간 역사의 구성에 중요한 영향을 미친다. 사람들은 두 가지 측면의 상호작용적 삶을 살아가고 있다. 다른 사람들과의 외연적 관계를 통해 나타나는 말과 행동은 무대 전면의 창출과정에서 나타나는 연극적 실현(dramatic realization), 이상화(idealization), 표현적 통제의 유지(maintaining expressive control) 등이 실현되는 과정이다. 다른 한편 이와 반대의 영역이라 할 수 있는 무대 후면의 비공식적이고, 개인적인 상황연출 과정도 동시에 나타난다(Goffman, 1959). 이와 관련하여 고프만(Goffman)은 인간의 상호작용이 이 두 영역에서 서로 다른 형태로 유지, 지속된다고 본다. 개인의 상호작용과 마찬가지로 하나의 사회적 관행은 명백하고 당연한 실체를 가지고 있는 것 같지만, 그것은 복잡한 문제를 내포하고 있는 인간 생활의 일부이며, 무대 전면과 후면의 구분과 같은 구조적 배열에 의존한다.

따라서 이 논의를 근거로 볼 때, 과거의 역사적 사실을 사회구성원들의 문화적 욕구에 맞게 자원화시키기 위해서는 외부 구성원에게 폐쇄되어 있는 무대 후면에 대한 면밀한 연구가 뒤따라야 한다. 즉 무대 전면에서 일어났던 다양한 문화적 행동에 대한 정확한 해석이 뒤따라야 한다. 특히 관광분야에서는 특정 관광자원으로서의 역사문화가 가진 전면과 후면에 존재하는 고유성 자체가 신비화되어 특정 시공간에 자리 잡고 있다면 이를 가시적인 시공간으로 표출시켜야 한다(전경수, 1995; MacCannell, 1976). 만약 그 진실성이 왜곡된다면 이는 어떤 현실을 올바르게 바라보지 않고 해석해 버리는 사소한 거짓된 행위와 유사하다고 할 수 있다.

어떤 사건이 일어났을 때, 무대 전면과 후면의 구분에 대한 인식은 역사문화에 기반을 둔 관광자원을 이용하는 사람들에게 체험으로서의 매력성을 부여한다. 역사문화자원의 공유를 통한 특정 공간으로의 방문은 친밀성을 강화시켜준다. 이를 통해 타인의 단순한 관행적 행위에서 드러나지 않는 이면을 볼 수 있게 되고, 타인들의 실제적 존재에 근거하여 타인을 인식하고 받아들이게 해준다. 따라서 최근에 나타나고 있는 대안 관광분야 중 역사문화자원에 기반을 둔 관광활동에는 그 관광자원에 대한 학습이 필요하다. 이 과정은 역사문화적 의식 공유와 연계된다는 점에서도 중요하다고 할 수 있다(MacCannell, 1976).

과거의 대중관광과 구분되는 이 같은 대안관광의 향유를 위해서 역사적 사실을 학습하는 방법이 더욱 다양해지고 있다. 서적과 기록을 통한 학습 이외에 직접적 체험을 통해 역사적으로 공유된 의미를 파악하고자 노력하고 있다. 문화역사자원을 이용한 관광분야에서 이 모습은 이제 쉽게 볼 수 있다. 역사적 사실을 체험하고자 하는 관광객들은 실제로 특정 시공간의 환경에서의 무대 뒷면에 존재하는 거주민들의 본원적 생활을 보고 느끼고자 하며, 지역주민들의 생활을 이해하고 친밀한 관계를 유지하기 위하여 노력한다. 물론 그 과정에서 일부 관광객들은 지역주민들이 느끼는 고유성에 대한 이해 부족으로 여전히 사회적 거리감을 유지한 채 신비화된 주민들의 문화에 대한 진정한 공유관계를 유지하지 못하는 경우도 있다. 하지만 많은 인간들은 일상적인 문화적 관행에서 벗어나 나와 다른 사회구성원과 공존하고 싶어 하는 사회적 욕망이 내재해 있다. 이 체험가치의 공유에 중요한 의미를 부여하는 것이 그 지역 주민들의 문화적 성향을 잘 알 수 있는 역사의 이해라고 할 수 있다.

흥미로운 점은 최근 세계화 시대를 맞이하여 상호 의존성이 증가함에 따라 특정 문화를 공유하고 있는 많은 지역주민 역시 그러한 자신들의 역사문화자원의 공유를 통한 소통을 원한다는 것이다. 외부 방문객들에게 보이는 역사문화자원은 앞서 고프만이 이야기한 무대의 후면부, 즉 과거에 존재한 역사적 자원의 현존을 도모하는 사회적 외현물이라고 할 수 있다. 그 문화적 접속 과정에서 진정성에 근간을 둔 진짜 역사적 사실보다 더 진짜 같은 과장된 형태의 의사이벤트(pseudo-event)가 나타나기도 한다(Boorstin, 1964; MacCannell, 1976). 때로는 관광객들이 불편함을 유발하는 직접적인 진정성 보다는 피상적이고, 꾸며진 편안한 경험을 원하기도 한다. 대부분의 관광객들은 모든 주위의 상황이 자기를 위해 만들어지기를 기대하기 때문에 때로는 그들의 관광객으로서의 정체성을 스스로 객체화시키기도 한다(Boorstin, 1964). 기업들은 이러한 사람들의 심리를 이용하며, 따라서 사회적 사실에 대한 철저한 고증(考證) 없는 역사적 사실의 관광상품화 과정은 자칫 허구적 사실로 변질되기 쉽다. 이는 진정성 추구를 통한 체험가치를 원하는 관광객들의 욕구를 반감시킨다. 역사적 사실의 탈신비화 과정이 외생되는 과정에서 진정한 진리가 없어질 위험이 상존하기 때문에 사회구성원 모두가 이 점을 세심하게 관찰할 필요가 있다. 역사적 사실에 대한 엄격한 검증은 항상 유지되어야 한다. 역사적 사실의 후면, 즉 진리에 대한 탐구가 관광활동의 본질에 대한 연구와 함께 동시에 꾸준히 진행되어야 하는 것도 이 같은 이유 때문이다.

앞서 잠시 언급한 바와 같이 이 같은 무대 후면의 고유한 문화적 산물들이 모여 사람들은 이를 체험하게 되고, 그 문화적 의미를 공유하게 되었을 때 집합적 기억이 형성되다. 또한 그러한 집합적 기억이 적층되어 다시 특정 시공간의 고유한 문화로 재생산되는 순환과정을 거치게 되는 것이다. 과거의 흔적은 사라지지만, 집합적인 기억은 사라지지 않는다. 이 기억들은 사적지, 민속촌, 역사보존 지역 등의 우리에게 알려지지 않은 암시적인 문화적 유산으로서 작용한다. 과학기술, 정보통신기술의 발달은 다양한 대중문화를 활성화시켰고, 단순한 물리적 유물의 형태가 아닌 총체적인 문화적 산물로 과거 기억이 복원되고 있다(Lowenthal, 2006). 과거의 기억에 대한 삶의 풍경은 그것을 동경했을 때 더 강한 그 실존적 의미가 부여될 수 있다. 역사는 특정 사회와 공동체에 존재하는 정체성을 복원시켜주며, 과거의 기억을 새롭게 인식할 수 있게 도와준다.

사회가 무엇을 기억하고 기념하는지에 대해서는 명백하게 장기적인 구조들이 있다. 이들 사회구조는 어떤 역사적 사실에 대해 대한 가치 부여와 함께 사회구성원 각자가 기억할 수 있는 서사적 유형들과 전형들을 제공해준다. 하지만 동시에 이러한 집합적 기억들에 대한 지나친 강조는 개인들이 창조한 신화, 전통, 유산 등의 의미를 무색하게 만들 수 있는 위험도 존재한다. 기억에 대한 집합주의자적 접근은 개인적 기억을 중요하게 여기는 사람들에 의해서 끊임없는 생산적인 도전을 받고 있다. 즉 사람들은 단지 집단의 구성원으로서 기억하는 것이 아니라, 그러한 그들 스스로의 의지를 통해 역사적 사실을 구성하기도 한다. 기록에서 시작하는 역사의 원형은 기억의 개인적 원형에 따라서 그 형태 역시 달라진다. 이 같은 점을 고려하여 집합적 기억을 연구하면 역사의 우연성을 무조건적으로 믿고, 그 현상에 대해서 임의적으로 해석하는 폐해를 막아준다(Olick, 1999).

한편 의미있는 과거 기억과 집단적 의식이 일상생활 속에서의 개인들 간 미시적 의사소통을 통해 전승(傳承)되기도 한다. 그 기억들이 모여 다양한 사회적 상호작용을 통해 제도화되면서 문화로 변화하고, 이를 통해 사적인 기억이 공적 기억으로 바뀌면서 역사가 되는 것이다. 따라서 역사가 형성되는 과정에서 개인의 욕망이 창출되고 개인에 의해서 내면화되는 과정은 중요하다. 과거에 대한 기억은 일상생활 속에서의 의사소통을 통해서 전승되는데, 이는 개인들 간의 중요한 상호작용이라 할 수 있다.

여하튼 집단적 기억들은 그것을 공유하는 사회구성원은 물론이고, 서로 다른 문화권에서 생활하고 있는 사람들 간 그것의 이해를 통한 인간의 상호작용에 긍정적인 역할을 한다. 이와 관련하여 기든스(Giddens)는 현대사회의 구성 원리를 내부 준거적 체계로 분석하면서 이를 전통사회와 구분했다. 이전에는 일방향적인 과거의 관습이나 전통, 또는 자연의 명령에 따라서 이루어졌던 인간 활동의 많은 부분들이 점차 새롭게 구성되는 사회 시스템의 내적 논리 속으로 흡수되고 있다고 보았다. 예를 들어 그는 현대적인 정치제도와 권력, 행정체계가 형성되는 과정에서 공사(公私) 영역의 분리가 이러한 이성-감정의 분리라는 사회적 현실을 낳았다고 보았다. 역사적으로 지속되어 온 이러한 내부 준거체계의 변화 중 기든스는 유독 '친밀성'의 영역에 주목했다. 기든스는 생활정치라는 개념을 통해 계몽의 유산이 체계적으로 배제하고 있는 감정의 영역, 친밀성의 영역을 다루기 시작한 것이다(배은정 ·

황정미, 1992). 기든스는 사적인 영역인 친밀성 영역에서 나타나는 사회, 심리적인 변화 과정을 추적했다. 앞서 논의한 집단적 기억에 문화의 공유와 상호작용은 사람들의 이러한 친밀성의 영역을 확장시켜준다. 친밀성의 교호작용은 개인생활의 영역에서 자율성의 의미를 부각시키며, 곧 자아의 성찰적 기획을 성공적으로 실현되게 도와준다. 또한 공유된 의미를 통해 타인과 수평적 권력 관계를 유지, 지속시키는 상황을 만들게 해준다(Giddens, 2001). 이처럼 역사적 사실의 이해를 통한 집단 기억의 공유는 공동체의 문화적 상호작용 뿐 아니라 개인적 수준에서의 삶의 민주화와도 관련이 있는 것이다.

친밀성의 체험 욕구는 역사를 표현하고 재현하는 소위 유산산업(heritage industry)이라고 부르는 새로운 광의의 관광산업 분야의 성장을 유도했다. 유산산업은 그 체험 대상을 유형의 역사문화자원뿐만 아니라 무형의 생활양식까지 포함시켜 지속적으로 발전하고 있다(Kaye, 2004). 일반적으로 역사는 기억하려는 부분과 망각하려는 부분이 충돌하여 기록된다. 향수(鄕愁)로써 향유되는 과거는 이미 일정부분 상업적 소비대상이 되어 버렸다. 이처럼 과거에 대한 관심이 많이 커졌다는 것은 사람들이 과거의 경험을 확보하고 소통시키는 동시에 현재와 과거의 관계를 이해하려는 열정과 필요성을 인식하고 있다는 표시이다. 우리는 새로운 관광자원의 개발 및 활성화를 위해서 올바른 역사문화 연구를 통해 과거 기억의 가치를 쉽게 훼손하지 않도록 주의해야 할 것이다.

3) 재창조된 역사문화자원과 시간의 재구성 : 역사문화의 관광자원화

포스트모던 사회가 본격적으로 도래하기 이전의 모더니즘에 입각한 문화 교류는 주로 동시대의 공간적 이동에 의해서 나타났다. 모더니즘 문화의 확장 현상을 대표하는 철도의 발달은 근대 문화 교류를 활성화 시키는데 중요한 역할을 담당했다. 또한 철도 시간표는 근대문화의 새로운 활동범위를 구체적으로 창조하기도 했다. 철도는 전반적인 생활 공간과 사회관습에 심오한 변화를 낳았다. 이동성에 대한 장벽과 지역주의를 제거하고, 새로운 문화공간을 만들어냈다(Thompson, 1988). 또한 철도를 통한 근대적 교통망은 전통적 지리 공간을 해체하고, 인공적 경제 공간으로 변모시켰다. 철도는 자족적이고 폐쇄적인 전통공간을 근대적인 도시공간으로 바꾸어 놓았는데, 공간의 시간적 단축을 통한 합리적 경제체계의 탄생을 가져왔다. 이를 통해 공간 사이의 문화적 교류를 촉진하는 역할도 하게 되었다. 철도 시설에 집적되는 곳에 새로운 마을이나 도시가 탄생하게 되고, 새로운 문화공동체가 형성된 것이다(박천홍, 2003).

자본은 철도를 통해 낯선 문화에 대하여 시장성 있는 상품으로 변모시키면서 현재 자신의 문화 세계에 끌어들이는 계기를 마련했다. 활발한 소통과정을 통해 과거의 잔재들을 변경, 흡수하면서 그 과정에서 타문화와의 차이를 체험하게 되었다. 또한 시간자원의 효율적 이용을 통해 공간 이동이 가능해지면서 자연스럽게 다른 지역의 새로운 문화에 대한 시간이동과 체험 역시 가능해졌다. 철도를 통한 공간이동은 과거와 현재에 공존하는 엄청난 양의 기록과 기억, 유물, 기념품과 같은 것을 우리의 존재에 덧입혀 주는 역할을 하게 된다(Lowenthal, 2006).

이는 추후 포스트모던 사회에서의 상이한 문화체험의 욕구를 발현시키는데 기여하게 된다. 그 뿐만 아니라 이로 인해 나타난 규칙적인 기계 시간의 탄생은 인간의 삶에 중요한 역할을 하게 된다. 철도시간표와 같이 기계화된 합리적 질서가 일상생활을 지배하게 되었는데, 근대 제도에서 시간의 균질화를 결정하고, 규칙적이며 정확한 시간 엄수를 제도화했다. 사람들은 시간표에 의한 정시운행이라는 개념을 통해 시간적인 규율을 일상화하기에 이른다. 역사적으로 서양에서는 시간표를 통해 시간의 지역적 장벽이 극복되고, 통일적인 시간으로 생활권이 통합되면서 시간엄수는 근대적 삶의 규칙으로 자리 잡게 되었다. 사람들은 시간표에 따라 운행되는 기차를 타고 새로운 문화를 체험하기 위해 자신의 삶의 리듬을 그 규칙적 시간의 간격에 맞게 재구조화하게 된 것이다(박천홍, 2003; Thompson, 1988).

철도를 통해 시공간의 한계가 과거와 달리 상당 부분 극복되면서 모더니즘적인 삶의 확산이 나타났을 뿐만 아니라 더 나아가 다양성에 근간을 둔 포스트모더니즘적 문화사회의 성립을 도와주는 촉매제로 작용했다. 이질적 문화의 체험을 가능하게 함으로써 원하는 사회구성원들의 욕구를 해결해줄 수 있는 사회제반 기반시설들이 갖추어진 것이다. 또한 이를 통해 사람들은 타문화로 여행, 관광을 할 수 있게 되었다. 정주적 공간에 안주하지 않는 유목민으로서의 탈근대적 삶의 영위가 가능해졌으며, 서로 다른 공간의 역사적 자원을 체계적으로 발견하고, 과거를 재구성하는데 기여했다. 그 과정에서 역사자원을 이용한 다양한 문화 활동들이 나타나게 되었다. 빠른 이동 형식이 자연, 경관, 사회에 대한 심미적 평가방법까지도 바꾸면서 사람들이 실제 현실세계를 체험하는 방법에 상당한 변화를 야기하게 된다(Lash & Urry, 1996).

관광도 그러한 변화의 전형으로 나타난 현상이다. 관광은 이동을 전제로 하는데, 사람들의 이동에 대한 욕구와 타문화에 대한 체험 욕구는 그간 소홀히 다루어진 역사문화자원의 가치에 대해서 새로운 의미를 부여하게 된다. 특히 새로운 역사자원의 개발은 물론 다양한 재생전략을 통해 사회구성원들이 역사적 사실에 대한 창의적인 판단과 과거를 재구성 할 수 있는 기회를 제공하게 된다. 포스트모던 사회로의 진입 이전에 사람들의 역사문화자원에 대한 인식은 일부 이를 인식하고 있는 사회구성원들 간에 폐쇄적인 구도 속에 머물러 있었다. 역사문화자원에 대해 창의적 판단과 실천을 도모하기 어려운 편협한 역사관도 존재했다. 이제 포스트모던 사회에서의 다문화적 가치는 앞으로의 역사해석과 단편적 시각에서 종합적 시각으로 전환되어야 함을 보여주고 있다. 공간적 이동을 가능하게 하는 교통시설과 문화의 세계화 현상은 다양한 민족들의 지역적 이주를 가능하게 했다. 그리고 이를 통해 나타난 다문화사회의 출현은 배타성을 탈피한 공생적 삶의 중요성을 강조하기에 충분한 사회적 사실이 되었다. 그들이 공유해야 할 역사적 사실과 문화적 가치는 곧 다문화 사회를 유지시키는 매우 중요한 기제로서 작용하게 된 것이다.

따라서 역사적 산물에 대한 일방적 보존과 관리는 물론, 다문화적 가치가 공존할 수 있도록 사실에 근거하여 역사문화자원을 관광자원화 시키는 작업은 새로운 산업군의 하나가 되었다. 지난 근대사회에서 우리는 역사문화적 자산을 평가절하하고, 제거함으로써 과거의 해석에 필요한 많은 의식과 콘텐츠들을 스스로 해체하기도 했다. 과학기술의 발달로 말미암아 과거의 역사적, 문화적 개체수가 줄어들게 되었고, 지금에 와서는 이를 보존하는 행위가 중요한 사회적 책무 중 하나가 되었다. 그

렇게 증가한 역사문화자원을 현재의 상황과 사람들의 체험 욕구에 맞게 경험하고 느낄 수 있도록 관광자원화하여 개발하는 작업은 중요하다(강동진, 2012). 이를 통해 사회구성원들은 과거의 시공간에 거부감 없이 접근할 수 있는 기회를 보장받게 된다. 단순한 유형의 문화재 뿐 아니라 전근대기의 생활 및 자연과 관련한 무형의 역사적 산물들을 보호하고, 이를 차별적으로 특화시키는 역사문화의 관광자원화 전략은 이를 통한 도시공간의 재생전략과 관계를 맺고 있다. 차별화된 지역의 역사문화자원은 내면적 의식구조와 연관된 공동체적 콘텐츠로 개발하는 노력이 필요하다. 변화를 도모할 수 있는 전통의 원형을 통해 관광자원을 창조하고, 이를 배양하는 창의적인 작업이 요구된다. 우리는 이를 위해 공동체의 기억을 상기시킴으로써 문화적 가치에 내재된 진정한 의미의 역사적 실체를 보존하고 과거를 재구성 할 수 있다.

일반적으로 과거에 발생한 사건이 언어적 서술로 표현된 것을 역사라고 할 때, 역사문화의 재창조과정은 합당한 사료가 뒷받침된다면 언어로 재구성이 가능하다. 역사에 대한 관광자원화 과정이 나타나고 있는 대표적인 예가 스토리텔링에 의한 역사문화의 상품화 과정이다. 역사는 물질 형태의 유적을 제외하면 언어로 형성된 매개물을 통해 우리와 만나게 되며, 우리가 몸소 직접 역사를 보는 것은 불가능하다. 이를 이용하여 역사적 사실에 해석적 사고를 더하여 스토리텔링이 만들어지고 있다. 이미 앞서 언급했지만, 포스트모던 시대에 나타난 시간 체험은 모더니즘에 근간을 둔 선형적 시간구조와의 차이로 인해 발생한다. 순환적인 시간과 직선적인 시간에 대한 관념 간 차이가 점차 무너지고 있는 현 시점에서 과거와 현재, 미래 시간관의 공존 혹은 경쟁관계가 형성되면서 역사는 더욱 치밀하게 연구되고 있다. 그 과정에서의 이야

기식 서술은 의미의 관련성에 따라 시간의 재구성 작업을 거치게 된다. 스토리텔링이 역사적 사실에 근간을 두어 진행된다면 이는 전형적인 포스트모더니즘에 입각한 관광자원화 과정이라 할 수 있다. 이처럼 언어로 표현된 스토리텔링은 사물과 상황을 묘사하는 수동적인 역할만을 하는 것처럼 보이지만, 역사적 사실의 스토리텔링 작업을 통해 실제로는 관광자원화 과정에 주도적인 역할을 한다는 점을 짐작할 수 있다 (Goertz, 2003).

역사문화의 관광자원화 과정은 역사적 감정이입 역시 일부 포함될 수 있다. 이는 역사적 사실에 대한 사회구성원들의 동일시와 공감의 감정이 포함된다. 또한 이 감정이입을 통한 역사적 상상력이 부여되기도 한다. 역사적 상상력의 형성은 행동의 동기 뿐 아니라 당시의 상황을 알아야 진행될 수 있다. 역사적 행위를 이해하려면 행위자의 사상이나 감정, 동기의 이해와 함께 행위가 일어난 정확한 맥락적 지식이 필요한 것이다. 물론 행위자의 내면을 아는 것과 구조에 대한 맥락을 파악하는 두 지식체계는 서로 긴밀하게 관련되어 있다. 역사적 행위의 이해는 상황에 대한 객관적 지식을 바탕으로 해야 한다. 여기서 감정이입은 상황에 대한 지식을 바탕으로 역사적 행위를 상상하면서 이해하는 것이다(김한종, 2009).

역사문화자원이 사람들의 체험 욕구를 만족시킬 수 있는 효과적인 관광자원으로 변모하기 위해서는 치밀한 학습이 필요한 것이다. 역사적 사실을 재현하고, 이를 상황적 맥락에 의해서 재구성 한 후, 다양한 감정과 심정이 이입되는 일련의 과정은 단순한 역사적 사실의 나열로만은 이루어질 수 없음을 의미한다. 물론 역사적 사실이 문화산업과 관련하여 자원화되는 과정에서 나타나는 감정이입 과정에 대해 역사연구자들의 비판 역시 만만치 않다. 무분별한 감정이입으로 역사를 이해하는 것이 가능하지 않으며, 텍스트론의 관점에서도 역사적 사실을 감정이입적으로 이해하는 것이 타당한가에 대해 회의적인 시각이 존재한다. 감정이입을 위해서는 당시의 상황에 대한 정확한 역사적 맥락과 정황을 알아야 하는데, 그 과정이 쉽지 않기 때문이다(김한종, 2009). 그러한 회의적, 비판적 시각에도 불구하고, 역사문화자원은 최근 사람들의 상상력을 바탕으로 가치를 긍정적으로 재평가 받으면서 관광자원화 과정을 통해 그 외연의 폭을 넓히고 있다. 따라서 관광산업의 향유 주체인 대중들의 역사 지식에 학습은 필요한 것이다.

이 같이 역사연구의 논란을 야기한 역사의 스토리텔링 과정은 과거와 현재 사이의 간극을 극복하는 것이 아니라 그 간극에 대한 의미와 근거를 부여하는 것이다. 관광자원의 주요한 역할을 담당하고 있는 이 콘텐츠는 대부분 역사적 사실을 이야기하는 방식으로 풀어서 서술하면서 사람의 해석과 사고가 포함된다는 점이 주요 특징이다. 역사를 사실적 기록에 근거하여 연구하는 방법은 탈인격화된 구조에 가려 기술되어 있지 않은 인간들의 의도, 사고들이 거의 고려되지 않는다. 이에 반해 관광자원화하는 과정에서 나타나는 역사 서술의 스토리텔링 과정은 역사에서 나타나는 인간의식과 행동 의도 등이 차지하는 중요도를 높인다. 근대사회를 지배했던 거대 서사의 역사구조는 포스트모던 사회에 와서 미시 역사구조를 하나의 대안으로 다양화되어 연구되고 있는 것이다. 일반적으로 이와 같은 역사 서술을 가능하게 하려면 역사적 사실에 대한 지속적인 사고 과정이 요구된다. 그리고 그러한 사고에 근간이 되는 역사에 대한 정확하고 사실에 근거한 교육 역시 필요하다. 왜냐하면 수준 높은 관광자원으로서의 역사 서술은 역사적 시간을 정확한 역사지식에 의해서 성찰적으로 다룸으로써 비로소 부정적으로 왜곡되지 않는 역사문화에 기반을 둔 관광상품으로 재탄생되기 때문이다.

역사문화자원의 다양한 관광자원화 과정은 현실과 허구가 혼재하면서 사람들의 체험을 유도하고 그들의 원초적인 욕구를 만족시킨다. 최근에는 단순한 역사적 사실은 이야기로 그치지 않고, 역사 테마파크 등 산업화 과정을 통해 사람들로 하여금 과거문화의 이미지를 더욱 활성화시키기도 한다(Sizer, 1999). 여러 가지 형태로 변용(變容)된 역사자원에 대한 충분한 학습이 이루어지지 못할 경우, 시간이 지나면서 사람들은 현재 자신의 세계와 과거 역사적 사실을 구별하지 못하는 문제점이 야기될 수 있다. 따라서 역사에 대하여 행위자가 스스로 깊게 사고해 본다는 것은 비록 그것이 초보적인 수준이라 할지라도 이는 그 어떤 역사 연구보다도 중요한 과정이다. 왜냐하면 이러한 사고 자체가 역사에 대한 근원적인 체험이며, 자신이 역사와 관련되어 있고, 역사에 의해 제약받고 있는 것에 대한 자발적인 반응이기 때문이다(Goertz, 2003).

이처럼 역사자원에 대한 가치가 현대인들에게 새롭게 부여되면서 역사문화자원의 관광콘텐츠화 과정은 관광자원 개발을 통해 더욱 활성화되고 있다. 사람들은 역사 체험의 욕구가 있는 사람끼리 모여 집단을 스스로 조합하여 그들이 원하는 방식으로 시공간의 의미를 공유하면서 관광활동을 영위한다. 관광객들이 자신이 체험할 역사문화자원에 대해서 충분한 지식을 가지고 있고, 이를 통해 사고할 수 있는 준비가 갖추어졌느냐는 역사문화의 관광자원화 과정의 성공여부를 가리는 중요한 변수이다. 일반적으로 소비자에게 감동을 주는 역사문화자원은 감각적 측면 이외에 강화된 체험 영역의 확장을 가능하게 한다. 모든 체험이 다 감성적인 것은 아니지만, 적어도 서로 다른 시간 문명 간 교류를 가능하게 해준다(최혜실, 2006). 포스트모던 사회에서는 물질을 단순하게 산출하는 생산방식보다 역사적 사실과 해석을 통해 체험을 기호화하여 미학적 가치를 생산해 내는 새로운 관광콘텐츠화 작업이 진행되고 있다. 역사문화자원을 이용하여 관광객들은 정교하게 구성된 시공간을 체험하면서 자신만의 기호로 전환시키고, 이를 소비하게 되는 것이다. 특히 역사자원을 주요한 소비상품으로 전환하여 발생한 문화관광은 이러한 새로운 관광자원의 특성을 잘 보여주고 있다.

최근 들어 관광객들이 관심을 갖고 있는 문화관광의 개념은 유럽관광레저교육 협회(European Association for Tourism and Leisure Education: ATLAS)의 논의가 연구에 많이 적용되어 왔는데, '개인의 문화적 욕구를 충족시키기 위해 새로운 정보와 경험 획득을 목적으로 한 거주지를 벗어나 문화자원으로의 개인 이동'이라고 언급하고 있다. 일반적인 문화관광의 기술적 정의로는 '거주지 외부의 유산, 유적, 예술적 문화적인 표현, 미술과 드라마와 같은 특수한 문화자원에로의 개인의 모든 이동' 으로 개념화할 수 있다(Richards, 2000). 이와 관련하여 멕킨토시와 고렌드너(McIntosh and Golendner)는 문화관광을 '여행자들이 관광지 주민의 삶, 사상에 대한 방식 또는 다른 나라의 유산과 역사를 배울 때 관계된 여행의 총체' 로 정의하고 있다(McIntosh and Golendner, 1986). 여하튼 역사적 사실, 유물 등을 관광에 이용할 수 있게 재구성한 역사문화관광자원을 국가, 자본, 시민사회 영역 모두가 주목하고 있는 것은 분명하다.

요컨대 지금까지 살펴본 역사문화자원을 관광자원으로 개발하는 과정은 새로운 문화관광의 활성화에 기여하게 된다. 특히 독특한 역사적 배경과 생활양식, 문화적 환경에 기인한 스토리텔링 기법을 이용하여 과거 시간자원을 공간에 대입시키는 장소마케팅 전략이 이루어지고 있으며, 이를 통한 문화관광 현상이 나타나고 있는 것이다(윤현호 · 이훈 · 송영민, 2011; 이무용, 2006; 최인호, 2008).

최근 역사문화의 의미가 관광자원으로 재발견되는 이유는 그것이 무형의 자원으로서 사회구성원들에게 영향력을 행사하고 있기 때문이다. 사회구조적 서사 콘텐츠가 개인들의 심정에 침투할 때는 지극히 개별적 사고의 객체로 전환되어 그들의 의식을 조정하기도 한다. 지극히 사적 감정체계의 결과물이라 할 수 있는 기억은 실제로는 집단이라는 외재적, 구조적 요인에 의해서 영향을 받기도 하고, 더 나아가 그 사람의 정체성을 결정짓기도 한다.

역사문화자원은 이러한 집단기억의 개념이 내재해 있다. 처음 집단기억과 정체성의 관계가 주목받았던 시기는 근대 국민국가의 성립과 근대 역사학의 탄생 간의 관계에서 잘 드러난다. 역사에 대한 국민국가의 관심은 민족사에 대한 공통의 기억을 통해 민족으로서의 정체성을 강화하고 통합을 다지려는 의지가 반영된 것이다. 시간이 갈수록 이러한 집단적, 공적영역에서의 기억에 대항하여 어떤 방식으로든 침묵되어 왔던, 혹은 강요되거나 왜곡되어 역사화 되지 않았던 개별적, 사적 기억체계의 중요성에 대한 논의도 등장하게 되었다(양호환, 2009).

역사에 대한 주체적 해석을 억제하는 과도한 역사의 고정성은 때로는 그것으로 편협한 역사관을 심어 줄 수도 있다. 따라서 역사는 사료에 의해서 해석됨과 동시에 이를 비판하고, 사실들을 포괄하는 전체의 맥락을 해석하는 의사소통은 중요한 것이다(Goertz, 2003). 이 같은 맥락에서 기억에 대한 논의는 역사에 대한 비판적 시각의 하나로 등장하게 되었다. 일반적으로 역사의식은 현재의 모든 것에 대해 역사성과 모든 의견의 상대성을 인식하는 것을 의미한다(양호환, 2009). 최근의 역사관광자원은 비판적, 합리적 역사의식에서 비롯된 관광자원화 과정을 통해 새롭게 재탄생하고 있다. 과거의 특정한 역사적 사실이 역사소설, 드라마, 영화, 논문 들을 통해 현재에 와서 다르게 재평가, 재해석되고 있는 것은 이러한 현상을 잘 보여주는 예이다.

이제 우리의 역사문화연구를 가능하게 하는 인식의 틀 자체가 민족국가적 관점과 일국적 내러티브의 독점적 영향력에서 벗어나 대안적 역사인식의 하나로서 공간을 중심에 두고 논의가 진행 중에 있다. 바로 이 관점에서 모더니즘에 입각한 지배적 역사를 해체, 재구성하는 작업이 진행되고 있는 것이다. 하나의 예로 역사문화자원을 통해 지방사의 독자적 정체성을 규정하는 작업이 그것이다. 지역 담론을 중심으로 아래로부터의 시민주도적 역사인식과 문화담론이 나타나기 시작했다(이영석 외, 2011). 모든 역사가 현재에 포함되어 있듯이, 현재적 문제의식에 입각한 지역중심의 역사 담론은 주목해 볼 만하다.

이를 통해 최근에 와서 역사문화자원은 관광 활성화에 기여한다. 우리는 역사문화자원을 통해 과거의 기록과 기억을 다시 재구성할 수 있다. 기억은 과거에 의존하고 있다. 현재의 관점에서 과거는 실존하지 않지만, 과거야말로 우리가 행동하기 위해서 끌어내야 하는 결론들의 원천임을 인정하는 것에서부터 역사문화자원을 향유하는 관광의 가치가 부여된다. 기억은 역사의 존속 문제와 연관되어 있는 것이다(Berger, 1971). 포스트모던 사회에서는 이 같은 가장 사실적인 기억과 비합리적인 사고인 상상력이 만나서 현재의 생활양식에 대한 구조, 행위 등이 설명된다. 이것이 본격적인 역사문화자원과 관광의 내재적 본질이라 할 수 있다.

여하튼 역사자원에 대한 최근 관광객들의 관심과 요구가 엄청나게 커졌다. 이제는 사회구성원들이 역사적 사실과 그 가치에 대해 교육을 통해 그 의미를 재확립하고 있다. 지속적인 연구와 비판의식을 통해 발전하고 있는 역사관에 있어 현명한 공중(公衆)들의 활동이 필요한 시대에 직면해 있다. 중요한 과거와 선별된 전통들이 역사 학습과정에서 정교하게 스며들어 있어야 한다. 역사적 사실은 하나이지만, 이를 적용할 수 있는 시대적 가치와 의미는 계속해서 변화하고 있다. 이러한 사실이야 말로 역사자원이 과거의 경험적 산물로서 현재와의 단절이 아니라 미래의 비전을 제시할 수 있어야 함을 보여준다.

따라서 역사문화자원은 그 관광활동의 향유 수단이자 목적으로서 중요한 의미를 지닌다. 역사적 전통방식의 진정성 추구를 위하여 역사자원은 관광활동에 있어 실존적 의미를 부여한다. 우리는 진정성의 체험에서 비롯되는 강렬함과 존재의식, 그리고 몰입된 상태에서 나타나는 지각된 행동을 주목해야 한다(Berger, 1973; MacCannell, 1976). 또한 역사문화자원에 기반을 둔 관광은 다양한 생활양식에 대한 인지, 해석 능력을 강화시켜 줄 것이다(Pennyfather, 1975; Prentice, 1996). 역사자원을 소비하면서 사람들은 관광을 통해 다른 문화의 심미성을 소비하는 동안 그들 자신의 문화를 되돌아보고 의사소통의 방법을 터득하게 되는 것이다(Urry, 1995).

4) 역사문화 관광자원의 사실 분석과 해석적 사고의 문제

역사 분석에 있어서 사실에 입각한 논의는 연구의 중요한 전제조건 중 하나임에 틀림없다. 그런데, 과거에 대한 어떤 기록도 현재의 관점에서 보았을 때, 그 당시 일어난 사실 그대로를 재현하기가 쉽지 않다. 따라서 역사적 사실에 대한 후대의 전문가가 논하는 설명과 해석은 중요하며, 이를 통해 일반인들은 과거의 시공간과 만나게 된다. 역사 연구자들은 역사적 사실에 입각한 사료를 통해 조각난 과거를 다시 살려내고 과거에 대한 담론을 구성한다. 이 역사 담론은 이야기의 주체인 역사가의 관점과 이데올로기가 표명되기 쉽다. 즉 역사는 단순히 연대, 인물, 사건을 나열하여 기록한 것이 아니라, 인간의 과거 행위에 대한 해석과 의미가 부여된 담론이라 할 수 있다(이영효, 2011). 역사는 과거라는 객관적이고 사실적인 실체인 존재론적 의미로서 정의되기도 하고, 과거에 대한 역사가의 탐구 결과인 역사적 지식으로서 정의되기도 한다. 과거 실체는 절대 불변이지만, 담론은 상대적이며, 역사가의 주관성에 영향을 받기도 한다. 이 문제는 현재에도 학자들 사이의 많은 논쟁을 유도하고 있다.

과거의 사실들은 역사 전문가의 서술을 통해 비로소 역사적 사실로 존재하게 된다. 따라서 어떤 사실을 바라본 역사가에 의해 서술된 역사적 사유(思惟), 역사연구방법, 역사적 설명은 항상 치밀한 검증과정이 존재한다. 역사 연구자들의 역사서술은 현재와의 연관성에 의해 묘사되기도 한다. 현재는 과거의 연장이며, 과거에 대한 역사가의 연구는 현재와 단절될 수 없다. 현재에 대한 그들의 판단은 과거의 현재적 의미 탐구로 이어지고 곧 사관으로 구체화된다. 물론 역사 연구자들은 사실 왜곡이나 정치적 목적 혹은 개인적인 판단에서 비롯된 편견 등을 배제하고 역사의 현재의 인식으로까지 확장하기 위해 노력한다(이영효, 2011). 이러한 역사적 사실 분석과 해석적 사고의 문제는 이미 오랜 세월 많은 연구의 적층 구조 속에서 구체화된 외현물이라 할 수 있다. 역사적 사실의 파악에 대한 사회구성원들의 관심은 현재의 사회구조적 상황과 관련이 있다.

이와 관련하여 최근 현대 사회의 상황을 살펴보자. 세계적으로 신자유주의의 영향력이 강해지면서 효율성을 중시하는 사회구성원리가 이상향으로 많은 사람에게 인식되고 있다. 이러한 현재의 생활에 지친 사람들은 과거 사회의 향수에 젖거나, 인간 존재로서의 삶에 대한 회의 때문에 자신의 과거 기원과 정체성을 규정하려고 노력하게 되었다. 이는 역사 속의 시간이 사람을 편안한 마음으로 이끄는 기능이 있기 때문일 것이다. 이 같은 사회구성원들의 욕구 충족의 본질적 의미를 마르카르드(Marquard)는 '근대화의 폐해에 대한 보상'이라고 명명한 바 있다(Goertz, 2003). 과거는 일방적으로 손상되지 않도록 보존만 되는 존재로 머무르지 않고, 역사적으로 재현되고 사람들의 기억 속에서 회상되는 사회적 실체이다. 이러한 이유 때문에 역사연구에서 객관화된 사실 분석이 가장 중요한 선행조건임에 의심의 여지가 없지만, 인식의 주관적 대상으로서 역사의 가치가 동시에 회자되고 있는 것이다.

역사를 연구하는 학문은 과거의 총체적 현실 파악을 추구한다. 과거에 존재했으나, 지금은 존재하지 않는 모든 것, 즉 자연, 국가, 경제, 사회문화를 전반적으로 포착해야 한다. 그런데 과거의 현실도 현재의 현실만큼 복잡하게 얽혀 있다. 이 같은 역사적 사실에 대한 해석의 문제는 베버(Weber)의 이론적 논의를 살펴보면 이해가 쉬워진다. 그는 모든 사회적 행위의 유형들에 대해 개념화가 필요하다고 보고, 사람들의 행위를 네 가지로 유형화하여 분석했다. 첫 번째 유형은 도구합리적인 행위인데, 이 행위는 수단과 목적이 지식을 기반으로 서로 체계적인 연관성을 지닐 때 사람들에 의해 취해진다. 두 번째 유형은 가치합리적인 행위인데, 이것은 행위 주체인 자신이 지키고자 하는 가장 기본적인 가치에 따른 행위이다. 세 번째 유형은 정서적인 것인데, 이는 주어진 상황에서 개인의 감정에 따라 결정되는 행위이다. 그리고 마지막 네 번째 유형을 우리는 주목해야 하는데, 바로 전통적 유형에 의한 행위이다. 이 행위의 유형은 여러 해 동안 반복되어 안정성을 지니고 있다. 베버(Weber)는 전통적 행위에 속하는 경우들이 현대사회에서도 나타난다는 점을 분명히 한다(Turner, Beeghley, & Powers, 1997). 이러한 전통적 행위의 발현이 가능한 것은 사회구성원들의 역사 이해과정이 진행되면서 더욱 뚜렷하게 나타날 수 있다.

전통의 중요성에 대한 베버의 견해는 여기서 끝나지 않는다. 그는 사회 지배의 3가지 유형을 연구했는데, 그 곳에서도 전통의 개념이 나온다. 베버의 사회지배 범주 중 첫 번째 유형으로 카리스마(Chirsma)적 지배가 있다. 카리스마는 어떤 사람이 신성한 권능을 부여받았다는 의미를 내포하고 있다. 이 지배유형을 행사하는 지도자는 자신들이 지닌 인성의 힘에 의해 다른 사람들에게 자신들의 영감을 전달하는 비범한 개인을 의미한다. 둘째, 합법적 권위에 의한 지배는 일반적인 법에 토대를 둔 지배유형이다. 합법적 지배체계에서 정당성의 기초는 절차에 있고, 법적 지배가 효율적이고 유연하면서도 정당한 규제를 달성할 수 있는 유일한 수단이라고 본다. 세 번째 지배유형이 이전 과거의 시대로부터 내려온 규칙과 권력의 신성함에 의거한 지배유형이라 할 수 있는 전통적인 지배라고 말했다(Turner, Beeghley, & Powers, 1997). 전통적 지배가 이루어지기 위해서는 과거 역사에 대한 사회구성원들의 공유된 의식이 선행되어야 한다. 역사는 이러한 점에서 매우 중요하다. 베버는 사회적 행위의 전통적인 유형들이 어떻게 지배체계로 일반화되는지를 제시해 주었다.

한편 베버는 연구되어야 할 대상의 가치 관련성에 대해서도 언급했는데, 가치와 가치 사이의 관련성은 설명될 수 없고, 단지 이해될 뿐이라는 점을 강조했다. 또한 그가 본격적인 사회 연구를 위해 주목한 것은 인간 행위였다. 인간 행위는 특정한 목적을 가지고 나타나는데, 인간은 각자 주어진 이해력을 통해 그 목적을 추구한다. 이상 나타나는 일련의 과정을 통해서 인간이 어떤 목적에 도달하기 위해 어떤 수단을 사용했는지, 왜 다른 수단이 아닌 해당 수단을 사용했는지를 설명할 수 있다(Goertz, 2003). 베버는 객관성에 대한 요구가 인식의 중간단계에서 일정한 역할을 담당하고, 그것이 어떤 사안을 바라보는 설명 방법에 연결된다는 점을 강조했다. 하지만 이 단계는 전체적으로 보면 이해하고 해석하는 인식과정에 포함되어 있으며, 이것이 바로 베버의 논의가 지닌 기본 원칙이다.

이해의 주체와 객체가 서로 순환적인 관계에 있다는 것을 상정할 때에만 상황에 대한 진정한 이해가 가능하다는 주장은 해석적 관점에 의한 사실 분석의 일부분이라고 할 수 있다. 역사는 특정한 입장이 취하고 있는 관점 하에서 포착되는 것도 아니며, 그렇다고 오로지 인식주도적인 관심으로부터 생겨나는 것도 아니다. 역사적 인식과정은 인식 주체의 특정한 부분, 다시 말해 주체의 입장 및 관심만이 관련되는 것이 아니라 주체 자체와 관련되기 때문이다.

이상 살펴본 베버의 사회 연구를 위한 방법론의 원천은 딜타이(Dilthey)에 영향을 받았다. 딜타이의 사회과학적 분석 논리를 다음과 같이 정리할 수 있다. 먼저 가장 명확한 단계가 자연과학과 사회과학이 상이한 연구주제를 가진다는 점이다. 자연과학은 물리적 자연적 사건들의 설명을 지향하는데 반해, 사회과학은 인간 행위에 대한 설명을 지향한다는 것이다. 또한 자연과학지식은 타당성 있는 법칙들에 의해서 설명될 수 있는 외적 지식에 초점이 맞추어져 있고, 사회과학적 지식의 설명을 위해서는 어떤 방식으로든 이해해야만 하는 지식, 즉 내적 지식 체계를 연구해야 한다고 본다. 그는 사회과학에서는 사건들과 관계들을 설명하기 위해서 단순한 관찰을 넘어서서 각 개인의 내적 특성에 대한 이해를 추구해야 하며, 더 나아가 상이한 연구자들의 문화적 배경에 따라 주어진 설명도 다양화 될 수 있다고 보았다(Dilthey, 1961). 베버는 이러한 딜타이의 사회연구 방법과 연관되어 있는데, 사회적 행위는 명료하고 포괄적인 의미의 맥락 속에 놓여 있을 때에만 이해될 수 있다고 보았다(Turner, Beeghley, & Powers, 1997).

이와 같은 베버의 연구방법은 역사적 사실에 대한 해석의 문제를 논의하기 시작한 역사학의 연구방법과도 연관된다고 볼 수 있다. 이와 관련하여 일찍이 카(Carr) 역시 역사적 사실을 '아무것도 첨부되지 않는 원상태의 사실이 아니라 모종의 해석이 가해진, 그리하여 기억되고 계속적으로 서술되는 사실' 이라고 말하면서 순수한 사실성만이 역사적 사실을 전적으로 구성하지는 않는다고 주장했다(Carr, 2009). 다양한 정보와 연구된 사료로부터 여러 가지 해석들이 일어난다. 카는 역사를 역사가와 역사가의 사실 사이에서 계속 진행되는 상호작용 과정이자 현재와 과거의 끊임없는 대화라고 보고 있다.

하지만 역사적 대상의 연구에서 상상력의 한 부분, 즉 허구를 통해 특정한 사실의 부분을 대체해버리거나 해체시켜서는 안 된다. 어떤 과거 사실에 해석이 가해질 때에는 역사는 치밀하게 인식되고, 또 재인식되어야 한다. 그 과정에서 누구나가 인식하는 과거에 자신의 문제를 대입시켜 서술하는 것이 가능하다. 상상력이 가해진 역사적 서술이라고 할지라도 서술된 후, 명확한 객관적인 설명이 뒤따라야 하는 것은 이 같은 이유 때문에 중요하다. 역사적 사실을 설명하는 것은 결국 그것과 관련한 이야기를 하는 것인데, 이야기는 사건의 경과에 따라 일종의 시간적 구조를 지니게 된다. 시간적으로 제한되고 완결된 사건의 처음부터 끝까지의 맥락이 서술되는 것이 아니다(Goertz, 2003). 이야기를 풀어서 서술하더라도 역사적 사건을 분석해 볼 때, 그 변화의 원인과 결과에 대한 정확한 사실 파악은 중요한 것이다.

5) 역사문화자원의 올바른 관광 체험을 위한 성찰적 사고 및 교육의 중요성

포스트모던 시대의 역사 인식은 엄격한 역사적 자료를 통한 분석을 통해서만 과거 진실을 객관적으로 탐구할 수 있다는 모더니즘에 입각한 실증주의 역사연구 방법론에 대한 다른 대안을 제시할 수 있다. 이는 해석의 객체라 할 수 있는 사료 텍스트가 지닌 다의성 때문이다. 포스트모던 시대에서는 문화콘텐츠로 극화된 역사자원들이 이야기로 서술됨과 동시에 과거에 실제로 있었던 사실에 대해서 독자의 지적 수준에 맞춘 새로운 시각으로 기술되기도 한다. 역사현실을 재구성한다는 것은 단지 현재적 관점과 시각에 의한 과거 사람들의 삶의 투영이 아니라 담론 질서에 대한 이해가 선행되어야 한다. 역사적 담론은 어떤 의미나 관념을 언술로 바꾸는 행위, 즉 언어를 통한 의미 표상 행위를 말한다. 그것은 단순히 의사소통의 메커니즘이 아니라 기호를 가지고 현실을 표상하는 재현 과정에서 이미 특정한 의미 체계가 작동하거나 이데올로기가 개입된 결과이다. 따라서 어떠한 역사 서술도 이데올로기로부터 자유로울 수 없다(이영효, 2009). 담론으로서의 역사 서술과정에서 역사서술가와 분석자의 사관이 생기게 된다.

물론 이 같은 논의가 역사적 사실에 대한 허구성을 인정한다는 의미는 결코 아니다. 예를 들어 역사문화자원이 관광과 연계되는 과정을 살펴보자. 역사문화자원이 관광상품화되는 과정에서 이를 뒷받침하기 위해서는 과거 역사에 대한 체계적이며, 끊임없는 학습이 이루어져야 한다. 역사교육을 통해 자신의 주관적 의미와 해석이 객관적 사료에 의해서 존중받게 된다. 역사자원은 사람들이 부여하는 의미의 구축 대상이며, 역사교육은 학습자 자신이 스스로 객관적 사료를 바탕으로 과거에 대해 비판적, 실증적 해석을 구축하는 과정이다. 그리고 이 과정을 통해 관광에서도 그 객관적 지식이 활용될 수 있다.

이처럼 현대사회에서는 역사문화자원의 중요성이 부각되고 있으며, 이를 활용한 다양한 관광자원들도 외생하고 있다. 모든 역사자원이 관광잠재력을 지니고 있는 것은 아니다. 관광자원으로서 변형될 가능성을

지닌 문화유적지들은 관광자원화 과정에서 그 변화의 특징들을 공유한다. 새로운 체험을 추구하는 포스트모던적 사고를 통해 사람들은 비슷한 역사자원을 방문하고 관람하는 대중관광을 통한 체험이 아닌 그 역사문화자원이 지닌 개별화된 진정성을 추구하려고 한다. 따라서 역사자원을 어떻게 콘텐츠화하여 그 진정성 경험을 관광과 연계시킬 수 있는지 여부가 역사적 자원의 관광상품화에 있어 중요한 사안이다. 하지만, 역사자원을 접하는 관광객들이 기념물, 대상자원 혹은 유적지에 관한 지식이나 이해가 거의 없을 경우, 역사에 대한 감각, 독특한 분위기, 향수를 느낄 수 있는 단서들 중 아무것도 제공받을 수 없다(McKercher & Du Cros, 2008).

한편 또 다른 흥미로운 점은 관광객들은 진정성의 체험을 원하지만, 때로는 그 역사문화자원의 실제적(reality)인 사실만을 원하는 것은 아니다. 진정성은 부분적으로 개인의 고유한 지식과 준거 체계에 의해 결정되는 사회적 구성을 의미한다. 많은 관광객들은 역사자원에 관심을 가지고 있지만, 그들 대부분은 과거에 대해 최소한의 지식만을 가지고 있다. 따라서 역사문화자원에 대한 진정성을 느끼기 위해서는 역사적 사실에 대한 지식뿐 아니라 지금까지 이어져오고 있는 사회문화적 배경과 시대적 맥락 등을 이해할 수 있는 지식이 필요하다. 역사자원은 사람들의 문화관광을 활성화시키는 수단이자, 목적으로 사용될 수 있으며, 이를 위해 역사에 대한 교육이 선행되어야 한다.

한 예로 역사자원을 이용한 관광개발을 위해서는 '진지한 여가(serious leisure)' 참여자들을 위한 관광활동 수단과 방법이 다방면으로 개발되어야 할 것이다(Stebbins, 1999). 진지한 여가는 즉흥적이고, 일시적인 즐거움을 추구하기 위해 실시되는 일상형 여가활동과는 달리, 직접 참여하고 있는 사람이 해당 분야에서 특정한 전문성을 얻기 위해 체계적으로 실시하는 여가활동의 내용을 포함한다(Stebbins, 1999). 이것은 지속적인 역사교육에 의해서 체화된 문화자본(cultural capital)이 진지한 여가활동으로 이어질 수 있는 시공간적 장(場)이 만들어져야 함을 의미하는 것이다. 문화자본과 관련하여 일찍이 부르디외(Bourdieu, 1984)는 사람들의 객관적인 사회적 위치에서 내면화된 사고, 취향 등의 중요성을 강조하여 논의했다. 특히 문화자본의 체득을 위해서는 사회화 과정이라 할 수 있는 교육이 중요하다. 다시 말해 사실에 대한 분석과 이해를 통한 역사문화자원의 올바른 향유를 위해서 교육이 매우 중요하다는 점을 알 수 있다.

한편 역사적 사실의 관광자원화 과정 속에서 포스트모더니즘에 입각한 다양한 관광형태가 나타나고 있는데, 그 중 대표적인 유형이 앞서 논의한 바와 같이 전통적인 역사적 자원과 유산을 이용한 문화관광이라고 할 수 있다. 문화유산으로 형성된 역사성은 관광과 밀접한 관련을 지닌다. 관광현상과 관련한 문화유산은 역사적 사건과 인물이 관련된 장소

뿐 아니라, 장기간 보존된 건물, 도시경관 등의 혼합 속에서도 나타난다. 멕켄넬(MacCannell)은 의미있는 새로운 문화생산의 본질을 찾기 위한 삶의 방식 중 하나로 관광에 주목하기도 했다(MacCannell, 1976). 문화에 대한 이해를 통해 얻어지는 심리적, 사회적 가치를 실현하는 대표적인 관광콘텐츠라고 할 수 있는 역사는 중요하다.

특히 문화관광의 한 수단이 되는 문화유산은 역사에 기반을 두어 더욱 많은 수가 발견되고 있다. 일반적으로 문화유산이라 함은 특정장소에서 존재하는 전통, 민족, 대중문화 등을 폭넓게 의미한다. 역사에 기반을 둔 문화유산은 크게 유무형의 유산으로 나뉘어 고찰할 수 있다. 유형유산은 특정 지역사회의 장소, 사물과 같은 역사유적지, 건물 등을 나타내는 것이라면, 무형유산은 사람, 그들만의 전통 등을 의미한다(McKercher & Du Cros, 2008). 전통을 집단이나 개인에게 있어 문화적, 사회적 정체성을 반영한 것으로 보고, 총체적인 지역문화 창조를 가능하게 하는 구비문화 및 문화재의 중요성을 언급한 UNESCO(1998)의 논의도 주목할 필요가 있다. 포스트모던 시대의 관광은 관광소비를 위해 제공되는 역사적 무형 문화에 대해 변화를 추구하기도 한다. 역사유산들이 관광과 연계되는 과정에서 일반적으로 어떤 형태이든 문화관광콘텐츠로 연출된다. 그 과정에서 지역주민들이 가질 수 있는 총체적인 불만으로부터 벗어나게 해 줄 수 있을 다양한 제도적 장치가 필요하다. 즉 문화관광콘텐츠의 관광자원화 과정은 문화적, 정치적 형평성의 윤리와 밀접한 관련을 맺고 있는 것이다(McKercher & Du Cros, 2008).

포스트모던 사회의 관광이 지니는 사회적 가치는 비단 역사문화자원이 관광자원화 되는 과정에 국한되지는 않는다. 또 다른 중요한 특징은 관광행동을 둘러싼 상호작용과 거래과정에서 찾을 수 있다. 일반적으로 관광 과정에서의 의사소통은 관광객이 타문화권의 거주자나 이방인(異邦人)이라는 조건에 의해 규정된다. 짐멜(Simmel)은 이방인에 대해서 주인이 포함된 집단생활의 본질적인 특성을 공유하지 않는 일시적인 체류자로 보았다(Simmel, 1950). 일반적으로 관광활동을 위한 방문객은 지역주민에게 이방인으로 여겨진다. 관광객 입장에서도 지역주민은 자신의 문화권과 다른 곳에서 생활하는 신기성을 지닌 문화적 객체로 여겨진다. 따라서 서로가 활동의 주체와 객체로 나누는 현실에서 두 관계의 문화적 차이를 좁혀 줄 있는 문화중개인이 필요하다. 문화중개인이라고 불리는 다양한 사회하위부분은 사회분화가 진전됨에 따라 점점 더 중요한 역할을 수행하게 된다. 역사연구자나 역사문화 해설사들은 대표적인 문화중개인의 직업군이라 할 수 있다. 관광객과 지역주민의 관계에 대한 관광의 본질을 규명하기 위해서는 관광객과 지역주민의 분화된 문화적 다양성을 고려해야 하며, 이 집단의 구분과 관계를 중재하는 지속적인 노력이 있어야 한다. 그 과정에서 역사문화의 관광자원화 과정은 공리적이며, 공공성에 입각하여 이루어져야 한다(Nash, 1977).

이제는 역사자원을 이용한 문화관광의 사회적 가치를 사회구성원들이 인식하기 시작하면서 역사자원을 관광자원으로 만들어 이를 관광활동에 이용하고자 하는 다양한 노력들이 일어나고 있다. 체계적으로 역사자원을 발굴, 육성하기 위하여 지역의 정체성을 살린 역사적 사실을 관광상품으로 만들고, 역사자원을 테마로 한 매력시설을 개발하여 지역축제나 개발에 이용하기 시작했다. 그 뿐만 아니라 역사문화관광 기반시설의 구축을 위하여 체계적인 역사관광 안내정보 시스템을 만들고, 관광 해설가를 육성하는 등의 노력도 함께 추진하고 있다. 하지만 무엇보다 포스트모던 시대에 올바른 역사문화자원의 관광자원 개발이 진행되기 위해서는 지속적인 역사 학습과 교육 체계의 정비를 통해 사회구성원들의 올바른 사회화 과정이 선행되어야 함을 잊어서는 안 될 것이다. 또한 포스트모던 시대에는 인식주체와 인식객체의 생소하고 이질적인 문화에 대한 상호 이해를 통해 자신을 돌아볼 수 있어야 한다. 역사를 통해 사실을 포용하는 능력은 물론, 그 사실에 대해 사고할 수 있도록 해주는 맥락 포착과 창의적 사고가 요구된다.

이 같은 역사문화자원의 관광자원 개발을 통해 관광활동은 역사의 가치를 더욱 부각시킨다. 또한 역사적 사실에 대한 정확한 교육이 보다 능동적인 관광활동 향유를 유도할 수 있다. 관광을 통해 더욱 확장되는 역사의 가치는 과거의 사실을 현재 생활에 적용함으로써 정확한 미래의 전망을 시도할 수 있다는 점이다. 역사적 사실은 명확한 원인과 결과의 연쇄작용으로만 나타나지 않는다. 역사에 있어서 필연성의 요인뿐 아니라 다양한 우연성의 요인도 존재하기 때문이다. 포스트모더니즘에서 이 같은 역사의 특징은 사람들이 한 사회의 역사를 인식할 때, 다양하고 새로운 관광자원으로 구체화되기도 한다. 역사문화자원의 관광자원화 및 개발 과정에서 강조되는 점은 포스트모던 시대의 특성을 그대로 반영한다. 역사적 이해는 다른 사람과 다른 시공간에 대한 이해를 기초로 한다. 관광분야에서 이를 가능하게 해주는 중요한 방법 중 하나가 역사문화관광인 것이다.

최근 들어 활발하게 나타나고 있는 이 관광의 유형은 다른 시공간에서 발현된 이질적 삶의 형태에 대한 체험 및 이해의 욕구가 구체적으로 나타난 사회현상이라 할 수 있다. 이러한 관광활동을 향유하기 위해서는 과거 역사문화에 대한 진정성을 체험하는 노력이 요구된다. 더 나아가 특정 역사적 사실을 분석할 수 있는 체계적인 문화자본도 필요하다.

또한 포스트모던 사회의 상이한 구조적 조건에서 상호작용하는 사람들의 사회적 교호작용을 감지하기 위해서는 복잡하게 얽혀 있는 역사적 사건들의 전개과정에 대한 총체적 이해가 선행되어야 한다. 그 능력을 갖추기 위해서는 역사에 대한 풍부한 이해력과 관련 사건에 대한 상상력, 공감능력 역시 필요하다. 특히 역사문화자원을 이용하는 포스트모던 시대의 관광은 차이와 다양성을 인정하는 타문화의 시공간을 이해하는데 중요한 사회적 가치를 지니고 있으며, 이는 포스트모던 시대에 요구되는 사회구성원들의 자아상을 완성시킨다는 점에서 전형적인 가치지향적 행위라고 볼 수 있다.

포스트모던 사회의 다변화되고 있는 문화에 대한 구분은 자신이 소속된 집단의 규범에 맞게 행동할 수 있도록 해주는 표상으로서 작용한다. 시공간에 따라 다르게 구분되는 과정 속에서 역사문화 향유의 주체와 객체 사이에서 상대방의 의도와 행동을 이해할 수 있는 의미의 공유가 이루어져야 한다. 이러한 의사소통이 부재할 경우 문화 간 의사소통 과정에서 권력과 이해 갈등의 모습이 종종 나타나기도 한다. 역사에 대한 이해는 과거에 이미 이루어졌던 사안을 참고하여 새로운 사고와 행동을 할 때 의문과 두려움을 없애주며, 최적의 선택을 할 수 있게 해준다. 역사자원의 문화콘텐츠를 이용한 관광은 전통에 대한 신뢰를 통해 과거 사례들을 비판적으로 관찰하고, 구체적 사안들에 대해서 감정적 교류와 성찰을 가능하게 한다. 지나간 삶과 장소의 흔적들은 공유된 삶의 신뢰구조를 현대사회의 시공간에 제공해주기 때문이다(Lowenthal, 2006).

역사문화자원의 관광자원화는 포스트모던 시대의 다른 문화의 다양성을 존중해주고, 이를 자신의 현재 자신이 소속된 문화에 적용하여 미래 전망을 위한 현명한 인식을 할 수 있게 도와 줄 것이다. 이제 사회구성원 모두는 올바른 역사의 학습을 통해 과거와 현재, 미래의 사실에 사회적 합의를 이끌어내어 친화적 공동체를 형성하기 위하여 노력해야 할 것이다. 역사자원을 이용한 관광은 진정한 의미의 사회적 다수가 공감하는 역사 만들기를 가능하게 해주는 수단으로 작용할 수 있을 것이다.

이처럼 역사문화는 관광을 통해 사실에 근거하여 나온 과거의 기억과 유물을 확인하고, 기록들로부터 도출된 사실을 근거로 해석들을 종합함으로써 그 기억을 확장할 수 있다. 따라서 관광을 통한 문화적 상호작용을 근거로 형성된 시공간에서의 성찰적 사고는 사람들에게 새로운 체험을 할 수 있게 만든다. 과거, 현재, 미래에 대한 체험 과정을 통해 삶의 의미를 성찰하게 된다. 성찰적 사고에 근거한 역사의식은 단순한 지식의 수준을 넘어 정체성 구현의 과정과도 밀접한 관련을 가지고 있기 때문이다.

일반적으로 성찰성은 크게 구조적 성찰성과 자아 성찰성으로 그 개념을 나눌 수 있다(Beck, Giddens, & Lash, 1998). 구조적 성찰성이란 사회구조의 제약으로부터 자유로워진 행위자들이 그러한 사회의 규칙과 자원에 대해 성찰하고, 행위자의 사회적 존재조건에 대해 성찰하는 것을 의미한다. 과거 역사의 사건과 행위들에서 한 발짝 물러나서 이를 현재에 성찰한다는 의미는 바로 이 구조적 성찰성을 의미하는 것이다. 한편 행위자들이 스스로 자신의 의식과 행동에 대해 성찰하는 것을 자아 성찰성이라고 한다. 자아 성찰성을 통해 이전에 행위 주체들이 행하던 타율적 감독이 자기 감독으로 대체된다. 우리가 역사적 사실을 통해 스스로 어떤 특정 사안을 해석하여 반성한다면 이는 자아에 대한 성찰과 연관성이 있는 것이다. 우리가 역사적 사실을 이용한 다양한 문화자원을 올바르게 향유하기 위해서는 이러한 두 가지 성찰적 기제들이 올바르게 작동해야 한다.

관광을 통한 역사문화의 체험과정에서는 그것을 올바르게 해석할 수 있는 성찰적 사고를 필요로 한다. 콜링우드(Collingwood)는 과거 이해의 과정에서 과거의 인물과 상황에 대한 감정이입이 일어난다고 보았다(김한종, 2009). 그것은 현재의 역사 연구자가 과거의 시간 속으로 자신의 사상과 사고를 투영하여 사건의 정황을 미루어 짐작하고 이해하는 과정이다. 하지만 특정 사관에 근거하여 이루어지는 사실에 입각하지 않은 역사 해석은 분명 경계해야 한다. 역사는 우리가 과거를 해석하기 위해 철저한 경험적 자료와 이에 대한 냉철하고 정확한 해석에 입각하여 구성되어야 한다. 물론 그 자료들은 모두 우리가 과거를 체험하는데 필요한 공유된 사회적 사실임에 틀림없다. 따라서 이에 대한 성찰적 사고는 함께 이루어져야 하는 것이다.

역사 내에서는 그 당시 사람들의 다양한 사회문화적 전통과 관습들이 포함되어 있다. 현재와 과거의 의사소통과 성찰 과정은 그러한 문화들의 회고에 의해서 이루어진다. 이와 관련하여 레비스트로스(Levi-Strauss)는 관습이 이유 없이 사라지거나 생존하는 것이 아니라고 생각했으며, 현재의 분석이 밝혀내야만 하는 기능적인 지속성에 의해 존속하게 된다고 보았다(류정아, 1999). 즉 전통은 현재에도 살아서 움직이면서 예견되지 않은 새로운 것에 영향력을 행사한다. 한편 홉스바움(Hobsbaum)은 재창조된 전통에 대해서 논의했다. 현대사회에서 이어져 내려오고 있는 전통은 지속적인 변화의 과정 속에 있다. 그에게 있어서 전통은 과거로부터 현재의 연속성을 유지시키기 위해 재창조되며, 따라서 유무형의 전통은 자연스럽게 오랜 역사과정 속에서 현대 사회의 제도로 정착된다는 주장을 했다(Hobsbaum, 1983). 공개적으로나 암묵적으로 받아들여진 규칙들이나 가치 또는 규범에 의해 통제되기도 하는 전통의 의미를 찾아내는 것은 역사 연구에서 있어서 중요한 부분이라 하겠다.

이제 과거의 역사적 사실들은 현재 우리의 사회에 중요한 영향을 미치며, 따라서 현재에 나타난 이러한 역사적 사실을 정확하게 파악하고 이를 체험하기 위해서는 사회구성원들은 성찰적 사고를 끊임없이 연마해야 한다. 성찰성에 근거한 역사의식과 역사문화적 맥락을 비판적으로 분석할 수 있는 시각, 그리고 역사 스토리의 구성방식과 관련된 문제들은 매우 중요한 사회적 쟁점이다. 이미 역사적 표현물과 표상물의 창조작업에 주안점을 두는 연구 범주인 공공사(public history), 역사연구와 사고를 직접적인 사회문제와 정책 결정에 적용하는 응용사(applied history) 연구의 모습들이 보인다(Kaye, 2004). 따라서 관광 분야에서 역사문화를 주요 관광자원으로 이용하는 과정에서도 광범위한 문화 속에서 현재 진행되고 있는 담론들과 역사의식에 꾸준한 관심을 기울여야 한다.

최근 우리 사회는 역사교육과 연계된 공공문화를 위한 새로운 종합적 지식을 요구함으로써 일방적 거대 담론이 지배하는 효율성 중심의 사회가 가진 문제점들을 해결해가고 있다. 역사연구와 학습을 통한 성찰성 함양은 과거와 현재 사회에 대한 비교 인식, 현재와 미래의 문제를 해결하는 대안점 제시 등을 가능하게 함으로써 우리에게 의미 있는 도움을 제공한다. 따라서 앞으로의 문화와 역사담론과 관련하여 유념해야 할 우리의 주요한 과제는 단순하게 특정 역사적 사실을 찾는 것을 넘어 역사의 개념과 의미, 그리고 그 분석과 해석에 대한 경계를 스스로 규정해보는 일이다. 이를 통해 사람들은 왜 역사적 사실과 유물들을 보존하는가라는 해답 역시 얻을 수 있다.

문화적 상호작용을 실용적으로 산업화한 관광분야는 새로운 사회적 파급효과를 지니고 있다. 역사문화의 성찰적 회고는 긍정적인 일상생활의 재활성화에 대한 촉매제 역할을 담당할 수 있으며, 새로운 역사적 공간의 발전 전략으로 부상할 수 있다. 또한 역사의 보존과 변화에 대한 관리는 시민생활의 다양성 확보라는 측면에서 그 중요성이 내재해 있다(김기호, 2012). 역사문화관광을 향유하는 관광객 대부분은 누구나 자신의 실존과 관련된 과거의 기억과 사실에 대해 성찰하고자 하는 열망을 가지고 있다. 때로는 안타까웠던 역사적 기억조차도 역사적 사실로 보존되었을 경우 현재 유희의 도구가 되기도 한다. 사람들은 개인적인 기억을 선명하게 하고 친숙하고 공통된 기억들을 공유하기 위해서 역사문화자원 공간으로 모여든다. 그것은 과거를 통해 현재의 노력을 무기력하게 만들면서 미래 희망에 대한 신뢰를 저버리는 행동이 아니다(Lowenthal, 2006). 과거의 기억은 역사적 사실의 분석틀을 만들고, 이는 거대한 회상구조를 만들어 미래를 전망하고, 상상하는데 도움을 주게 된다. 과거 기억의 흔적을 통해 나타나는 사람들의 상호작용 속에 내재된 친밀성을 표현하는 것이다. 친밀성이 공감될 때 사람들 간 의사소통과 상호작용은 원활하게 일어나며, 자본의 입장에서는 그 친밀성이 과거를 상품화하여 판매하는데 도움을 주기도 한다. 과거의 역사문화를 올바르게 체험하고자 사람들이 다양한 역사문화에 대한 교육을 원하는 것은 이 같은 이유 때문이다.

사회구성원들의 욕구 충족을 위하여 최근 많은 역사문화관광지들이 개발, 운영되고 있다. 역사에 대한 체험은 이러한 과거로의 여행을 꿈꾸는 사람들의 감정을 끄집어 낼 수 있도록 도와준다. 광범위한 문화체험의 목적에 따라 관광을 하는 사람들은 진지한 순례자와 천박한 방문객들로 나누어지기도 한다(Pfaffenberger, 1983). 이 같은 사회구성원들의 과거에 대한 갈망은 유물이나 기록 속에서 충족 가능하다. 특히 이전에 귀중한 문화유산을 잃어버린 경험이 있는 정복당한 경험이 있는 민족의 경우는 정당한 소유권 문제를 비롯하여 보존전문지식, 과거 유물을 감상하기에 적당한 지역 확보와 문화재 보존에 이르기까지 그들의 집단적 기억에서 중요한 문제들을 역사적 사실로부터 추출해낸다(Lowenthal, 2006). 향수를 자극하는 유산산업 역시 사회구성원들 스스로가 자신감이 약화되거나 위협을 받을 경우에 일종의 사회적 연화제로서 그들의 문화적 정체성을 강화시켜주기도 한다(Kaye, 2004). 하지만 그 과정에서 역사문화유산이 한 민족의 문화적 잠재력을 사회적으로 발현시키는 것이 아니라 자본에 의해 영리목적으로만 개발되는 것에 대한 우려의 목소리 역시 높다.

바로 이 역사문화자원을 이용한 사람들의 체험 욕구를 만족시키는 대표적인 산업 범주가 관광인 것이다. 특히 역사문화자원을 이용한 관광에 대한 분석의 기저에 깔려 있는 의미를 말리노프스키(Malinowski)의 논의를 통해 살펴보면 흥미롭다. 그는 식민지 상황에서의 접촉과 변동의 세계가 세 가지의 사회문화적 실제로 구성된다고 보았다. 첫째 토착적이거나 전통적인 것, 둘째 현대적이거나 산업적인 것, 셋째, 과도적인 것으로 보았다(Malinowski, 1945). 그의 논의대로라면 식민지 생활과 같은 역사적으로 체험한 슬픈 기억의 집단적 기억조차도 문화자원으로의 가치가 존재하는 것이다. 이러한 과거의 역사적 사실들에 대해서 안정된 현재에 근간을 두고 잠시 과거 시간을 성찰해 보는 것으로도 멋진 여행을 경험할 수 있다. 최근 사회구성원들의 문화적 욕구를 반영한 다양한 관광 상품이 지속적으로 개발되고 있다. 이에 따라 역사적 사실에 대한 확인 작업이 끊임없이 이루어져야만 지금의 역사적 사실의 관광자원화 전략이 지속가능해질 것이다.

이처럼 역사문화관광은 역사적 사실을 자원화하여 이를 대규모로 운영하는 산업이며, 그 과정에서 현재와 유사하거나 상이한 문화와 환경들을 적절하게 표현해낸다. 또한 문화와 관습이 내재된 무형의 역사적 사실과 유형의 역사유물들과의 교호작용은 어떤 지역과 공간에 의도하지 않은 문화적 충격을 가하기도 한다(GreenWood, 1989). 따라서 인문학자, 사회과학자, 윤리학자 중 일부는 자본에 의해 무분별하게 진행되는 역사자원의 관광자원화에 대해서는 우려를 표명하기도 한다.

역사적 사실의 공유는 문화적 정체성을 규정하는데 중요한 역할을 한다. 이와 관련하여 기어츠(Geertz)는 문화를 실제의 본바탕을 확립시키는 통합적인 의미체계라고 논하면서 그 고유성이 생활 경험에 부여하는 윤리적인 면을 강조했다. 또한 자기 문화의 고유성에 대한 참여자들의 믿음을 왜곡하거나 혼란시키거나 부인하는 것은 모두 암시적으로 문화의 고유성에 화해의 위협을 가한다고 논했다(Geertz, 1957; 1966; 1972). 따라서 역사문화자원을 이용한 관광자원화 과정은 사람들에게 진지한 회고활동과 같은 정신적 사고를 가능하게 한다는 점, 사회구성원 간 다양한 문화를 통해 서로 다른 의미체계의 의사소통이 일어난다는 점 때문에 중요한 사회적 행위라 할 수 있다.

여하튼 역사자원을 이용한 관광은 체험을 통해 문화적 고유성에 대해 성찰할 수 있다는 점에서 사회구성원 각자에게 중요하다. 역사는 개인적 영역에서만 영향력을 발휘하는 것이 아니다. 이미 논의한 바와 같이 집합적 동질성을 표현하는 수단이기도 하다. 세계 곳곳에서 역사성이 민족 문화로 변용되어 대중매체에 노출되는 경우도 나타나고 있다.

역사문화가 관광자원 프로그램의 일부로 변형됨에 따라 그것은 대가를 지불받는 외현적인 공연으로 전환되기도 한다(Greenwood, 1989). 만약 역사문화의 관광자원으로의 개발 과정이 자본에 의해 일방적으로만 진행될 경우, 고유한 문화적 의미들, 이를 보유하고 있는 지역주민들의 이해관계는 특정 역사공간에서 모두 외면될 수도 있다. 역사가 가진 본원적 의미를 생각하지 않은 관광자원개발 과정은 사회구성원들 모두가 지속적으로 경계해야 하는 부분임에 틀림없다. 바로 이 점 때문에 역사문화자원을 이용한 관광활동 시에는 역사적 사실에 대한 분석과 이에 근거한 정교한 해석적 사고, 사회구성원들의 성찰적 사고를 가능하게 하는 교육과정이 중요한 것이다.

3 공간의 관광자원화 : 관광목적지 마케팅을 통한 지역 환경의 소비

1) 산업화, 자본주의 발전 단계에서의 개발 과정과 환경문제

인간은 산업화, 자본주의 발전 과정 속에서 물적 토대와 의식구조 사이의 조화와 갈등을 함께 겪어왔다. 이 같은 사회변동 과정은 각 시대에 존재하는 다양한 내적 구조라 할 수 있는 자연환경, 사회기반시설, 제도, 사회구성원의 문화적 욕구 등의 동시적 변화를 추동했다. 그 중 특히 생산체계의 변화과정은 인간 역사에서 외현되는 가장 구체적인 변화 모습 중 하나라고 할 수 있다. 역사적으로 전(前)산업사회에 존재한 전통적 생산체계에서는 주로 관습적인 욕구에 의해서 생산량의 조정과 산출이 일어났으며, 산업화를 거치면서부터 본격화된 자본주의

생산체계가 대두되었다. 이 시기 기술 개발과 개선, 혁신, 그리고 사회에서의 장려가 생산체계의 변화과정과 함께 나타나게 되었다. 이 같은 역사적 과정을 통해 외생된 새로운 경제 질서의 창출은 사회구성원 전체에 새로운 삶의 향유 방식을 도입하게 만들었다.

산업화와 기술혁신의 역사 과정은 오랫동안 진행된 인간의 생활기회와 삶의 가치를 대변해준다. 또한 그 발전 과정 속에서 인간은 자신이 속한 환경을 파괴하면서 생존해오기도 했다. 산업화에 의한 생산체계의 발전 과정에서 나타난 환경 파괴는 생태계 전반에 걸친 삶의 위기를 사람들이 주목하게 만들었다. 산업화, 자본주의 생산체계가 전 세계를 지배하기 이전의 경제생활은 기후조건이나 전쟁 등과 같이 인간 통제력 밖에 존재하는 사회적 변인에 의해서 그 운영방식이 불규칙적으로 정해져왔다. 하지만 산업화 과정이 진행되면서 점차 규칙적이고, 주기적이며, 계산가능한 기술적 생산에 의해서 경제생활의 운영이 이루어지기 시작한다. 자본주의가 발달할수록 산업 자본은 효율성의 원리에 의해서 더욱 집중되어 사회에 투입되었고, 국가 독점의 자본 형성과 자본 수출을 통한 지배영역의 확대가 전 세계적으로 나타나기 시작한 것이다. 생산량은 더욱 증가하게 되었고, 그 생산을 위해 필요한 수단으로서, 그리고 생산물의 소비에 의해 영향을 받게 되는 객체로서의 환경들은 점차 훼손되기에 이른다.

주지하듯이 산업화가 고도로 진행되면서 최근의 정보기술 시대의 도래를 맞이하게 되었다. 현대사회의 산업화 과정에서 나타나고 있는 두드러진 특징 중 하나는 과거 제조업 중심의 산업화 기제들과 기존 산업분포가 점차 서비스 중심의 3차 산업으로 바뀌고 있다는 점이다. 서비스 산업에서 환경은 새로운 소비자원으로 이용되기도 했는데, 이를 통해 환경의 경제적, 사회적 가치는 더욱 커지게 된다. 그리고 최근에 와서는 4차산업 혁명으로 명명되는 융합산업의 시대에 이르게 되었다.

이 같은 서비스 산업의 발전 과정에서 최근 관광은 사회의 주목을 받고 있다. 관광산업은 자연환경을 주요한 산업의 목적이자 자원으로 이용함과 동시에, 훼손하기도 쉬운 특성을 지닌 산업군이기 때문에 최근의 환경 문제에서 관광산업이 주요한 쟁점으로 부각되고 있는 것이다. 관광산업이 여러 가지 환경오염의 책임에서 자유롭지 못함은 분명하다. 한 예로 환경오염 중 온실가스 배출의 경우, 관광 관련 산업 분야에서 많이 나타나고 있다. 특히 항공기, 자동차 등 공간 이동을 해야 하는 관광의 특성으로 교통과 관련한 환경오염은 심각하다(UNWTO & UNEP, 2008). 그리고 관광산업 분야에서 자연환경은 소비자가 관광목적지를 형성하는 주요 자원으로도 기능한다. 이 같은 이유 때문에 관광분야에서는 환경문제와 관련한 사회변화에 대처할 수 있는 윤리적인 책무를 수행해야 하는 것이다(김남조, 2009).

우리는 환경과 관광의 관계에 대한 몇 가지 중요한 쟁점을 생각해 볼 필요가 있다. '환경보존이라는 책무를 이윤추구를 원칙으로 하는 관광

기업에게 일방적으로 요구만 했을 때 그 실현 가능성은 얼마나 되는가?', '친환경적 경영전략의 모델 설정을 통해서 환경보호와 수익창출이라는 상반된 가치들이 공존할 수는 없는가?', '관광객의 태도변화를 요구하는 친환경 관광으로 인해 관광객이 관광자원의 이용 과정에서 받게 되는 실제적, 심적 불편함을 보상해 줄 수 있는가?', '소비자들은 과연 친환경적 관광을 통해 생기는 불편함을 감수하고서라도 관광활동을 하기 원하는가?', '관광객이 지니는 친환경관광에 대한 태도와 실제 행동은 일치하는가?' 등의 질문들은 환경과 관광의 관계를 생각하는 과정에서 한번 쯤 고민해보아야 하는 쟁점들이다.

결국 자본의 이윤창출 메커니즘과 자연환경의 보전 문제는 병존하기 힘든 구조임에는 틀림없다. 이 같은 현상과 관련한 서구의 산업화 과정의 역사를 살펴보자. 일찍이 서구의 산업화와 자본주의는 서유럽의 상업적, 화폐적 사회를 근간으로 형성되기 시작했다. 16-19세기의 영국 산업자본주의는 급속한 발전을 했으며, 그 발전양식은 현재까지도 지속적으로 진행되고 있다. 과거 봉건사회에서는 영지(領地)를 경계로 생산조직과 초과노동 과정이 진행되었는데, 영주를 위해서 대부분의 과업들이 수행되었다. 하지만 추후 그 봉건사회가 점진적으로 해체되는 과정에서 자유노동이 등장하게 되었고, 농민 자산의 형성이 이루어지기 시작했다. 아울러 노동 지대가 현물지대, 화폐지대로 바뀌게 된다. 또한 수공업 활동이 길드(guild)라는 틀 안에서 진행되었고, 상인을 중심으로 한 부르주아지가 형성되는데, 이 시기부터 현재 진행되어오고 있는 산업화와 자본주의의 틀이 점차적으로 갖추어졌다고 볼 수 있다. 즉 근대 국가의 형성, 교역의 확대와 세계적 규모의 시장 확대, 수송 및 생산기술의 발달이 이 시기부터 체계적으로 진행되었다.

특히 17세기 무렵 본격적으로 나타난 부르주아지의 성장은 앞서 살펴본 사회변동을 가능하게 해준 역사적 사건 중 하나였다. 더군다나 점차적으로 국가라는 실체가 부각되면서 부르주아지는 국민 국가의 테두리 속에서 경쟁적이고, 독점적인 산업을 진행하게 된다. 17세기를 넘어 18세기를 지나는 계몽의 시기에 세계 무역의 확대 현상이 더욱 가속화되었다. 결국 이 모든 현상은 영국을 중심으로 한 자본주의의 강화로 이어지게 된다. 자본주의는 대부분 아메리카 식민지의 독립에 따른 새로운 상황에서 적응할 수 있게 변화하였고, 인클로저 운동, 농촌의 프롤레타리아화, 기술 진보 등을 통해 생산량 증대를 통한 사회발전의 여건을 만들어 주었다. 그 과정에서 생산구조의 매뉴팩처화 현상은 공장의 완성으로 하나의 성과를 거두게 되었고, 이를 통해 생산기반은 더욱 확장된다(Beaud, 2015). 지금까지 살펴본 일련의 서구 산업화 과정은 경제적, 사회적, 생태적 변형의 결과로서 나타난 급격한 성장과 진보의 모습이라 할 수 있다. 산업화 과정의 주된 요소는 공장제도의 성장, 임금노동의 확대, 기계제 생산에 대한 의존, 근대 공업도시들의 출현 등이다. 이 새로운 생산과정 및 생산단위들의 출현은 결국 추후 거대한 부(富)와 함께 환경 상태의 악화를 동시에 가져오게 된다(Foster, 2001).

추후 19세기까지 지속적으로 나타난 자본주의 생산양식은 주로 기계공업의 전개를 통해 더욱 확장된다. 18세기 말 영국에서 처음 생겨나기 시작한 공장들은 영국 내에서의 확장은 물론이고, 프랑스, 독일, 미국 등에서도 계속 해서 그 수가 증가했다. 공장의 확대는 당시의 주요 부분인 섬유 공업과 제철업에서 두드러졌다. 증기기관의 이용은 기계화를 통한 산출 극대화를 가능하게 하였으며, 또한 값싼 노동력을 고용하여 생산량은 크게 늘어났다. 산업화에 있어서 영국의 우위는 19세기 전반에는 압도적이었으며, 뒤이어 프랑스와 독일도 이와 같은 발전이 확대되었고, 미국에서는 독립에 의해서 완전히 새로운 시대가 개막되기에 이른다. 공장주들은 비싼 기계를 최대한 이용하기 위해서 작업의 효율을 높이기 위한 기술을 탄생시켜 생산의 대량화가 본격화되기에 이른다. 이 방식은 1880년대 펜실바니아의 미드베일 강철 공장에서 프레드릭 테일러(Frederick Taylor)에 의해 시작되었는데, 그 이후 현재 우리가 테일러 방식이라고 명명되는 과학적인 생산관리방식이 20세기 전체 사회를 완전하게 지배하게 된 것이다(Ponting, 2003).

이상 살펴본 역사적 사건들을 통해 전 세계적으로 제조업과 상업이 지배하는 사회로 변모한다. 유럽에서 공업의 비중이 증가하였으며, 그 과정 속에서 공업 고용이 증대되게 되어 도시화, 임노동자들이 많아지면서 새로운 계급 구조가 형성되었다. 그리고 이 같은 자본주의 산업화 과정은 도시화를 야기했고, 그 도시화 과정에서 지금까지 지속되어 온 환경오염 문제가 서서히 나타나게 된 것이다.

20세기에 들어와서는 더욱 체계화된 산업화 과정이라 할 수 있는 과학적 조직화에 근간을 두는 기업 형태가 사회 곳곳에서 나타나게 된다. 이는 추후 테일러주의와 포드주의로 명명된다. 최근 세계적인 다국적 그룹의 형성으로 확대된 자본주의 시스템은 이 같은 대량생산체계의 역사적 흐름 속에서 등장하였다. 자본주의는 생산력의 끊임없는 발전을 지향한다. 생산력은 기술이나 생산수단 뿐만 아니라 노동과정의 성격과 조직화에 영향을 미쳤다. 오늘날 자본주의의 요구에 의해서 증가한 자본축적의 과정은 산업화 이전의 생산양식의 해체와 함께 새롭게 집중화된 경제적 경쟁 압력을 야기하기에 이른다(신윤창, 2002). 생산력의 증가, 자본의 집중, 세계 경제체제의 확립 과정 등은 증가한 자본

축적의 운동력을 더욱 크게 확장시켜 증가한 생산량과 그 생산으로 인해 발생하는 거대한 환경문제의 시대적 흐름을 점진적으로 현 시대에 가져오게 되는 계기가 마련된다.

그리고 이 같은 산업화 과정에서 함께 발전한 것은 기술이었다. 이 기술은 생산과정에서 진보를 가져와 새로운 사회적 부를 창출했으며, 자연환경이나 사회에 존재하는 대부분의 재화들을 상품화하는 수단으로 이용되었다. 기술발전은 결국 자본 축적과 일정한 관계를 맺게 된다. 이와 관련하여 오코너(O' Connor)는 물리적인 자연이나 하부구조 자체는 상품이 아님에도 불구하고, 자본에 의해 상품화될 수 있다고 보고, 팽창적인 자본에 의한 자연의 자본화를 통해 스스로의 축적 기반이 되는 자연 공간과 같은 생산조건을 파괴하게 된다고 논의했다(O' Connor, 1988). 기술은 이 자연의 자본화를 가능하게 한다. 기술은 그것이 가진 긍정적 기능 외에 이 같은 역기능적 사회문제를 함께 야기하는 수단으로 작용한 것도 사실이다. 그 과정에서 자연의 자본화를 지속하기 위해서 정치적 문제가 개입하게 되는 복잡한 상황이 연출되기도 했다.

이처럼 산업화, 자본주의의 발달 과정에서 필요에 의해 다양한 기술들이 개발되었고, 그 어느 때보다도 기업에서 집약적으로 이용되었다. 일찍이 자본주의 상품생산의 새로운 가치 실현모델이 기술과 연계되면서 산업화의 과정은 더욱 급속도로 진행되었다. 산업혁명 과정 이후 지속적으로 이루어진 과학기술 혁명을 통해 기술은 산업과 상부상조의 관계를 유지해 왔다. 사실 자본주의 생산 양식의 확대는 주로 기계공업의 전개를 통해 일어났던 것이기 때문에 기술 발달이 산업화, 자본주의와 연계된 것은 당연한 일이라 할 수 있다. 기술 개발을 통해 사회가 쓸 수 있는 상품의 종류, 수 등이 계속 증대했기 때문에 결국 그 과정 속에서 여러 가지 의도하지 않은 형태로 환경에 영향을 미치게 되었다.

기술에 의한 대규모 공업화의 시초 단계에서는 직물과 쇠, 철강들이 대량 생산되었고, 증기기관, 철도, 중화학 공업이 등장하기도 했다. 이 단계에서는 기계화를 시행하거나 공장의 생산력을 증강시킴으로써 생산물을 더 빨리 만들어 내는데 주력했다. 또한 1840년대부터 증기기관과 철도가 영국과 기타 국가들의 공업화에 큰 역할을 하게 된다. 19세기말부터는 유기화학산업, 전기기계공업, 자동차 산업이 발전하기 시작하여 20세기 전반에는 화학섬유의 생산이 급속도로 늘어났다. 제2차 세계대전 후에는 나일론 생산이 확산되기 시작했고, 최근에 와서는 전자, 정보통신산업이 급부상하기에 이른다(Ponting, 2003).

이 같은 기술력을 통해 늘어난 생산량만큼 자연환경은 급속도로 훼손되기에 이른다. 지금까지 살펴본 산업화 과정을 통해 엄청난 양의 에너지, 특히 석탄과 석유 등 화석 에너지와 금속 사용의 양이 증가했기 때문이다. 다양한 기술을 중심으로 산출된 연료와 또다시 이를 이용한 생산량의 비약적인 증가는 산업화 과정에서 화석연료를 이용한 생산력의 확장구조를 만들게 되었다. 따라서 증가한 생산량만큼 더욱 거대한 환경문제를 야기하게 된다. 과거 산업화와 자본주의 과정은 인류에게 물질적인 풍요를 가져다주었지만, 대기, 수질, 토양 등에 직접적인 위해를 가하는 같은 직접적인 환경문제를 일으켰다고 볼 수 있다.

현재 우리가 흔히 말하는 환경(environment)이라는 용어는 일반적으로 '어떤 사물을 둘러싸고 있는 것'으로 포괄적으로 해석되기도 하고(Humphrey & Buttel, 1995), '유기체의 삶에 영향을 미치는 외부 조건과 힘 또는 모든 종류의 개체군의 생존을 지탱해주는 물리적, 생물적 하부구조'라고 구체적으로 정의되기도 한다(박재묵, 2004). 환경은 사회구성원들에게 물, 공기, 음식 등 다양한 목적을 위해 필요한 물질과 자원을 제공해 준다. 환경문제의 발생은 기술적, 사회적 관계 속에서 진행되어왔다. 그 환경은 재생 가능한 것과 재생 불가능한 것들이 있으며, 각 자원의 공급과 수요에서 많은 사회적 갈등이 야기되기도 한다(전광희, 2004). 환경문제는 인간과 환경의 상호작용 속에서 발생하게 되는데, 발달된 기술력에 의해 생산된 상품의 지속적인 소비는 자원 고갈 및 환경 파괴의 문제를 가져왔으며, 기술력의 확장과 발전은 환경문제를 더욱 추동하기에 이른다.

최근 이 같은 기술과 환경의 관련성에 초점을 두어 논의되고 있는 지속가능한 개발(sustainable development)이라는 개념은 미래 환경문제의 개선을 위해 세계적으로 합의점을 도출해 낸 환경문제에 대한 개발 및 보전 원리이다. 지속가능한 개발 개념은 환경과 발전에 관한 국제연합(UN)에서 발간한 「우리의 일상적인 미래」(Our Common Future)에서 제시한 후, 1992년 리우 환경회의에서 「Agenda 21」을 통해 '환경적으로 건전하고 지속가능한 개발'이라는 개념으로 확대 적용되었다. 이 지속가능한 개발의 개념과 합의에 대한 논쟁은 1990년대 이후부터 더 다양하게 전개되었다. 지속가능의 의미를 자연환경과 경제발전 가운데 어디에 더 중점을 두고 있는가를 둘러싸고 다양한 논쟁이 일어난 것도 이 즈음이다. 지속가능성은 생태적, 경제적으로 지속가능해야 함을 의미하는 용어라 할 수 있다(민웅기, 2011). 일반적으로 생태적 구성체가 물리적으로 지속가능하기 위해서는 자원의 이용률이 그 자원의 재생 속도를 맞출 수 있어야 하며, 재생불가능한 자원의 이용률은 대안적인 지속가능한 자원의 개발되는 속도를 넘어서면 안 된다. 또한 오염과 서

식지 파괴가 환경의 정화 능력을 초과하게 해서는 안 된다(Foster, 2001). 지속가능한 개발이 추구하는 목적은 자연환경을 보전하면서 사회의 전반적인 발전양식을 미래세대에 전승하는 것이다. 하지만 앞서 고찰한 바와 같이 물질적 풍요를 가능하게 해주었던 기술발전, 산업화의 역사적 과정이 환경적 측면에서는 한 사회가 지속가능한 삶을 영위하는데 심각한 위협을 가하는 상황을 초래하게 된 것이다.

2) 환경과 관광

(1) 지역 환경개발과 관광

역사적으로 지속되어 온 생산량의 증가와 더 높은 자본 투자는 산업 분야를 다양하게 확대시켰다. 확장된 생산량과 함께 나타난 소비성향은 산업화와 자본주의 시스템을 더욱 견고하게 하였다. 자본주의의 발전 과정에서 두드러진 특징 중 하나는 20세기에 금융, 광고, 관광 등의 3차 서비스 산업이 크게 확대되어 성장하고 있다는 점이다. 새로운 기술의 발달로 경제적인 부가 창출되었고, 물질적 풍요로움이 생기면서 사람들

은 무형의 상품에 대한 소비에 관심을 보이기 시작했다. 특히 주목할 만한 사건은 20세기 노동자들의 유급휴가가 늘어나면서 여행이라는 새로운 산업기제가 등장하게 된 것이다. 18세기 유럽의 귀족층만이 주로 이탈리아의 고대 로마유적지를 구경하는 그랜드투어를 즐기며 상당 기간 여행할 수 있었다. 그러던 중 1841년 토마스 쿡(Thomas Cook)이 특별 유람열차를 마련하면서 새로운 산업 분야인 관광산업이 등장하게 된다. 관광산업이 나타나자 호텔이 들어섰으며, 호텔을 철도회사나 그 관련사가 경영하는 경우가 생기기도 했다. 또한 자동차의 보급으로 휴가를 즐기는 방식의 폭이 넓어지고, 시설에 대한 수요도 커지게 되었다. 제2차 세계대전 이후에는 민간 항공이 늘어나면서 대규모 관광이 세계적으로 확대되었다(Ponting, 2003). 이 같이 급속도로 확장된 관광산업은 현재 많은 국가들의 중요한 수입원이 되고 있다.

하지만 시간이 흐르면서 세계의 관광산업 역시 다른 산업화 과정과 마찬가지로 환경 문제에서 자유로울 수 없게 되었다. 유럽의 여행객들이 지중해 지역에 집중되면서 수질을 오염시켰으며, 호텔들은 주변의 다른 지역과의 조화와는 상관없이 무분별하게 들어섰다. 그 과정에서 관광산업이 가져다 준 환경오염은 심각했다. 관광은 자연환경을 통해 관광객을 만족시키는 사회 순기능적 역할을 충실히 수행함과 동시에, 그 과정에서 환경의 훼손이 함께 진행되었다. 그 자연환경의 훼손은 결국 이를 이용하는 관광객의 경험과 연계되고, 궁극적으로는 특정 공간의 관광자원으로서의 정체성과 가치를 상실할 수도 있게 된다. 다양한 자연환경을 배경으로 한 관광활동 경험이 소비자의 심리적 보상이나 만족에 긍정적인 영향을 미치고 있는 현 시점에서 관광과 자연환경은 더욱 상호의존적인 관계를 맺어나가고 있다(신원섭, 2005). 오늘날 대부분의 자연환경은 직접적이든 간접적이든 인간의 간섭에 의해 변화가 일어난다. 따라서 인간 활동인 관광으로 인한 자연환경의 수용력이 무너지는 현상을 경계해야 한다.

이와 관련한 대표적인 예로 관광과 지구온난화의 관계를 살펴보자. 전 세계적으로 기온은 점차 상승하고 있다. 이 같은 현상은 산업 혁명 이후의 화석연료 사용에 기인한다. 또한 현재의 온실가스 농도는 산업화 이전에 비해 엄청나게 증가한 정도를 나타내고 있기도 하다(Walker & King, 2008). 그리고 관광은 이 같은 기온 상승에 영향을 미쳤다는 것을 부인할 수 없다. 공간의 이동을 통한 타문화 체험이라는 관광의 특성 때문에 이동 수단에서 나타난 탄소배출량은 환경오염을 초래하였다. 제2차 세계대전 이후 급속히 증가한 주요 환경오염원 중 하나는 바로 자동차였다. 배기가스를 줄이는 노력이 과거 산업화 시기에는 거의 없었기 때문에 가솔린, 납 등에 의한 오염은 지속적으로 진행되어왔다. 인간이 방출한 최대의 온실효과 가스는 이산화탄소인데, 이것은 화석

연료가 선진국의 생활양식을 유지해주는 중추가 된 지난 200년 동안 쌓여온 오염원이라 할 수 있다(Ponting, 2003). 관광 역시 이러한 오염원의 배출을 지속적으로 진행시켜왔다.

지역으로서 하나의 공간이 지속가능한 관광자원으로 자리 잡기 위해서는 관광산업의 특징상 개발과정에서 교통시설을 통한 접근성에 대한 고려가 중요하다. 산업화 과정에서 진행된 자동차의 보급은 사람들에게 많은 혜택을 주었지만, 그 동안 없었던 공간과 관련한 새로운 사회문제도 많이 만들었다. 자동차 수의 증가는 더 넓은 도로의 건설을 필요로 했고, 쇼핑센터가 외곽지역으로 물러나는 계기가 되었다. 이로 인해 외곽 장소로 이동하기 위한 교통정체나 대기 오염 등의 사회적 불이익이 따르게 되었다. 구체적인 교통 체계 내에서도 자동차 도로, 철도, 항공기 노선 등에 따라 그것에 이용되는 에너지와 사회비용은 다양하다. 따라서 환경을 고려한 공간의 자원화를 위해서는 단순히 관광자원뿐 아니라 관광을 매개하는 여러 가지 수단과 경로까지도 고려해야 하는 복잡한 문제에 직면할 수밖에 없다. 관광산업이 환경, 도시, 교통정책과 밀접한 관련을 맺고 있는 것도 이 같은 이유 때문이다.

관광은 공간을 이동함에 있어 필요한 온실가스를 발생시키기도 하지만, 그와 동시에 기후를 관광자원으로 이용해야 하는 종속적 상황이 발생하기도 한다. 따라서 관광산업을 발전시키는 과정에서 기온과 같은 자연환경이 우리 사회에 미치는 영향을 정확하게 인식하여 이를 체계적인 경영, 개발 전략으로 전환시켜야 한다(김남조, 2011). 관광활동에 있어서의 환경적 고려는 과거 산업화와 기술발전의 과정에서 누적적으로 진행되어 온 과정인 만큼, 더 이상 회피할 수 없는 시대적 책무이다. 특히 환경의 수용력을 고려한 수요 창출은 지속가능한 관광의 산업화 과정에서 반드시 필요하다. 또한 관광객의 수요와 동기의 유형들을 환경과 연계시켜 사회적 가치를 창출하는 산업적 대안도 필요하다.

이처럼 관광자원 공간의 환경을 오염시킬 유발시킬 수 있는 관광산업이 특정 지역에서 생태적으로 지속가능하게 발전할 수 있을지에 대해 판단하기 위해서는 수많은 사회 변수들을 고려해보아야 한다. 적어도 지금까지 진행되고 있는 산업화 과정에서 나타난 사회변동의 속도에 대응하여 환경오염 과정에 대해 사회적 책임을 공유하고, 이를 고려한 다양한 경영전략을 세우는 관광산업 부문에서의 자생적인 노력이 필요하다고 할 수 있다.

(2) 친환경 관광마케팅과 윤리 문제

산업화와 기술 발전의 역사적 과정에서 나타난 생산량의 확대 및 환경과의 대립 구조에 적극적으로 대응하기 위한 기업들의 전략경영은 빠르게 변화해왔다. 산업혁명이 전파된 시기에 당시 사회는 생산성이 향상되었고, 이와 함께 효율성에 입각한 경영상의 변화는 빠른 속도로 진행되었다. 이제 각 기업들은 모든 사회적 관계를 고려한 조직구조를 고민하게 되었고, 이에 따른 표준화된 보편적 경영을 추구하기 시작했다. 더 나아가 기업이 자체의 이윤 생산 메커니즘 이외에 전반적인 사회부문(social factor)과 연계할 필요가 있음을 인식하기 시작했다.(Drucker, 1997).

이제 기업의 경영자는 기업 성과에만 책임을 지는 것을 넘어 지식의 적용과 사회적 책임성에 대해 인식해야 한다. 즉 기업 경영에서 환경에 대한 고려를 도입, 적용하는 일련의 움직임이 나타나게 되었다. 기업의 친환경적 경영전략이 본격적으로 사람들의 관심을 받게 된 것이다. 환

경 위기를 극복하기 위해서 기업은 이윤추구라는 경제원칙을 어기지 않는 범위 내에서 어떻게 친환경적으로 바꿀 수 있는가에 대한 문제의식을 가지게 되었다. 그리고 그 실천전략의 하나로 기업경영의 친환경적 변화에 사람들은 주목했다. 물론 아직까지 이 같은 기업의 환경주의는 일차적으로 이윤 추구의 목적에 의해서 추동되는 경향이 강하다는 점을 부인하기 어렵다. 생태적 재구조화 과정에서 하나의 행위 주체로서 기업에 대해 가지는 사회적 기대는 그 이윤 동기를 중심으로 인식될 수밖에 없다. 기업의 환경에 대한 고려를 사회적 윤리성에만 의존해서 자발적으로 이루어지기를 기대하기는 어렵다(이득연, 1994). 일반적인 경영 지식 이외에 사회와 공생할 수 있는 환경 지식을 기업 이익 추구 전략에 적용하여 이를 실현시킬 수 있어야 한다.

기업이 환경 친화적 경영 전략을 도모하는 것은 기업의 사회적 책임성에 대한 자각뿐만 아니라 경제적 손익계산에 기초한 것일 가능성이 높다. 기술 중심 사회의 빠른 변화는 다양한 상품들을 생산해냈고, 소비자들의 욕구와 개성 역시 다양하게 만들었다. 고객의 소비 욕구를 만족시키기 위한 노력은 기업생존에 있어서 필수적인 요소가 되었다. 기업의 친환경 경영전략은 사회 윤리의 문제와 결부된 기업이 추구해야 할 주요 가치라고 할 수 있다. 기업이 이윤추구의 논리를 훼손하지 않으면서 산업화 과정에서 필연적으로 등장하게 된 환경 문제를 극복할 수 있는 방안 중 하나는 친환경 상품을 구매하고 싶어하는 소비자의 구매욕구를 이용해 이들의 환경친화적 경영 요구에 응대하는 것이다.

이제 많은 기업들은 소비자를 만족시키기 위한 마케팅 활동 과정에서 환경 공간에 대한 책임까지도 고려해야 하는 상황에 이르렀다(조학래, 2008). 기업의 사회공헌활동은 기업과 사회, 소비자가 서로 이해관계를 만족시킬 수 있는 대표적인 경영전략의 하나로 자리 잡기 시작하였다(김용만 · 이승철, 2004). 이처럼 기업들 사이에서 하나의 트렌드로 자리 잡은 사회공헌적 마케팅 중에서 최근 가장 활발하게 진행되고 있는 방법이 그린마케팅(green marketing)이다(Hanas, 2007). 이 방법은 환경에 대한 기업의 사회적 책임을 바탕으로 경제적 목표와 공익적 가치 모두를 만족시키기 위한 구체적인 실행 과정이라고 할 수 있다. 급속도로 진행된 산업화로 인해 발생한 지구온난화와 같은 환경문제들에 소비자들은 관심을 가지게 되었고, 그들의 상품 구매 과정에서 환경을 고려하는 새로운 소비 성향이 나타나기 시작한 것이다. 기업은 이에 대한 적극적 대응으로 친환경 마케팅 전략을 도모하게 되었다. 소비자의 환경 인식 정도가 높아질수록 기업의 환경에 대한 사회적 책임의식의 실천도 중요해졌다(Ponting, 2003). 환경문제에 대해 기업이 사회적 책임을 져야 한다는 인식은 이제 폭넓은 공감대를 형성하고 있다. 따라서 기업은 환경 문제에 대한 수세적인 적응 전략보다는 적극적인 마케팅 전략을 수립할 필요가 있다.

다른 산업에 비하여 자연환경과 매우 밀접한 관련을 맺고 있는 관광산업 분야에서의 이 같은 노력은 절실하다. 관광상품의 마케팅 단계에서 관광자원의 환경적 측면은 관광의 실질적 편익을 결정하는데 중요한 역할을 한다. 헬스관광, 학습관광 등의 포스트모더니즘적 관광형태는 친환경 관광마케팅을 위한 주요한 범주가 될 수 있다. 소비자의 세분화된 개인적 기호와 목적에 맞추어 덜 구조화되고, 독립적이며, 사회에 공헌할 수 있는 관광자원에 대한 마케팅을 할 필요가 있다. 하나의 예를 들면 저탄소녹색관광의 경우, 기후변화와 관련된 사회적 분위기가 최근 조성되면서 급속히 확산되고 있다. 이는 소비자 스스로가 대중관광이 갖고 있는 관광공간 이용 과정에서의 환경에 대한 부정적인 영향력을 극복, 쇄신하려는 의지를 가짐으로써 생긴 현상이라 할 수 있다.

소비자가 스스로의 불편함을 감수하고서라도 그러한 친환경마케팅을 적절히 수용하게 하기 위해서는 소비자들을 위한 교육지원도 뒤따라야 한다. 특히 공공성을 근간으로 하는 국가의 제도적, 정책적 노력뿐만 아니라, 시민사회에서는 환경윤리의 학습이 가능한 교육콘텐츠를 창조하고 이를 시민들에게 전달하는 역할을 담당해야 한다. 소비자들은 친환경 관광자원의 소비를 통해 이를 자신의 정체성과 연계해 낼 수 있다. 친환경 관광은 잘 운영될 경우, 관광객들에게 윤리적 자아를 구성할 수 있는 기회를 제공할 수 있다. 이처럼 관광업체의 친환경 마케팅 전략은 국가, 시민사회와 함께하는 연대의 방향으로 진행될 때 더욱 효과적으로 발휘될 수 있다. 윤리경영, 환경에 대한 사회적 책임활동에 주목하고 있는 현 경제 질서 속에서 관광산업 역시 그 사회적 책무를 충실히 수행해야 한다.

최근 들어 관광 관련 기업들은 사회적, 환경적 지속가능성을 유지하면서 이윤을 지속적으로 창출할 수 있는 새로운 환경마케팅 전략을 지속적으로 개발하고 있다. 2000년 이후로 미국 특허청에 등록된 환경보호 또는 환경 관련 상품과 브랜드, 로고 건수가 증가하여 각 기업들이 그린마케팅을 확대 실시할 계획을 가지고 있을 정도로 그 규모와 범위는 계속적으로 증가 추세에 있다(최경운, 2010). 관광에서의 친환경 마케팅은 소비자가 직접 환경에 개입하여 활동하는 관광의 특성을 효과적으로 이용할 수 있다. 직접 관광활동을 체험하면서 그들의 환경보호의식을 고취시킬 수 있으며, 이를 통해 기업의 해당 브랜드 이미지와 충성도를 긍정적으로 높일 수 있다(신상무 · 김도훈, 2010). 소비자들은 친환경 마케팅을 실시하는 기업에 대해 긍정적으로 평가로 작용할 수 있으며, 더 나아가 소비자가 친환경 경영전략을 세우는 기업의 가치와 신념에 자신의 자아를 동일시시킴으로써 궁극적으로는 특정 기업의 상품 구매를 지속적으로 이어나갈 수도 있다(이은미, 2008). 이 현상은 자연스럽게 기업브랜드에 대한 소비자들의 충성도를 높여 기업 입장에서는 상품판매 증진으로 이어질 수 있는데, 시장 점유율이나 수익성 측면에서 유리한 위치를 점유할 수도 있다.

이처럼 환경과의 조화를 고려한 관광관련 산업체의 친환경 마케팅은 소비자의 삶의 질을 향상시키고, 기업의 책임감과 경제적 수익 모두를 창출할 수 있다는 점에서 주목해야 한다. 환경과 긴밀한 관계에 놓여 있는 관광자원은 관광상품으로 개발되었을 때, 그것의 소비가 친환경적이라는 사실에 근거하여 고객들에게 마케팅 전략을 세울 수도 있다. 최근 다른 기업의 경우와 마찬지로 관광기업 역시 지구적 환경을 적극적으로 고려하는 전략 경영상의 노력이 없다면 추후 소비자들의 외면을 받을 수 있다. 지구적 자원의 공유를 통해 환경과 인간 활동이 공생할 수 있는 공익적 가치를 창출할 수 있어야 한다(김지응 · 박지양,

2012). 이제 관광상품 구매를 위한 의사결정과정에서 총체적인 사회적 신뢰(trust)가 중요한 선행요인으로도 작용할 수 있을 것이다.

이상 논의한 바와 같이 환경에 대한 기업 활동이 급속히 변화하는 사회구조 속에서 일찍이 베버(Weber)가 말한 책임윤리는 우리가 한번 쯤 주목해야 하는 개념이라 할 수 있다. 사회구성원들이 목표와 대안 사이에서 그 결과를 예상하고 심사숙고의 검토과정을 거쳐 일정한 방식에 이르렀다면, 사람들은 그 행위에 대한 결과에 대해서는 스스로 책임을 져야 한다는 논의이다(정문길, 1984). 결국 이러한 책임윤리의 정립을 위해서는 수단과 목적 간 분명한 구분을 할 수 있어야 하며, 목적은 수단의 선택을 한정할 수 있어야 한다. 환경 문제의 개선은 오랜 산업화와 자본주의 발전의 역사적 과정 속에서 최근 부각되고 있는 중요한 사회적 목적이자 가치일 수 있다. 그 사회적 목적을 실현하는 수단은 또 다른 목적을 추구하는 수단과 대립되기도 한다. 만약 사회에서 어떤 한 목적을 고려하였다면, 그 목적을 받아들일 수 있는 일관된 사회적 결과가 자연스럽게 나타나게 되지만, 그것과는 다른 목적의 관점에서는 전혀 받아들일 수 없는 상황에 직면하기도 하는 것이다. 현재 환경 문제와 기업의 이윤 추구의 서로 다른 목적과 가치, 그리고 이를 추구하는 수단은 대립할 수밖에 없다. 이윤추구의 과정 속에서 나타난 환경 문제에 대해서 사람들은 현재 스스로 책임을 지고, 이를 해결하기 위한 새로운 목적을 위해 행동하고 있다. 더 나아가 이 대립되는 두 개념을 양립시키기 위하여 지속적인 노력을 경주하고 있는 것이다. 다른 산업과 마찬가지로 관광 분야에서도 마케팅 과정에서 이 같은 환경 윤리의 문제를 고려해야 하는 시기가 찾아온 것이다.

3) 관광객의 소비문화와 관광목적지의 이미지

(1) 관광공간 소비의 문화적 함의

근대사회와 구별되는 포스트모던 사회의 문화적 특징 중 하나는 복잡한 사회적 관계망 속에서 사람들이 스스로 자신의 자아(self)를 생각해 보려는 시도를 많이 하게 되었다는 점이다. 현대사회에서 사람들은 타인과 자유롭게 상호작용하고, 의사소통하는 과정 속에서 그들의 공동가치인 생활 스타일과 신념, 지향점들을 구성해나간다. 하나의 문화는 외계의 다양한 환경에 의미를 부여하기도 하고, 다양한 행위들의 표출 과정을 통해 사람들이 이를 해석하고 스스로 개념을 규정하도록 도와준다. 주체적인 사회구성원의 행위와 이를 해석하는 문화적 사건, 그리고 다양한 맥락 등의 문화적 기호군이 합쳐질 때 문화는 그 고유의 의미를 발현하게 된다. 바로 이것이 소통의 한 수단으로서의 문화적 의미가 탄생하게 되는 경우이다. 최근의 급속한 환경적 변화들로 말미암아 문화향유 과정에서 문화 주체의 자율성과 문화생활의 대상, 문화상품 등으로 구성된 문화객체의 체험 욕구들이 증가하고 있다(Tenbruck, 1967). 이 같은 시대의 흐름 속에서 의미를 창조하는 인간의 원초적인 능력은 그들을 문화적 존재로서 특징짓기에 충분하다.

앞서 잠시 언급한 바와 같이 기어츠(Geertz)는 문화가 단순히 사회통합을 보장하기 위한 단조로운 메커니즘이 아니라 사회생활의 능동적이고 구성적인 특성을 지니고 있음을 주장했다. 또한 문화는 사람들이 주변 세계를 인지적 차원에서 뿐만 아니라 정서적 차원에서도 유의미한 것으로 만드는데 필요한 상징적 원형을 제공한다고 보고 있다. 즉 기어츠는 문화를 해석이 필요한 기호, 상징, 신화, 관례, 습관으로 이루어진 본

잡한 구성물로 이해한 것이다. 문화에 관한 분석은 법칙을 탐색하는 실험적 과학임과 동시에 의미를 탐색하는 해석적 과학의 성격도 지니고 있다(Geertz, 1975).

현대 우리사회의 문화는 과거에 존재한 일정한 환경적 구조와 개별 요소들의 다양한 구성적 속성이 교차하는 보다 융합적인 형성 과정을 거치고 있다. 이 소통의 문화는 타 문화구조와의 문화접촉 기회를 촉진하고 있다. 오늘날 관광은 이 같은 문화가 지닌 구성적 요소들의 상호작용을 통해 소통으로서의 의미를 지닌 소비문화활동으로서 급속히 확산되고 있다. 관광은 환경이 지닌 인간에 대한 영향력과 인간 행위 속에 내재되어 있는 문화적 특성 사이의 상대적 자율성(relative autonomy)의 확보를 가능하게 해주는 중요한 역할을 한다. 관광에 근간을 둔 행위자의 소비문화는 그들의 활동을 통해 새로운 문화구조의 형성을 설명해준다(Peterson, 1976). 일찍이 그리스올드(Griswold)는 다양한 매체에 의해 생산된 생산물을 받아들이는 문화 수용자는 수많

은 문화정보들 중에서 동일한 것을 선택할 확률이 낮을 뿐만 아니라 특화된 각자의 취향집단들로 세분화될 가능성이 내재해 있다고 말했다(Griswold, 1994). 반면 리처(Ritzer)는 획일화된 세계화의 영향으로 국제사회가 동질화된 문화 구조로 재편될 가능성 역시 존재한다고 반대주장을 펼치기도 했다(Ritzer, 1996). 이처럼 많은 학자들은 현대사회가 지니는 문화의 특징에 대한 서로 다른 의견을 제시해오고 있을 만큼 문화와 관련된 논의는 많은 이론적, 실제적 쟁점들을 생산해냈다.

한편 관광객의 소비문화적 특성은 오늘날 관광활동의 영역에 많은 영향을 미쳤고, 그들 사이의 상호의존의 망을 급속히 전개시켜 복합 연계성(complex connectivity)의 정도를 높였다(Tomlinson, 1999). 오늘날 관광은 문화가 지닌 소통 개념을 확장시켜 문화의 주체(subject)와 객체(objective) 간 결합을 가능하게 한 새로운 간주관적(Intersubjective) 문화를 창출하기에 이른다. 현대사회의 일상공간에서 문화 간 소통과 그 소통 과정에서의 성찰(reflexivity)이 중요한 것은 바로 시공간의 문화적 근접성이 발생한 현대사회의 환경적 변화와 일맥상통한다고 볼 수 있다(Giddens, 1990; Lash, 2004). 이 같은 환경 변화를 통해 인간과 자연, 자연과 자연, 영역과 영역 등의 모든 혼종(hybrid)적 문화 범주를 연계시켜주는 의사소통이 현대사회에서 중요한 삶의 키워드로 등장하고 있다.

이 같은 문화의 혼종적 확장은 최근 각광받는 관광공간인 도시에도 영향을 주고 있다. 관광공간과 향유주체 간 상호작용 속에서 가시성, 의미성, 사회성, 역사성, 정체성, 권력성 등 경관요소에 내재한 융합문화적 속성이 도시공간 구성의 성향에 영향을 주고 있다(이무용, 2005; 2008). 이처럼 문화적 속성에 기반을 둔 관광의 소통, 성찰적 의미 연구는 오늘날 관광객 고유의 소비문화와 관련된 논의를 가능하게 했다.

생산중심의 사회를 벗어난 최근의 융합정보사회에서 주목할 수 있는 다양한 문화적 속성 가운데 현대사회에서 중요하게 인식되고 있는 개념 중 하나는 소비문화이다. 소비는 사회적 삶이 구현되는 핵심적인 활동의 장으로, 우리는 이를 통해 환경과 행동 간의 긴장을 일상적 토대 위에서 해소한다. 또한 다양한 상품화는 인간이 중요하게 선택한 사안들이 시장의 요건을 충족시키는 일임을 인식시키기도 한다. 현대의 소비문화 확산은 자신의 욕망을 점점 더 많이 지각하게 만드는 환경적 요인과 이에 따른 감정주의적 생활방식에 기인한다(Campbell, 1987). 이와 관련하여 페더스톤(Featherstone)은 소비문화에 따른 생활양식을 개인성, 자아표현, 스타일화된 자아의식의 개념으로 구체화하여 개인의 신체, 의복, 언어, 여가시간, 선호도 등에 의한 선택이 소비자로서의 감각과 개인적 취향에 따라 다르다고 보았다(Featherstone, 1991).

한편 관광은 특정 공간을 소비하는 과정에서 나타나는 문화적 특징을 표현한다. 또한 생활양식의 실현 과정에서 오는 인간 욕구의 해소를 도와준다. 사람들은 관광을 통해 정신적 이미지를 구성하고, 그 과정에서 자신의 상상적, 창조적인 힘을 이용한다. 소비자들은 심리적 만족을 얻기 위하여 공간 내 관광지 이미지를 소비하게 된다. 최근 관광과 연계된 공공의 소비문화를 이해하기 위해서 요구되는 부분은 개인들이 관광자원의 소비활동으로부터 단순한 만족을 추구하는 것을 넘어 친환경적인 측면에서 자신들이 구성해낸 공익적 소비활동에 도움이 되는 체험을 추구한다는 점이다. 이처럼 소비의 본질적 활동은 제품의 선택이나 구매, 사용이 아니라 제품 이미지 자체에 부여하는 상징적인 쾌락 추구이다. 즉 관광에 의한 소비활동은 대체로 물질적 환경에 대한 정신적 활동을 통한 소비라 할 수 있다. 관광이야말로 소비를 통한 소통으로서의 문화생활을 영위하기 위한 주요한 수단이라고 할 수 있다.

현대 소비문화 연구를 위해 행위자의 특성에 대한 분석은 중요하다. 인간의 특성과 관련한 그 각각의 변수들은 관광공간에서 우리의 삶을 개별적으로 구성하는 주요 요인들이다. 일상적인 생활세계는 개인들의 직접적 대면 관계로부터 매스미디어를 통한 간접적 대면에 이르기까지 무수하게 많은 사회적 상호 작용이 형성되는 곳이다. 포스트모던 사회에서 소비의 가치가 높아지고 있는 만큼 사회구성원들의 정체성이나 행위양식을 설명하기 위해서는 소비과정에 초점을 두어야 한다는 주장이 대두되고 있다.

특히 소비문화와 관련하여 새롭게 나타나고 있는 체험적 삶의 과정에 대한 분석이 그러하다. 이처럼 소비문화가 중요한 사회생활의 실천적 행위로 부각되는 것은 소비에 물질적 재화만이 아니라 재화 속에 체화된 구별되는 이미지, 표현되는 상징, 삶의 가치 등의 문화적 요소들이 내재되어 있기 때문이다. 다양한 소비활동 중 관광은 자신의 취향, 상황, 입지에 대한 성찰과 해석, 다른 환경과의 비교 등 자아와 존재에 대한 종합적 반성행위라 할 수 있다. 또한 관광은 새로운 생활양식들의 조직을 기능하게 만든다는 점에서 새로운 소통의 문화영역이라고 할 수 있다. 그것은 비물질적 상품의 소비는 단순한 교환가치 개념과 도구적 합리성 개념을 넘어 새로운 형태로 확장되고 있음을 암시한다. 관광을 통한 문화영역의 보편적인 확장은 상품을 구매 · 소비하는 행위가 상품 기호 및 재화의 상징적 속성에 의해 사람들의 만족에 영향을 미친다.

소비는 특정 공간으로 그 영역을 확대한다. 예를 들어 많은 도시들은 그 공간 자체를 관광자원으로 개발하기 위해서 노력하고 있다. 포스트모던 도시들은 그 의미의 표현 양태가 다르지만 기호와 이미지로 충만하며 소비, 놀이, 오락의 중심지로 하나의 거대한 소비상품이 된다(Featherstone, 1991). 소비문화는 특정 생활양식의 연출과 취향, 스타일의 복합성에 의해서 세분화된다. 따라서 소위 말하는 문화경제 체계에서 관광공간은 문화 향유 주체의 소비성을 고려한 시장 분절화가 요구된다고 볼 수 있다. 이 점 때문에 관광활동은 복잡한 환경적 문화구조의 영향을 받는다는 점을 알 수 있다. 한 사회집단의 문화적 구조를 통해 발생한 관광의 동기 및 상황적 구조는 관광객들의 의미구조 선택과정을 거쳐 관광 태도가 형성되며, 행위구성의 선택적 친화력을 가능하게 해주는 도구상자로서의 문화적 영향력이 매개되면서 구체적인 문화체험으로서의 관광활동에 대한 행동의 선택이 외부적으로 발현된다(민웅기, 2007b).

요컨대 관광을 통한 공간소비는 인간의 삶을 규정하고 문화를 내면화시킨다. 한편 인간이 직접 실천하는 문화적 행위 하나하나가 모여 특정 지역에 소비공간으로서의 정체성을 부여한다(Muller, 1992; 이유선 외, 2005에서 재인용). 이 같은 유형을 근거로 문화소비에 따른 관광자의 행동 유형을 범주화 할 수 있다. 인간 행동의 조건인 소위 3C라고 할 수 있는 조건, 선택, 인지(Conditions, Choice, Cognition)는 이 문화양식 속에서 규정되기도 한다(Walters, 1996). 이와 관련하여 리(Lee)는 특정 상품이 시장을 통과하는 과정에서 원래 상품의 가장 기본적인 사용가치가 상징적인 기호가치로 변형되기도 한다고 보았다(Lee, 1993). 공간에 기반을 둔 소비문화와 관련된 다양한 관광 연구를 통해 관광객의 행동 차이에서 파생된 문화적 구조를 파악하는 것은 장기적인 관광자원 개발 과정에서 함께 고민해 보아야 할 문제일 것이다.

(2) 관광공간과 장소마케팅

앞서 살펴본 것처럼 관광객의 행동은 문화 구조에 영향을 받는다. 일반적으로 관광문화 소비 주체인 관광객이 구매하는 관광자원은 다양한 요인에 의해서 상품화 과정이 결정되지만, 관광장소에 내재한 이미지는 상품을 선택하는 행동에 있어서 중요한 변수 중 하나이다. 이미지는 관광소비자가 상품이나 시설 등에 대하여 가지는 종합적이고 전체적인 인식의 형태로 나타난다. 따라서 어떤 대상에 대한 이미지는 주관적인 신념, 가치, 태도, 감정 등의 종합적인 감정에 의해 구성된다(민웅기, 2007b). 그리고 특정 공간의 구체적 구현물이라 할 수 있는 장소(place)는 특정한 공간적 규모로 존재하는 물리적 실체와 인간 행위의 결과물이 결합되어 있는 의미를 가지는 공간적인 실체를 의미한다(백선혜, 2005). 일반적으로 관광과 관련한 장소 이미지의 형성은 '이미지 형

성-수정-결정-여행-참여-귀환-새로운 이미지 형성'의 단계로 나타난다(Gunn, 1972). 관광객이 인식하는 관광 목적지라는 장소에 내재되어 있는 이미지는 그들에게 내재한 심리적 특성과도 연관되어 있다.

관광객과 관광장소의 의사소통 과정을 하나의 예로 살펴보자. 관광지의 이미지를 관광객이 자각, 인식하는 과정은 흥미롭다. 일반적으로 관광 장소의 경관은 관광객의 눈에 보여 지는 자연, 인공풍경 모두를 포함하는 토지, 동식물 생태계, 인간의 사회문화적 활동을 내포하고 있는 개념이다. 경관은 일차적으로는 보이는 풍경을 뜻하지만, 그것 못지않게 중요한 것은 보이는 의미에 대한 관광자의 지각이다(김남조, 2006). 기본적으로 경관에 대한 관광객의 지각과 인식은 주체의 적극적인 의미 해석 관계를 내포하고 있다. 경관에 대한 관광자의 감상에는 근본적으로 성찰의 과정이 포함되어 있는데, 이는 자기 자신을 대상으로 하는 초월적인 의식이 정립되어 그 의식을 통하여 스스로를 다시 바라보는 체험의 구조화를 가리킨다(김홍중, 2007). 우리가 흔히 이야기하는 풍경(landscape)으로서의 자연을 사람들이 각자의 관점에서 자각하는 것은 결국 역사적으로 특정한 사회문화적 산물들이 구성된 것이라도 할 수 있다(Urry, 1995). 서구 문화에서 풍경의 개념 도입은 18세기 후반에 시작된 낭만주의 취향의 도입과 밀접한 관련성이 있다. 일찍이 스콰이어(Squire)는 낭만주의 문학의 대중화가 관광을 불러 일으켰으며, 그 문학작품들을 통해 대중들이 황야와 원시성을 감상할 수 있는 안목이 생겼다고 보았다(Squire, 1988). 이 낭만주의에 대한 담론은 결국 자연관광, 경관관광, 문학관광의 실천을 예고한 것이었으며, 결국 새로운 유형의 관광에 대한 개념으로 발전하게 된다.

한편 이 장소의 풍경과 관련하여 아파두라이(Appadurai)는 지구적 문화의 흐름을 하위 범주로 나누어서 분석했는데, 에스토스케이프(ethnoscapes), 미디어스케이프(mediascape), 테크노스케이프(technoscape), 파이낸스스케이프(financescape), 이데오스케이프(ideoscape)의 다섯 가지 차원으로 나누어서 풍경의 유동적이고 비규칙적인 모습에 주목했다. 이 같은 풍경들은 어떤 시각에서 보더라도 동일한 모습을 보이는 객관적으로 주어진 관계들이 아니라 오히려 각기 다른 종류의 행위자가 지닌 상황조건에 의해 좌우되는 사회적 구성물임을 주장했다. 풍경들은 부분적으로는 자기 나름의 감각으로부터 나타난 개별 행위자들의 문화적 특성에 의해서 경험의 대상으로 의미가 부여된다. 풍경은 사실적인 대지에 대한 행위자의 감동의 표현이며, 그것은 객관적인 존재가 아닌 자연에 대하여 사람들이 품고 있는 주관적 표상이라고 할 수 있다. 즉 객관적인 존재와 인간의 심리가 만나는 곳에서 생겨나는 일종의 환경 미학인 것이다(Appadurai, 1996).

이처럼 현대사회의 관광 장소는 관광주체, 매체, 객체 간 눈에 보이지 않는 긴밀한 의사소통 과정을 통해 통합적으로 형성되어 있다. 이 통합적 공간은 단순한 전체주의적 결합을 의미하지 않으며, 다양한 기호와 스타일에 의해 만들어진 소규모 부족 공동체와 같은 유사한 기호끼리 합쳐진 삶의 공간을 의미한다(Maffesoli, 1997). 특정 관광 장소의 경관에 대한 사고는 관찰자의 상당부분이 그들의 이미지에 기반을 둔 사고방식에 의해서 한정되고, 서로 다른 모습으로 인식되는 것이다.

이와 관련하여 일찍이 부어스틴(Boorstin)은 어떤 대상의 이미지가 가진 모호성에 주목했다. 부어스틴은 이미지가 상상의 세계와 감각의 세계 사이 또는 현실과 기대 사이의 어딘가 모호한 위치에 존재하며, 사람들의 취향에 적응하도록 만들어진다고 보았다(Boorstin, 1964). 이미지를 가공하고 기획하는 절차에서 사람들의 호기심은 함께 존재한다. 그의 입장에서 보면 이미지 자체가 실체가 되는 사회가 되었고, 실제로 이 인공적이고 환상적인 이미지에 근거한 사고방식은 진실한 이상적 사고방식과는 대조되면서 나타나기 시작했다.

한편 맥켄넬(MacCannell)은 관광의 근대성 및 진정성에 대해서 본격적으로 논의했다. 그는 관광을 함으로써 추구하는 진정성에 관심을 가졌다. 특히 관광객들은 관광행위를 함에 있어 그들이 요구하는 진정성과 관광지의 시연된(staged) 진정성 간의 모순에 대해서 연구했다(MacCannell, 1973; 1976).

이미 앞서 논의했지만 이러한 사물, 경관의 이미지는 관찰자의 다양한 체험에서 비롯된 문화자본(cultural capital)에 의해서 서로 다른 방식으로 전달된다. 이 다양한 자본의 영역은 소위 객관적 위치들의 연결망이라고 볼 수 있는 장(場, field) 속에서의 행위자 위치에 다른 방식으로 사람들에게 적용될 수 있다. 장의 성격에 따라 사람들은 서로 다른 인식과 행동을 하면서 타인과 관계를 맺게 된다(Bourdieu, 1984).

또한 부르디외는 사람들이 사회세계에서 행동할 때 고려하게 되는 정신적, 인지적 구조라 할 수 있는 아비투스(habitus)의 개념으로 구조주의의 거시적 분석틀과 사람들의 의식과 행동으로 연구되는 미시적 행위이론의 대립적 인식틀을 극복하려고 노력했다. 아비투스는 사회세계의 구조들이 내면화되어 나타난 산물이라고 할 수 있는데, 이는 사람들의 객관적인 사회적 위치에서 내면화된 사고, 취향 등에 따라 다를 수 있으며, 일단 내재화된 아비투스는 다시 인간의 새로운 실천을 만들어 내는 것이다(Bourdieu, 1984). 이 개념은 개인의 사회화 과정 속에서도 자연스럽게 형성되며, 따라서 그들의 문화적 특성이 인간의 행위가 구조나 환경에 의해서 무조건적으로만 결정되는 것은 아님을 보여준다(조광익, 2006; Bourdieu, 1984). 관광 역시 부르디외가 말한 관광자의 아비투스에 따라 서로 다른 소비 형태를 취하게 되는 것이다

이상 살펴본 바와 같이 관광지, 관광장소는 자연적, 문화적 매력물과 같은 물리적 환경과 그 매력물을 추구하기 위해 방문하는 관광자들의 다양한 사회심리학적 특성으로 이루어지는 환경이 결합하여 구성된다(김남조, 2005). 현대 관광은 이러한 메커니즘 속에서 대표적인 소비 아이템으로서의 정체성을 가지고 관광자의 전(全)지구적 이동을 지속시킨다. 관광은 감각적인 측면에서 근대성의 미학적인 차원이 구체화된 것인데, 관광 소비문화는 이미지, 담론 등과 같은 문화적 재현을 포함할 뿐만 아니라 관광소비를 향한 행위자의 가치에 대한 지향점까지 포함한다(닝 왕, 2004). 예를 들어 관광 소비자는 관광지 선택에 있어 광고에 영향을 받기도 하는데, 그것을 통해 스스로 목적지에 대한 이미지를 구성한다. 관광에는 문화적 지향성이 숨어 있다. 또한 문화적 의미가 부여되어 있는 경험적 소비의 형식이며, 지위, 사회적 위치, 사회

적 정체성 등의 문화와 관련이 있는 상징적 소비이자 지위의 표현이 되기도 한다. 즉 관광객의 관광대상물 선택은 그 사람의 삶의 맥락에서 비롯된 독특한 기호이며, 취향이라 할 수 있다. 그러므로 관광객의 동기, 경험, 만족의 단계를 근거로 관광체험단계에서 관광자의 사회문화적인 특성을 파악하는 것은 중요하다(김남조, 2005). 그들의 욕구에 맞는 관광지에서의 차별화된 이미지 전략이 필요한 것이다.

이와 관련하여 스토콜과 슈메이커(Stokol & Shumaker)는 사람들이 장소에서 얻는 다양한 체험과정에 주목했다. 공간에 대한 생태학적 연구를 통해서 그들은 장소가 명백한 물리적 특성들, 이들 특성들에 대한 개인들의 지각내용들, 그리고 장소의 의미에 대한 점유자들의 집합적인 해석 등을 포함하는 기준들에 의해 고유한 특징을 지닌 사회적 산물로 규정될 수 있다고 말한다. 그리고 장소들을 특징짓는 기준으로 바라보는 행위 주체의 지각 내용과 해석을 강조하고 있다(Stokol & Shumaker, 1981).

지금까지 서술한 바와 같이 관광객은 환경적, 사회문화적 장의 영향력 내에서 다양한 동기 및 욕구를 발현시킨다. 또한 동시에 관광객의 의식 속에 내재된 아비투스에 의해서 소비문화를 행위로 옮긴다. 관광객이 관광목적지에 대해서 갖는 이미지 프레임(frame)은 그들이 추구하는 가치나 동기 등의 심리적 변수와 다양한 경험, 가정 및 학교에서의 사회화 과정 등을 통한 문화적 요인에 의해서 복합적으로 나타나는 것이다. 장소를 이용하려는 관광자들은 서로 다른 욕구, 의도를 가지고 있으며, 이는 다른 수요자와의 차별된 사고를 의미하는 것이다. 포스트모던 사회에서 서로 다른 사고의 공존이 이루어진 장소 의미의 혼융적 정체성이 나타나는 것이다(류주현, 2008; 민웅기, 2009).

이처럼 관광 목적지 이미지에 내재된 다양한 소비문화들은 관광객들이 장소를 선택하여 관광을 하는데 중요한 요인으로 작용한다. 따라서 관광목적지가 지닌 공간적 특성을 각기 다른 형태와 내용으로 구성된 관광객들의 소비문화에 부합시킨다면 장소마케팅(place marketing)의 차원에서 성공을 거둘 수 있을 것이다. 우리가 일반적으로 말하는 장소마케팅의 개념은 장소를 관리하는 개인이나 조직에 의해 추구되는 일련의 경제적, 사회적 활동을 포함하고 함축하는 현상으로 이들이 기업가와 관광객을 비롯한 그 장소의 주민들에게 매력적인 곳이 되도록 하기 위해 지리적으로 규정된 특정한 장소의 이미지를 판매하기 위한 다양한 방식의 노력을 의미한다(Philo & Kearns, 1993). 이 장소마케팅에서는 장소가 상품화되어 판매된다는 점이 다른 마케팅 전략과 다르다. 관광장소를 방문하는 사람들에게 그 곳의 고유 이미지를 긍정적으로 부각시켜야 성공할 수 있으며, 따라서 실제적인 장소 변형과 조작은 반드시 문화에 대한 수용태도의 한계가능성 범위 내에서 이루어져야 한다(백선혜, 2005; 오상훈, 2005; 이진희, 2006). 왜냐하면 인간은 객관화된 제도와 조직 등의 사회적 구성요인과 사회적으로 범주화된 가치, 그리고 사회가 명시한 보편성의 수용 질서 및 관행에 따라 그들 취향과 행동의 원칙을 정하고 거기에 스스로 의미를 부여하기 때문이다(홍성민, 2004; Bourdieu, 1979).

즉 관광주체, 관광매체, 관광객체 사이의 관계는 앞서 논의한 소통으로서의 문화적 의미로 개념화 할 수 있으며, 관광자와 관광지 간의 의사소통은 관광지가 지닌 이미지에 대한 관광자의 주체적 해석 과정이라 할 수 있는 다양한 지각, 인식의 과정 속에서 이루어진다. 그 의사소통 과정에서 경관이라는 새로운 의미가 발현되며, 풍경으로서의 관광객체에 대한 관광주체의 자기 구성이 이루어지게 되는 것이다.

따라서 관광자의 문화적 성향에 대한 파악은 정책 및 산업적 성공 여부를 결정할 수 있는 중요한 사안이라고 할 수 있다. 관광목적지에 내재해 있는 특성들에 대해서 방문하는 관광객들은 대부분 다르게 인식하게 된다. 관광 장소 마케팅과의 연계를 위해서는 관광목적지 환경과 장소이미지, 그리고 이를 지각, 인식, 행동하는 관광자의 소비 문화적 특성 등을 함께 파악함으로써 이를 관광산업 전략에 이용할 필요가 있다. 최근에 와서 활발해지고 있는 라이프스타일 패턴(lifestyle pattern), 사이코그래픽스(psycho-graphics) 등의 연구들은 실제 관광객의 소비문화적 특성을 관광장소마케팅에 활용하기 위해 실행할 수 있는 유용한 조사방법이 될 것이다.

즉 관광 목적지의 이미지는 관광객의 행동에 영향을 주며, 그러한 행동 이면에는 관광자 간 구별되는 문화적 특성이 내재해 있다. 그들은 다양한 문화구조를 통해서 관광목적지에 대한 이미지를 이질적으로 인지하게 되고, 서로 다른 태도와 행동으로 표출한다. 따라서 관광목적지의 이미지를 이용한 관광산업 전략에서 관광객의 소비문화 형성과정과 특징을 연구하는 것은 중요하다. 이처럼 소비문화의 개념 속에는 거시적인 관광환경과 미시적인 관광자의 심리 및 행동이 매우 밀접하게 관련되어 있다고 할 수 있다. 특히 관광자의 소비문화 향유를 위한 환경적 요소로서의 장소는 주요한 마케팅 수단이 됨과 동시에 관광객의 심리적 성찰을 위한 공간 역할을 함께 수행하고 있다.

관광객들은 그들에 내면화된 다양한 문화 자본, 아비투스 등을 통해 그들 취향에 적합한 더 많은 가치와 의미를 이끌어낼 수 있는 장소 재화를 소비하고 있다. 따라서 관광 분야에서 장소마케팅은 많은 점을 고려해여 한다. 실제적인 마케팅 전략에 있어서 장소이미지의 형성은 장소 구성요소들의 다양한 조합들이 장소성이라는 하나의 실체로 표출된 것이다. 즉 특정 관광지에 대한 긍정, 부정적 이미지들은 장소에 본연적으로 함유되어 있는 차별적 환경 요인과는 무관할 수도 있음을 보여준다. 관광공간은 문화적 소통 구조에 의해서 영역화되어 있으며, 그 이미지에 대한 차별적 인식은 관광자의 교육수준, 기대정도, 기호, 선호 등에 따라 달라지는 것이기 때문이다.

(3) 지역공간 개발과 관광의 역할

최근 현대사회는 세계화의 흐름과 별개로 지역화 현상도 함께 나타나고 있다. 즉 지역 고유의 문화를 통해 시대적 변화에 적응할 필요가 있다는 사회적 공감대가 형성되고 있다. 그런데, 각 도시마다 그 지역이 존립해온 역사적 사실을 보유하고 있으며, 축적된 역사문화자원의 활용이야 말로 지역개발을 위한 평등하고, 공통된 사회적 조건 중 하나라고 할 수 있다. 현재 많은 지방 중소도시들은 세계화의 경쟁 속에서 한 사회의 발전을 위해 새로운 돌파구가 필요하다는 사실에 공감하고 도시재생을 위한 방안으로서 문화도시, 창조도시의 조성을 도모하고 있다. 이에 지방자치단체는 다양한 관점으로 도시의 브랜드 가치를 재창출하려는 노력들을 시도하고 있다(문정민 · 박수경, 2010). 그 중에서 역사문화자원의 활용이 도시 가치창출의 일환으로 사람들에게 주목받고 있다.

그 동안 지역의 작은 도시들은 개발과정에서 대도시에 비해 소외되면서 생존을 위한 삶의 터전이 위협받게 되었다. 이러한 쇠퇴문제는 도시개발의 목적이나 방법과 관련하여 여러 가지 논의를 가능하게 해주며, 그 과정 역시 복잡한 사회문화적 관계 속에서 파생된 현상이라 할 수 있다(오은열 · 정환용, 2008). 일반적으로 도시개발이 진행되면 그 공간에서 집중과 분산현상이 동시에 이루어지며, 이 과정에서 사람들은 일관되지 못한 도시체계의 변화과정을 경험하면서 인간소외, 도심공동화 문제, 환경파괴, 지역경제 낙후 등의 복합적인 사회문제를 경험하게 된다. 특히 지방도시 내 구도심 지역의 경우, 그 문제가 더욱 심각하다. 따라서 구도심이 가지고 있는 고유의 공간적 특성을 인지하고, 시대에 맞는 공간구조와 문화를 회복하는 일은 도시재생에서 그 성패를 결정할 수 있는 중요한 사안이라 하겠다. 이 같은 구도심 재생전략에 발맞추어 각 지방소도시들은 역사와 문화를 바탕으로 침체된 도심지역의 활성화를 도모하고, 그 기능을 수행할 수 있도록 다양한 노력을 경주하고 있다. 지역의 역사문화자원에는 정체성을 확립하고 지역주민의 자긍심과 애향심을 고취시킬 뿐 아니라 경쟁력을 선도할 수 있는 사회적 가치가 내재되어 있기 때문이다(이태종, 2009).

세계 많은 지방도시들은 역사문화자원을 활용한 지역발전전략을 수립하여 왔다. 그런데 도시재생 및 도시 활성화를 위한 많은 노력들이 공간 내 건축물의 건립과 같은 하드웨어적 재생에 초점이 맞추어 이루어지기도 했다. 따라서 그러한 개발계획에서는 혜택을 본 지역 주민들과 그렇지 못한 구성원 들 간 예상치 못한 많은 사회갈등이 나타나게 된다. 그 뿐만 아니라, 지방도시 내 구도심에서는 충분한 경제적 자본을 소유하지 못한 지역주민과 달리 외부자본이 지역경제를 선도하는 산업에 직접적으로 침투하여 수익이 외부로 유출되는 경우도 생기고 있다(조관연 · 공윤경, 2013; 조명래, 2011). 하드웨어적 도시개발은 그 장점이 많음에도 불구하고, 지방도시 개발계획 과정에서 나타날 수 있는 실천과정에서의 여러 가지 사회문제를 감안한 복합적인 도시재생계획이 필요하다.

지역 도시들은 다양한 역사문화자원을 보유하고 있으며, 이를 통해 도시 내 존재하는 여러 가지 시공간과 연계된 이 자원들을 이용한 도시재생의 가능성이 내재해 있다. 최근 들어 역사문화자원과 도시개발에 대해서는 그 존재 이유와 가치에 대해 의미 있는 연구들이 진행되어왔다(김철영, 2014; 박철희, 2013; 전강은 · 홍석호 · 김세용, 2012). 역사문화는 각 도시의 주요 구성요소이며 소프트웨어라 할 수 있는데, 특정 시공간에서 도시재생의 실천 전략 도구로서 이용하고자 한다. 외부 방문객들의 역사문화자원 향유과정의 촉진을 통해 소도시와 인근 대도시 간 유대 관계를 강화시켜, 접근성의 확보와 이를 통한 사회적 연결망의 확대를 기대할 수 있다.

이 같은 도시재생의 주요 수단으로 관광은 최근 주목받고 있는 산업군이다. 관광은 하드웨어적 산업자본에 근거한 도시재생 전략을 넘어서 앞서 언급한 역사문화자원을 이용한 새로운 지방도시의 재생을 가능하게 해준다. 글로벌 경제시대에 대응하여 지역관광의 활로를 찾기 위해서는 지역 간 협력 및 연계형 도시재생 전략을 적극적으로 논의해야 할 시점이다. 그 과정에서 지역의 작은 도시를 연계해 줄 수 있는 역사문화자원을 관광자원화하는 전략이 필요하다. 역사문화자원을 이용한 지방소도시 재생방안은 지역 간 연계를 통해 상호 상생 · 발전할 수 있도록 해주는 유용한 수단이 될 수 있기 때문이다.

역사문화자원은 지역, 국가, 문화권 등이 보유한 물질과 정신적 자산을 통칭하며, 역사적 사건, 장소, 인물, 생활양식으로 볼 수 있으며, 이러한 자원이 지닌 중요한 가치로는 과학적, 교훈적 가치뿐만 아니라 경제적 가치를 포함하고 있다(박철희, 2013). 이 관광자원들이 관광객들에게 인식되기 위해서는 물질적 특성과 정신적 가치를 바탕으로 형성된 이미지가 필요하다. 특히 특정 공간을 방문하는 관광객들은 실질적인 입지 조건들보다 이미지의 차이에 민감하게 반응하기도 한다(Hall, 2011). 사실 모든 도시는 각각 다양한 이미지를 가지고 있는데, 특정 장소의 이미지는 그 종류에 따라 장소나 공간에 대해 단순화되고, 일반화되거나 때로는 진부한 인상을 심어주기도 한다. 주변 환경을 이해하기 위해서는 우리는 복잡한 실제 세계를 몇 개의 선택적 느낌으로 단순화시킨다. 이렇게 선택적인 방법 중에 하나는 그 지역이 보유한 다양한 역사문화자원을 통해 형성된 장소 이미지이다. 특히 지역소도시의 경우, 긍정적 도시 이미지를 형성하는 것이 중요하다. 도시 이미지는 도시를 방문하는 사람들에게 방문동기가 될 수 있기 때문이다. 이 같은 도시 이미지와 도시성을 가장 잘 드러나게 해주는 도구이자 사회적 산물 중 하나가 그 지역 공간에 내재하고 있는 역사문화자원이라 할 수 있다.

따라서 지방도시의 구도심 개발을 위해서는 긍정적 이미지를 가지도록 하는 장소마케팅 전략이 필요하다. 일반적으로 마케팅은 판매자가 자신이 판매할 물건을 소비자가 원하는 방향과 아이디어로 구체화하는 보다 적극적인 과정이다(Fretter, 1993; Holcomb, 1993). 이처럼 지역소도시를 마케팅할 수 있는 여러 가지 관광자원을 적극적으로 홍보함으로써 대도시와 비교해서도 가치 있는 도시라는 사실을 알리는 작업이 필요하다. 이를 통해 관광객의 방문과 소비를 촉진하고 외부 자본을 유입시켜 도시 경제 활성화에 직접적인 영향을 미칠 수 있다.

특정 도시를 마케팅하는 것은 도시의 경관과 관광자원 개발이 가능한 투자 환경에 긍정적인 효과를 나타내기 위해 노력함을 의미한다. 이제 도시성의 확보는 사회구성원 대부분이 직면한 현실이다. 스스로 자신이 속해있는 도시와 도시성이 가진 힘, 자원, 발전 잠재력을 보다 구체적으로 파악할 수 있어야 한다. 자신이 생활하는 도시를 이해한다는 것은 도시의 생리를 이해할 수 있는 능력과 기술을 보유하고 있음을 의미한다. 또한 물리적, 문화적 연계망을 지속적으로 통찰할 수 있어야 함을 의미한다. 왜냐하면 도시라는 삶의 터전이 인근지역 또는 광범위한 지역과 상호 연계되어 있다는 것을 고려해야 하기 때문이다(Landry, 2009).

역사문화자원은 새로운 장소의 의미와 이미지를 창조하고 만드는 방식을 결정하는데 중요한 역할을 한다. 도시 내 존재하는 물리적 산물을 넘어 우리 자신과 그 장소에 대한 느낌을 문화를 통해 나타낼 수 있다. 따라서 도시의 사회경제적 발전의 전망 및 가능성 등을 정하는 역사와 시간적으로 축적된 지역 문화에 대한 인식이 필요하다. 그 과정에서 사람들은 그것이 지닌 다양한 의미를 공유하고, 가치를 평가하여 해석할 수 있게 된다. 이 같은 역사문화자원을 이용한 도시재생전략은 도시의 물리적 환경, 지역경제적 환경, 도시관광을 통한 방문객 유입의 세 가지 주요 재생범주에서 중요한 역할을 수행할 수 있다.

즉 역사문화자원을 이용한 지방도시의 재생은 그 지역만이 가지고 있는 긍정적 이미지를 가져와 도시성 및 장소정체성을 더욱 강화 시킬 수 있다. 이를 구체적으로 실현하기 위해서는 도시 내 특성을 알리기 위한 시설을 전략적으로 배치할 필요가 있다. 이미 유럽에서는 중세 이래 도시 시장, 시청, 성당, 교육시설 등 지역주민을 위한 주요시설을 도심 내부에 배치하였다(Landry, 2009). 특정 장소에 위치한 역사문화자원을 전면배치하여 브랜딩작업 후 도시의 상징물로서 구성하려는 노력이 필요하다. 다양한 역사문화자원을 이용한 소도시 공간의 재생 방법은 관광이라는 새로운 기능이 도시 내에서 이행될 수 있도록 도와줌으로써 도시의 공공서비스를 일정하게 공급해주는 역할까지 포함해야 한다. 도시홍보를 기반으로 한 장소마케팅을 통해 지방도시가 관광도시로서의 물리적, 문화적 기반 구축과 관광객의 긍정적 이미지의 확보 모두가 가능해질 수 있다. 더 나아가 한 도시가 과거에 누린 공간적인 혜택과 상관없이 도시가 보유한 역사문화자원은 전(全)국토를 구성하는 도시재생을 위한 자원으로 인식해야 한다.

일반적으로 대도시가 아닌 지방의 작은 도시를 관광을 통해 재생시키기 위해서는 물리적 시설의 건립과 함께 도시정체성 강화를 위한 도시 공간 내 문화유산의 보존과 활용도 함께 고려해야한다(김항집, 2011). 진정한 의미의 지역 공간의 개발은 단순한 경제적인 양적 성장만을 의미하는 것이 아니라 정치, 사회, 문화, 환경 등 모든 부분의 균형적이고 종합적인 발전을 동시에 내포해야 한다(박종화 · 윤대식 · 이종열, 2010). 특정 지역 내 역사문화자원이 풍부하다면 중소도시의 주요산업으로 발전시킴으로써 도시 자체가 체험할 수 있는 공간적 기반으로서 기능할 수 있도록 계획을 추진할 필요가 있다. 도시에 긍정적인 역사문화 요소를 가미하면 도시 이미지와 품격을 높일 수 있으며, 문화가 내포하고 있는 흡인력으로 인해 관광객을 유입하는데 효과적일 수 있다. 관광객은 문화자원의 체험에 대한 다양한 욕구를 가지고 있으며, 특히 사회가 급속도로 발전됨으로써 다양한 직접적 문화자원의 향유에 더 관심을 가지게 된다. 사람들의 문화자원에 대한 체험욕구 증대는 국내외 많은 도시들이 역사, 문화, 예술 등과 관련된 다양한 관광객 유인책을 통해 그들을 탈일상적 공간으로 이동시킬 수 있는 기본적인 수요여건을 제공하고 있다. 관광객 유입으로 해당 도시주민의 생활만족도 증대, 지역문화수준 향상, 지역의 창조적 역량 등을 함께 제고시킬 수 있게 되었다(임배근, 2011).

세계화 현상을 통한 경제구조 개편에 따라 도시들은 이웃한 지역의 도시뿐 아니라 세계 모든 지역의 도시와 경쟁하는 환경에 직면하게 되었다. 쇠퇴하는 구도심의 재생을 위하여 관광은 도시의 기능적 역할을 수행하는 하나의 도구로서 작용할 수 있다(신용석, 2006). 관광을 이용한 지역소도시 재생방안은 그 지역으로의 인구 유입에 따른 경제적 수입 증가뿐만 아니라 도시별로 내재되어 있는 다양한 역사문화자원을 활용한 관광자원화를 통해 차별화할 필요가 있다. 역사문화자원을 통한 도시재생은 도시에 내재된 자원을 최대한 보존, 활용함으로써 지역의 특성과 정체성을 반영하는 방향으로 이루어지게 된다(김용진 · 홍성조 · 안건혁, 2011). 따라서 도시공간 내 전통적으로 존재하는 관광자원의 가치를 정확하게 파악하여 이를 경제적으로 활성화하는 방안이 필요하다(이정훈, 2004). 이 과정을 통해 관광객뿐만 아니라 지역주민에게 지역 애착심을 유발시킬 수 있다. 이와 같은 역사문화자원을 이용한 지역 커뮤니티 활성화 전략은 지역이 가진 다양한 자원의 가치를 부각시키고, 관광객과 같은 사회적 인구의 이동성을 향상시켜 지역의 인구가 정체 혹은 감소되는 현상을 완화시킬 수 있다. 더 나아가 도시 정체성 강화를 위한 도시문화유산의 보존과 활용을 통해 그 관광자원을 도시관광, 도시마케팅, 문화체험사업과 연계시켜 새로운 일자리까지 창출시킬 수 있다. 이러한 지역 내 역사문화자원을 지역소도시 재생의 수단으로 효율적으로 이용하기 위해서는 관광지 수요창출과 안정적 거주민의 확보를 위한 지역 간 연계 시스템이 구축되어야 한다.

관광자원을 이용한 공간 개발 과정은 도시의 물리적 환경 재생, 경제적 재생, 관광객 유입을 통한 사회적 재생이라는 세 가지 측면에서 이루어질 수 있다. 첫째, 도시의 물리적 환경은 고령화라는 지역 특성과

노후화된 기반시설을 확충하고 정비하는데 있어 복합문화공간, 녹지공간 등 지역주민의 생활환경의 개선 측면에서 이루어질 수 있다. 또한 이러한 물리적 환경의 개선에 있어 문화적인 공공디자인이 함께 고려됨으로써 지역의 생활문화가 질적으로 향상될 수 있다. 둘째, 지역경제가 활성화되기 위해서는 기존의 산업적 기반을 확충하는 일이 선행되어야 한다. 도시가 지닌 특화된 산업을 육성하기 위해서는 지역의 고유한 문화와 예술을 산업화하고 전문 인력을 양성할 수 있는 체계의 수립과 함께 시민참여 역량을 높일 수 있는 교육 프로그램 운영이 함께 병행되어야 할 것이다. 마지막으로 지속적으로 감소하고 있는 지역의 소도시의 재생과 발전을 위해서는 관광객 유입을 유도하여 지역 내 활동인구를 증가시켜야 한다. 좀 더 구체적으로 이를 실천하기 위해서는 관광객의 소도시 방문에 대한 동기 및 만족도에 미치는 요인 등을 파악하여 이를 도시공간에 도입, 적용하여야 한다. 특히 관광객의 주요 방문동기라 할 수 있는 지역 관광자원의 고유성, 신기성, 편리성 등에 대한 고려가 필요하다. 그리고 지역의 역사문화자원의 보존과 지역문화축제 활성화, 그리고 지역의 역사와 문화를 체험할 수 있는 공간을 제공하여야 한다(김용진, 2011; 김항집, 2011).

현재 세계적으로 지역 도시를 재생, 발전시키기 위한 주요 방법으로 역사문화적 산물들의 관광자원화 과정이 꾸준히 진행되고 있다. 역사적으로 전승되었거나 발굴된 자원의 정보를 명확하게 파악한 후, 이를 지역 간 공유브랜드화 전략을 통해 연계하고, 관광산업 활성화의 수단으로 적극 활용할 필요가 있다. 이처럼 지역 간 역사문화자원의 보존과 관람을 통한 관광산업에 기반을 둔 도시재생전략은 중요하다(김항집, 2011). 왜냐하면 이 같은 관광을 통해 도시기반산업을 육성함으로써 개발이 덜 된 지역 공간의 경제적 성장 동력을 발굴할 수 있기 때문이다.

이제 현대사회는 시공간적으로 고립되어 있지 않고, 여러 관점에서 서로 연계된 상태로 다양한 의미를 공유하고 있다(Werlen, 2003). 지역도시가 역사문화자원을 통해 협력적 관계를 유지하기 위해서는 지역에 공존하는 다양한 문화적 공동체의 관심사를 상호 연계할 수 있는 역량이 중요하다(Healey, 2004). 따라서 현재 쇠퇴하는 도시공간에서 공존하기 위해서는 지방의 가계, 기업, 그리고 공공기관 등에서 다양한 유형의 협력적 거버넌스 체계를 마련하여 경제적, 사회적, 환경적 차원의 상호연계 체계를 육성해야 한다(Loving, 1995). 따라서 공간적 연계에 의한 역사문화자원의 개발은 지역 간 경쟁이기보다는 전체적으로 지역 내 구성원들의 사회적 서비스의 성격을 지닌 공공복지를 증대시키기 위한 새로운 사회 · 경제적 역량을 창출할 수 있어야 한다. 경제적 번영과 고용창출의 관점에서도 지역경제에 혜택을 가져다 줄 수 있는 전략이 요구된다. 그 과정에서 지역경제의 상이한 부문 간 이해관계의 갈등이 존재할 수 있다. 이를 방지하기 위해서는 지역주민들의 고용창출을 독려하고 지역의 다양한 자원들을 차별없이 함께 사용할 수 있도록 지자체와 기업 간 적극적인 협력이 요구된다.

더 나아가 특정 관광장소 자체를 관광자원화 시키기 위해서는 입지적 유연성이 내재된 공간을 찾아 새로운 장소성을 창출하여 이를 개발, 재생하는 창의적인 노력이 필요하다. 이를 위해서는 도시 구조 간 연계를 위하여 새로운 결절점 창출을 위한 개발전략을 시도해야 한다. 그와 동시에 경제활동의 형태와 입지상의 변화에 의한 부정적 결과로부터 주요 도시를 방어할 수 있는 공간계획도 세워야 한다. 결국 쇠퇴하는 도시가 생존하기 위해서는 적합한 협력적 연계 형태의 거버넌스를 탐색하려는 폭넓은 시도를 해야 한다. 따라서 제도적 환경의 안정적인 기반은 중요하다(Healey, 2004).

관광공간의 자원화를 위하여 역사문화자원의 연계를 시도하고 구체적인 방안을 마련하는 노력은 장소 간 물리적, 문화적 네트워크를 통해 이루어질 수 있다. 협력적 관계를 형성하기 위해서는 상호관계 역량의 강화가 요구된다. 특정 지역이 보유한 다양한 자원을 기반으로 협력적이며 다문화적 의사소통 역량을 함양하고, 상호이해와 신뢰관계를 구축해야 한다(Healey, 2004). 특히 역사문화자원을 이용한 주변 관광지구와의 연계는 새로운 공간 내 협력적 네트워크를 구성할 수 있는 기회를 제공한다. 현대 네트워크 사회에서의 각종 기술의 발달은 원활한 커뮤니케이션을 통한 유무형의 사회적 자원의 효과적으로 이용할 수 있게 해준다. 이를 통해 과거와 달리 무형의 관광자원 이용이 사회적으로 확산되는 추세이며, 그러한 관광상품을 보유하고 있는 네트워크형 공동체가 연계되고 있다(민웅기 · 김남조, 2010).

이제 중소도시의 여러 가지 물리적, 사회적 시설의 쇠퇴를 극복할 수 있는 역사문화자원을 이용한 관광지 개발을 논의해야 할 시점에 이르렸다. 이를 통해 지역의 공간적 발전을 심도 있게 추진할 수 있을 것이다. 역사문화자원을 활용하는 관광자원화 계획은 급변하는 도시쇠퇴의 속도를 반감시킬 수 있는 중요한 도시재생방법 중 하나임에 틀림없다.

4 소결

관광자원을 개발하는 과정에서 역사문화에 대한 정확한 사실 분석은 중요하다. 이를 통해 관광객에게 지식을 통한 의미를 공급해준다. 하지만 역사문화 연구에서 사실 분석만으로 모든 현상을 설명하기 쉽지 않다. 역사에서 작동하는 사건들이 수많은 맥락 변인들에 의해 발생할 경우, 내재적 이해를 통해 해석적으로 규명할 필요성도 존재하기 때문이다.

역사문화에 대한 고찰은 정확한 역사적 사실에 대한 분석과 해석적 사고가 혼융되어 이루어질 수 있다. 그 과정에서 주의할 점은 한 사회 내 구성원과 문화 간, 또는 서로 다른 문화 공동체 간의 의사소통과 상호작용을 객관적 시각으로 바라볼 수 있어야 한다는 사실이다. 사람들은 이 같은 일련의 과정에서 집단적 기억을 공유하기 시작했고, 이를 공유한 사람들 간 친밀성이 생기게 되었다. 이 친밀성의 체험 욕구는 과거 기억에 대한 공유와 공감을 가능하게 해주는 역사문화관광 활동을 확대시켰다.

관광산업은 역사문화적 산물의 관광자원화와 개발을 시도하게 만들었다. 현재 세계 여러 민족들의 역사와 문화가 자본에 영향을 받기 시작했다. 그 과정 속에서 나타나는 문화접변 현상은 문화 정체성과 관련한 의미의 상실을 가져와 사회에 의도하지 않은 사회문제를 야기하기도 한다. 이미 사람들은 과거에 대한 재현물에 대해 다양한 사회적 요구를 하기 시작했다. 이제 올바른 역사문화의 향유를 위해서는 지속가능성에 대한 의식, 즉 과거와 현재 우리의 삶에 영향을 주는 다양한 역사적 사실에 대한 바른 가치관의 함양이 필요하다(Greenwood, 1989).

역사문화적 자원을 이용한 관광활동 시 간과해서는 안 되는 점은 사실분석, 이해와 해석 및 적용을 올바르게 융합할 수 있는 성찰적 사고이다. 올바른 역사자원의 향유를 위해서는 성찰성에 입각한 사료 접속, 해석, 판단의 기술이 필요하다. 과거와 현재의 연관성에 대해 깨달아야 하며, 우리가 이어받은 세상을 역사적 사실을 근거로 어떻게 반성하고, 재구성할 것인가 하는 문제의식을 가져야 한다. 지금까지의 역사 인식에 대한 가치를 도출하고, 역사를 통해 현재의 모습에 도달한 경로들이 어떤 의미를 지니고 있는지, 앞으로의 방향 설정에 어떤 동기부여를 해주는지에 대한 내용 파악이 필요하다. 이러한 성찰적 사고에 대한 욕구는 현재 대안적 관광산업이라 할 수 있는 체험, 유산 기반 관광산업으로 외현되고 있다. 단순히 역사문화적 사실을 향유하는 것을 넘어 현재 나타난 역사적 사실과 결과들이 과거와 현재의 시공간적 발전 맥락에서 어떤 의미를 지니고 있는지 파악하고, 이를 창조적으로 위치지울 수 있는 주도적 사고가 요구된다. 미래사회는 과거의 역사적 사실에 내재된 복잡한 상호작용에 대한 올바른 분석과 해석, 그리고 이를 이용한 문화적 체험이 더욱 필요하게 될 것이다.

한편 최근 나타나고 있는 범지구적인 공간에서의 환경문제는 산업화, 기술발전, 자본주의의 역사적 과정 속에서 이어져왔다. 환경문제를 해결하기 위해서는 사회적, 경제적으로 지속가능한 생산 및 소비 시스템을 도입해야 한다(박창길, 2010). 이 같은 노력들은 사회-시장-국가의 연대를 통한 광의의 생활공동체 형성을 가능하게 해줄 수 있다(Kumar, 2001). 최근 기업에서 실시하고 있는 친환경적 마케팅은 그 대표적인 경영 전략이라고 할 수 있다. 이제는 기업이 이윤, 판매, 비용 등이 중심이 된 종래의 경영자적 마케팅과 사회적, 공익적 가치를 중심으로 한 사회마케팅을 적절하게 융합할 필요가 있다(이종호, 1999). 친환경적 상품개발, 판매촉진과 같은 환경마케팅이 거시적 범위의 공익적 사회마케팅의 개념 테두리 내에서 범주화될 수 있어야 한다(Murphy & Crowther, 2002).

이러한 기업의 대응 전략에서 특별히 환경과 밀접한 관련이 있는 관광산업 역시 예외가 될 수는 없다. 다른 산업에 비하여 관광업체에서는 친환경적 마케팅 전략의 실행이 더 절실하게 요구된다. 관광산업에서 더 이상 기술과 환경을 대치적 관계로 보아서는 안 된다. 친환경적 기술의 설치나 조성으로 인한 편익과 비용을 계산하고, 그것이 환경과 소비자에게 미치는 영향 등을 면밀히 고려해야 한다. 현대사회에서 추구해야 할 중요한 사회적 가치 중 하나가 공존이다. 사회구성원들은 역동적인 역사문화를 체험하면서 공존을 위한 지속가능한 사회로의 이행과정에 직면해 있다.

이제 개발과 환경이라는 상호 대립되는 영역에서의 의사소통과정 속에서 어떻게 지속가능한 공동체를 유지해 나갈 것인가에 대한 성찰이 필요한 시기이다. 결국 '호혜성'의 원칙에 근거를 두고 있다. 그것은 '개별 이익'과 '연대성'이라는 상충된 갈등을 해소시켜 주는 중요한 사회적 가치관 중 하나이다. 이러한 원칙에 의해 탄생한 규범은 사회적 교환관계에 의한 자원의 밀도 있는 축적과정뿐만 아니라 사회적 저항

이 없는 평등한 자원 교환의 원칙에도 기초해 있다. 사회구성원들에 의해 발생하는 이 신뢰의 원리는 바로 환경친화적 지속가능한 사회(sustainable society)의 본연의 의미인 것이다.

지속가능한 사회의 발전을 위해서 관광자원을 많이 보유한 관광공간을 방문하는 관광객의 소비문화에 대한 성찰이 필요하다. 그들의 소비욕구는 차후 특정 도시공간의 관광자원 개발, 마케팅 전략 등과 밀접한 관련을 맺게 된다. 관광객은 관광목적지 선택과정에 복잡한 장소 이미지를 인식하게 된다. 관광객 유입을 유도하는 기업, 지역공동체에서는 관광객의 소비문화가 관광목적지 이미지와 어떤 연관성이 있는지를 고민해야 한다. 그 연관 관계에 따라 특정 공간 개발과 관련하여 관광자원은 여러 가지 기능을 수행할 수 있다. 그리고 관광자원을 이용한 도시재생을 위해서는 변화하는 공간 내 경제적 조건에 따라 전반적인 문화, 조직 등의 구조적 환경이 재편되어야 한다(Massy & Meagan, 1982). 다양한 역사문화자원을 통한 관광개발 과정은 대안적 도시재생전략의 하나로 주목받고 있다. 이를 통해 낙후된 지역소도시의 환경 구조를 재조정하는 기능을 기대할 수 있으며, 공간 내에 내재된 사회적 네트워크가 새롭게 구축되는 현상도 일어날 수 있다. 또한 역사문화자원은 그 지역만의 고유한 이미지를 조성하고 장소정체성을 확립하는데 긍정적인 효과가 나타나게 구심점 역할을 해줄 수 있다. 따라서 도시 공간의 재생에 있어 그간 지속적으로 추진되어온 물리적 환경 개선 및 지역경제 활성화를 위한 산업적 측면에서의 노력뿐만 아니라 지역 정체성이 내재해 있는 고유한 역사문화자원을 활용한 관광자원 개발이 필요하다. 역사문화자원과 연계한 관광산업을 기반으로 종합적인 도시재생을 통한 공간계획의 성공적인 이행을 위해서는 인근 지역과의 유기적인 협력체계 역시 수립하여야 할 것이다.

제3장

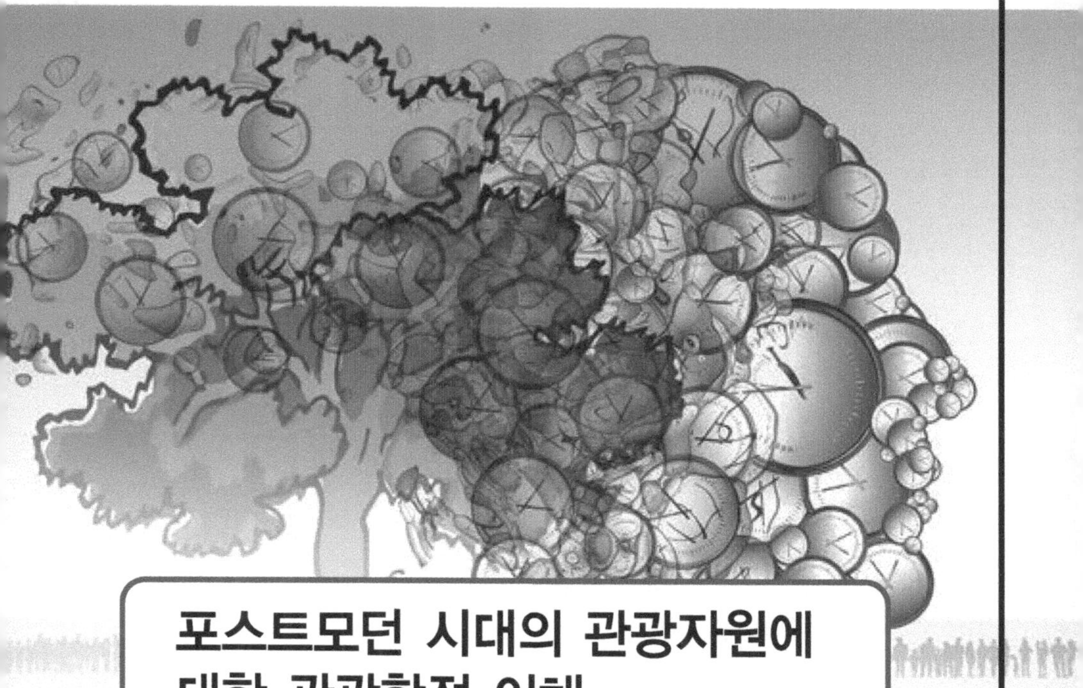

포스트모던 시대의 관광자원에 대한 관광학적 이해

: 시공간의 가치와 소비 전망

포스트모던 시대의 관광자원에 대한 관광학적 이해 : 시공간의 가치와 소비전망

제 3 장

1 포스트모던 시대의 관광자원에 대한 이해

1) 포스트모던 시대의 특징과 관광자원의 소비

포스트모던 사회의 주요 특성 중 하나는 현재, 과거, 미래의 시간 사이의 경계가 허물어진다는 점이다. 최근 나타나고 있는 과거 전통문화의 현대적 재구성 역시 이 같은 사회의 주요 특징이기도 하다. 특히 반문화운동(counter culture)으로 대변되는 대안적 사회운동의 출현은 주류문화와 비주류문화의 사회적 위상을 뒤집는 본격적인 포스트모더니즘을 알려주는 현상이었다고 할 수 있다(신승환, 2003). 이처럼 포스트모던 사회에서 문화는 인간이 취득한 규범, 습관, 의식, 행동 등의 표상으로 이루어진 복잡한 사회적 산물이라 할 수 있다. 포스트모던 시대의 모든 문화는 보편성을 인정하지 않는 특수성을 지니고 있으며, 지역적, 사회적으로 나뉘며, 특정 집단과 개인들에게는 다른 사람에 대해 차이를 만드는 정체성 요소를 강조한다. 따라서 그 문화들 하나하나는 역사적 맥락에 따라 재구성된 전통들을 통해 전달된다(Warnier, 2000).

일반적으로 모더니즘과 포스트모더니즘의 논의는 지금껏 수많은 학자들에 의해서 진행되고 있으며, 확실한 학문적 결론을 내리지 못한 난제 중 하나임에 틀림없다. 옥스퍼드 영어사전(Oxford English Dictionary)에 의하면, 근대는 '먼 과거와 구분되는 현재 또는 최근의 특징'을 의미한다. 일반적으로 근대는 중세(middle age) 이후의 역사적 시기라 할 수 있는 근대사(Modern History)의 경우처럼 고대나 중세 시기와 구별되어 논의된다(Oxford English Dictionary, 1989). 현재 학문적으로 논의되는 근대주의, 근대화와 같은 용어는 18세기 전반부에 사용되기 시작했다. 모더니즘의 관례적인 공간화와 시간성은 여전히 중요한 연구문제로 남아 있다(Bhabha, 1991).

통상적으로 지금까지 사람들이 생각한 모더니즘의 개념은 주로 시간적인 속성을 중심으로 논의되어 왔다. 대부분 모더니즘은 특수한 시간적 관계인 역사를 중심으로 정의되어 온 것이다. 하지만 최근 들어 근대성이라는 의미에 공간과 관계된 고찰이 본격적으로 시작되었다(Anthony, 1995). 일찍이 기든스(Giddens, 1991)는 전(前)근대세계와 비교할 때, 모더니즘의 독특한 역동성은 시간, 공간 모두의 관계에서 나타나는 제도화와 사회적 인식의 변혁으로부터 나온다고 주장한다.

포스트모더니즘의 지식 사조(思潮)는 20세기 중반부터 본격적으로 나타나기 시작했다. 이것은 사회문화적 현상들을 포괄적으로 지칭하는 용어인데, 기본적인 인식 체계의 변화를 포함하는 사회전반적인 현상을 가리키는 의미로 최근까지 폭넓게 논의되고 있다(Toulmin, 1982).

그럼에도 불구하고, 포스트모더니즘은 그 개념상의 모호성 때문에 지금까지도 그 정의 자체가 치열한 논쟁의 대상이 되고 있다. 지금까지 논의된 포스트모던 사회의 특징은 지식의 상대성, 이질적 차이를 인정하고, 시공간적 특수성을 반영한다(배재학, 2008). 모더니즘이 지배한 사회를 통해 지속되어 온 문화의 근본적인 가치는 계몽주의적 이념에 근거한 보편적이고, 총체적인 이성적 지식의 전수였다. 하지만 포스트모던 사회는 이성적 사고에 의한 획일적 지식의 전수를 부정하고, 상상, 환상, 공상 등의 감성적 지식에 대한 인식이 중요하게 여겨지는 사회이다.

포스트모더니즘 시대에는 지식 습득과정과 진리 추구에 있어서 인간의 자기 반영성과 실천적 모습이 강조된다(유혜령, 1991). 이러한 경향 때문에 포스트모더니즘 이론가들은 사회구성원들의 새로운 생활양식, 욕망, 감성, 상상력 등을 스스로 창조하는 것이 중요하다고 보았다. 그들의 사고 차이가 갈등관계로 확대되지 않기 위해서는 사회구성원 간 상호주관적 의사소통 과정을 반영하는 사회화 프로그램이 지속적으로 생성되어야 한다.

이런 의미에서 관광은 사회구성원들의 교육 기능을 충실히 수행하고 있다. 그 사회화 과정의 주요 수단이 포스트모더니즘 시대의 다변화된 관광자원이다. 관광자원을 통해 체험과정에 노출된 관광객들의 주체적 역량은 더욱 중요해지고 있다. 그들의 지식 및 감성체계는 담론, 실천, 제도 속에서 다시 재생산되고 있다. 그 과정에서 차별화되고, 감성적이며, 참여를 동반하는 관광자원은 포스트모던 사회에서 학습되어야 하는 대안적 교육 콘텐츠 중 하나라고 할 수 있다.

주지하다시피 포스트모더니즘은 모더니즘의 근원적 이성중심주의, 과학에 대한 신뢰, 진보에 대한 믿음, 보편적 가치 등의 사상적 흐름을 거부한다. 이성 중심의 사회에서 열등한 것으로 취급되던 감성의 가치를 높게 파악하며, 환경오염의 사회적 부작용을 보면서 과학기술의 무한정적인 신뢰에 대해 염려하기도 한다. 또한 어떤 절대 진리와 보편가치에 입각하여 현상을 구조나 체계로 환원하고자 하는 생각을 거부한다. 즉 여러 가지 차이점과 다원성을 인정하는 태도에 주목하며, 진리의 불일치적 특성에 대해 인정한다(유연주 · 임재훈, 1997). 요컨대 포스트모더니즘은 사유 및 의식 체계의 획일성에 대한 거부를 통해 해체적인 입장을 견지하고 있다. 또한 포스트모더니스트들은 언어가 얼마나 객관적일 수 있는가에 대해서 의문을 제기한다. 따라서 그들은 복잡하고 갈등적인 다원주의의 다양성과 탈중심적인 가치의 방향성에 대해서 관심을 가진다(김복영, 1998).

지금까지 연구되어 온 포스트모더니즘을 규정하는 몇 가지 특징을 정리하면 다음과 같다. 첫째, 비재현적 특징을 지니고 있다. 어떠한 실제에 대한 존재 의미를 이미지로 묶어 현존(presence) 상태를 파악한다(김복영, 1998; 유혜령, 1991). 지금 현재 나타나고 있는 모든 것은 기호(sign)의 형태와 성격으로 실존하게 된다고 본다. 즉 실물의 세계가 기호의 세계로 대체되었다는 입장이다. 둘째, 불확실성의 특징이 있다. 모더니즘의 가치가 지배한 근대사회가 확정성의 시대라면 포스트 모더니즘의 철학은 통합성을 거부하면서 개별화되고, 불확실한 정의를 인정한다. 셋째, 포스트모더니즘은 어떤 사실과 사물에 대해서 다원성을 인정한다. 이것은 획일적인 전체주의적 사고에 의한 텍스트의 이해를 거부함을 말한다. 다원성의 강조는 근대사회에서 도외시되었던 다양성의 개념에 대한 새로운 의미부여가 창출되는 동기로서 작용한다(유혜령, 1991). 이 같은 논의는 획일화된 총체성에 대한 비판에서 시작된다.

최근의 관광자원 역시 이러한 흐름 속에 있다. 직접적으로 진정성을 추구할 수 있는 관광자원의 체험을 넘어 온라인, 가상세계, 정보통신기술을 통해 구현되는 기호를 관광자원의 주요 대상으로 개발하는 과정에 있다. 박람회 등에서 가상기술을 통해 관광대상물의 이미지를 보여주는 광경은 이제 관광객 모두에게 익숙하게 다가오고 있다. 또한 관광객들의 이동하는 번거로움을 줄이면서 실제 관광자원을 가상 세계에서 체험하는 편리함 자체를 추구하는 관광객들이 등장하고 있다. 이처럼 포스트모던 사회의 관광자원은 융합문화의 산물로서 끊임없이 개발되고 있다.

2) 문화와 자본 영역의 융합적 산물로서의 관광

앞서 논의한 바와 같이 시공간 영역의 시장화, 상품화 현상은 다양한 문화 상품의 등장과 함께 인간의 창조적 행위를 유도했으며, 새로운 융합산업의 수요를 가져왔다. 이미 오래전 문화(culture)와 상품(product)의 합성어인 컬덕트(culduct)라는 용어가 나오기 시작한 것도 이 같은 사회 변동과정 속에서 나타난 현상이다(최연구, 2006). 또한 물질적 풍요 속에서 사회구성원들은 여가나 엔터테인먼트 등과 같은 삶의 질과 관련된 사회 자원에 관심을 가지기 시작했다. 그 과정 속에서 문화는 사람들의 여가선용 차원의 수준에서 그치지 않고, 점차 산업과 결부되기 시작한 것이다.

우리가 흔히 사용하는 문화기술Culture Technology: CT)이라는 용어에서 알 수 있듯이 여러 가지 문화콘텐츠 기술은 문화와 과학의 융합을 통한 가치창출을 도모하는 '새로운 문화, 새로운 기술'의 영역이라 할 수 있다. 이 같은 사회적 환경 속에서 관광산업은 산업혁명, 정보혁명을 거치면서 발달되어 온 기술 등의 하드웨어(hardware) 영역과 감성, 예술 등 소프트웨어(software) 영역의 결합에 의해 나타난 산업군이다. 이제 다양한 형태의 소비문화는 구체적인 상품화 과정으로 더욱 확산되고 있다. 문화, 여가, 관광자원의 상품화 현상은 자본가가 다양한 문화적 요소를 자원으로서 구매하는 과정, 그리고 그것이 생산을 위한 주요 가치로 전환되는 과정, 그 전환된 의미의 자원이 소비자에게 대상화되어 포장되고 판매되는 과정으로 나누어 설명가능하다(Rojek, 2000).

관광을 둘러싼 문화와 경제영역의 결합은 많은 의미를 내포하고 있다. 관광은 사회구성원들이 그들의 체험지향적 문화 활동을 펼칠 수 있는 도구적 역할을 수행한다. 관광객들은 쾌락적 경험과 즐거움의 최종 산물로서 관광을 소비한다. 관광은 상징적 소비행위이기 때문에 관광상품 선택은 개인의 사회적 위치뿐만 아니라 취향과 사회적 가치, 생활양식도 반영하기 마련이다. 본질적으로 관광 활동은 가시적인 실재 재화를 선택하거나 구매해서 사용하는 것이 아니라, 일종의 상상적 쾌락(imaginative pleasure)을 추구할 수 있는 상품을 구매하는 것이다

(Campbell, 1995). 실제 관광 소비의 대부분은 그 자체의 제품 이미지에 부합하는 정신적 쾌락을 추구하는 방향으로 이루어진다.

한편 현대사회의 관광객들은 친숙한 문화에 대한 체험 욕구와 새로운 문화적 체험의 욕구라는 양극단의 욕구를 사이에 두고 혼란스러워하기도 한다. 그런데, 문화관광자원을 효과적으로 개발하게 되면 사람들이 실제로 겪어보지 못한 체험을 할 수 있다. 현대 사회구성원들의 다양한 욕구를 충족시켜주기 위해서는 강화된 쾌락의 경제가 필요하며, 관광은 그 욕구의 해소를 도와준다.

지금까지 문명화 과정과 결부된 각종 사회적 제약과 감정 통제의 기준은 물리적 힘의 합법적 사용을 독점한 지배계급에 의해 생긴 의도하지 않았던 결과였다(Elias, 1978; Rojek, 2000). 우리가 사회 환경 내에서 관광활동을 한다는 것은 자유로운 문화적 삶을 추구하는 것이다. 사람들은 오히려 함께 체험하게 되는 다면적이고 역동적인 쾌락적 관계에서부터 더 활발한 관광 소비를 시도하게 된다.

앞서 살펴본 바와 같이 시공간의 관광자원화 과정을 통해 관광을 통한 체험적 본질에 다가갈 수 있는 수단이 마련되었다. 자본은 이를 철저히 이용하여 체험 소비라는 다양한 문화소비 유형을 창출한다. 이러한 맥락에서 볼 때, 관광은 자본이 사회구성원들의 체험 욕구를 시공간을 수단으로 이용하여 산업화시킨 형태라 할 수 있다. 바로 이 문화의 상품화는 전형적인 자본주의 사회구조에 내재한 합리화(rationalization)과정의 결과인 것이다(Graburn, 1983). 이것은 투입을 최소화하고 산출을 최대화하는 도구적 합리성의 큰 맥락에서 사고할 수 있다. 관광은 사회구성원 삶의 개별적인 요소들을 총체적 체험 상품 소비의 형태로 통합하는 역할을 이행하기도 한다.

한편 최근 관광은 관광자원의 생산 및 소비의 불확실성, 위험, 비일관성, 우연성 등이 줄어들었다. 가장 큰 이유는 관광자원을 둘러싸고 국가와 시장이 이를 개발하기 위해서 표준화된 학습 및 소비 프로그램을 실현시켰기 때문이다. 관광은 시공간을 관광자원 향유의 도구로 이용하고 있으며, 그것과 동시에 자본투입에 의한 산업화 과정을 겪고 있다.

이처럼 관광활동과 같이 최근 나타난 문화소비 현상은 체험 욕구의 해소에 기반을 둔 사람들의 생활세계에 대해 주목하게 만들었다. 소비 과정에서 나타나는 삶의 가치 구현 과정에 사회구성원들은 각자 관심을 가지기 시작한 것이다(최연구, 2006). 그것과 마찬가지로 관광 행위의 내재적 의미에 대한 고찰은 그것이 지닌 진정성과 상업화의 상반된 가치와 관련한 사회적 쟁점을 부각시킨다. 관광자원에 내재한 문화의 보편적 가치와 그것을 상품화시키고자 하는 문화산업의 내면적 속성의 모순 때문에 나타난 논쟁이다. 관광객들은 자원화된 시간과 상품화된 장소를 활발히 소비하고 있다. 체험 영역에서 나타나는 문화-경제영역 간의 통합을 통해 사람들은 우리 사회의 문화적 기반을 재창조하고 재구성한다. 경제와 문화 영역의 통합적 기제로서 등장한 관광은 시간과 공간의 소비를 통해 발전하고 있다. 그리고 그들이 느끼는 감정 역시 객관적 사실보다는 환상에 근거를 둔 체험 당사자들의 주관성으로 재현되고 있다. 체험 소비의 시장화 과정을 통해 추상적 영역에 머물러 있었던 시공간개념은 이제 구체적인 관광객의 문화적 향유 대상으로 환원, 재구성되고 있는 것이다.

2 시공간 구성의 문화적 연구 과정과 여가·관광 연구의 전망

사람들이 시간에 대해서 본격적으로 관심을 가지고 생활한 시기는 산업화 과정에서 시간표 등의 사회적 산물에 의해서 시간체계가 표준화되면서부터라 할 수 있다(김복수 외, 2004). 현대사회의 대량생산 시스템의 효율성이 더 부각되기도 하고, 정보사회에서 시간개념과 그 간극이 정보통신기술을 통해 분화되면서 사람들은 그 시간의 가치에 대해서 본격적으로 연구하기도 했다. 시간은 인간이 활동하기 위한 중요한 자원으로 그 시대의 사회적 관계나 생활문화와 밀접한 관련을 맺고 있다. 시간을 이해하는 것은 사회적으로 규정된 객관적 시간에 대한 직접적 이해 뿐 아니라 행위자들의 인식에 의해서 새롭게 가지게 되는 주관적 관념까지를 모두 포함한다. 시간을 하나의 존재 양태로 파악하기 위해서는 그것에 영향을 주는 사회적 관계는 물론 시간을 이용하는 인간의 생각과 행동까지 살펴보아야 한다.

흥미로운 사실은 이 같은 시간의 인식 과정이 공간 개념과도 밀접하게 연계된다는 점이다. 현재의 지각 가능한 공간적 외부 세계와 과거라는 지각 불가능한 공간적 세계 사이의 시간적 배분이 인간에게 함께 일어나는 것이다(나카지마 요시미치, 1996). 이처럼 인간의 사고 및 행동체계는 시공간 개념이 서로 영향을 주고받으면서 사회적으로 구성된다. 공간 개념은 전통사회에서 나타난 직접적인 대면 접촉상황으로 규정되었던 범위에서 더 나아가 정보통신기술과 정보매체 등을 통해 인간 상호간 영향력을 발휘할 수 있는 범위가 확장되고 있다. 사회구성원들은 그들에게 주어지는 압축된 공간을 하나의 사회적 자원으로 인식하고 이를 효과적으로 소비하기 위해서 노력하면서 생활하고 있다.

이처럼 시공간의 소비활동은 역사적 과정을 통해 다양하게 변화하고 있다. 과거 전통사회에서는 특정 시공간에서의 노동활동과 비노동활동 사이를 구별하기가 어려울 정도로 미분화된 사회였다. 하지만 산업사회를 거치면서 소비활동에 대해서 의미 있는 시간과 공간을 사용하고 통제하는 사회 행위 유형의 하나로 사람들은 생각하게 되었다(Chaney, 1996). 소비활동의 확산은 시공간의 효과적인 이용으로 가능해진다.

시공간 문화에 대한 본격적인 연구는 19세기 말을 전후로 급속하게 확산되어 진행되었다. 시공간의 분석 과정에서 나타나는 존재론과 인식론의 이론적 담론구조는 역사적으로 지속적인 연구과정을 거쳐 왔다. 이는 더 나아가 강단사회학적 논의에 근거한 향유자원으로서의 시공간 연구와 비판사회학적 논의에 근간을 둔 시공간의 지리적, 역사적 불평등 연구를 더욱 발전시켰다.

시간성과 공간성은 생성과정에서 전적으로 개인에게 귀속되기도 하고, 구조적 맥락 속에서 그 시대를 주도한 사회문화와 밀접한 관련을 맺기도 한다. 예를 들어 19세기 말의 아방가르드(Avant Garde)운동은 사람들로 하여금 특히 시공간의 유용성 및 변화하는 자본주의에 관심을 가지게 했으며, 20세기 중반 이후에 와서는 다양한 복합적 사회문화 기제에 영향을 받아 공간을 연구하는 인문지리학과 자연지리학의 점진적 융합 연구가 이루어지기 도 했다. 그리고 현재에 이르러 시공간의 담론 구조에 대해서 인문학과 근대 사회과학이 결합된 다양한 주제 연구가 진행되기에 이른다(Soja, 1997).

이제는 특정시기에 만들어진 공간에 대한 시간적 조건에 대해 연구가 진행되면서 사회적 구성물로서의 창조된 시공간의 의미 해석이 중요해졌다(Harvey, 1978). 예를 들어 특히 20세기 초 대공황과 제2차 세계대전을 겪으면서 도시전체의 재구조화 현상의 본질에 대해서 시공간적으로 연구하기도 하고, 새로운 사회질서의 모순과 위기, 물리적 자본축적환경의 변화에 대한 역사적, 지리적 연구 역시 활발하게 진행되고 있다. 더 나아가 연구자들은 특정 역사적 시기에 형성된 시공간의 의미가 재현의 정신적 시공간으로도 의미 부여가 될 수 있음을 문화적으로 연구하기 시작했다(Soja, 1997).

분화된 시공간 영역의 관념들은 일상적, 탈일상적 삶의 영역에서의 새로운 문화연구의 기초가 되었다. 또한 시공간 내부에서 발생하는 실제 사회구성원들의 생활양식에 대한 복잡한 관계성과 문화적 맥락에 대한 연구 역시 그 성과물들이 축적되고 있다. 최근에는 사람들이 시공간을 스스로 구성하여 기존 노동영역과는 다른 방식으로 삶에 적용시키는 새로운 사회 주류 문화가 형성되기 시작하고 있는데, 그 대표적인 것이 여가문화라고 할 수 있다. 사람들은 여가활동을 통해 탈일상적 시공간에서 스스로에게 부여된 지위와 역할을 사회적으로 확인받고, 삶의 리듬과 속도를 스스로 구성해 내는 정체성 확보 수단으로 이용하고 있다.

시공간은 문화 집단을 바라보는 서로 다른 개념에 따라 수단 또는 제약으로 작용하기도 한다. 이와 관련하여 레이틴(Laitin)은 현대의 문화 집단에 대한 분석적 논의에서 서로 다른 두 관점의 연구 경향에 대해서 주목했다. 사람들이 추구하는 문화적 가치들이 다양한 사회적 행위들에 영향을 미친다는 사회체계론적 관점과 인간이 자신들의 문화적 정체성을 조작하면서 스스로에게 맞는 합리적 행위를 한다는 합리적 선택론자로서의 인간 문화 연구로 나누어 이야기한 것이다(Laitin, 1986). 결국 문화와 인간이 서로 영향을 미치는 상호작용 중 어떤 관계에 더 강조점을 두느냐의 차이에서 비롯되는 범주 구분이라 할 수 있다.

이처럼 시공간은 다양한 생활양식의 구현을 가능하게 한다. 최근 그러한 문화현상의 전형으로 각광받고 있는 관광 역시 이 같은 시공간의 개념적 범주와 밀접한 관련을 지니고 있다. 관광은 탈일상적인 활동들로 이루어지며, 시간요소, 공간요소, 상황요소 등을 포함하는 다양한 개인적, 사회문화적 영향력 속에 함께 존재한다(Wang, 2004). 관광이 안정적으로 정착되기 위한 여가활동의 변천 과정은 흥미롭다. 전근대적, 근대, 탈근대의 역사적 과정을 거치면서 그 의미를 달리해왔기 때문이다. 일시적 사건으로서의 전근대적 여가, 일상의 소외 극복을 위한 대중적 근대여가, 정체성 추구를 위한 탈근대적 성격의 여가 등이 그 구체적인 모습들이었다. 여가 향유 과정에서 행위자들이 특정시간, 특정 공간에서 스스로 느끼고 구성해 나가는 생활양식 역시 모두 다르게 변화하게 된다. 근대적 사고에 입각한 정형성, 집합성에 기초한 여가의 의미가 현재 우리가 살고 있는 시대에서는 점차 쇠퇴하고 있다. 새로운 비정형적, 개인적 여가활동 유형으로 포스트모더니즘 사고에 입각한 대안적 관광활동이 나타나기 시작한 것도 이 같은 사회구조적 변화에 기인한다.

하지만 모든 사람들에게 이 새로운 문화생활로서의 여가를 즐길 수 있는 기회가 주어지는 것은 아니다. 사람들은 여가문화를 실현하는 과정에서 여러 가지 제약요인을 경험하게 되는데, 개인적, 대인적, 사회구조적 제약요인들이 그것이다(Raymore, Godbey, & Crawford, 1994) 여가제약요인은 현재에만 존재하는 여가참여와 관련한 불충분성 또는 차별적인 불균등을 말하는 것이 아니라 과거, 현재, 미래의 시간적 흐름 속에서 존재하는 모든 여가참여 양태의 불충분성, 불균등성을 의미한다(이경상, 2004). 이 여가제약요인은 근본적으로는 자신의 활용할 수 있는 시간과 공간의 차별적 배분에 근거하여 나타나게 된다. 즉 여가제약요인들은 결국 시공간 자원 문제와 밀접하게 관련되어 있는 것이다.

그런데, 시공간을 이용한 여가문화 향유의 발전과정에 대한 개념적 논의를 가능하게 한 다양한 사회문화적 요인 중 기술의 영향력을 부인할 수는 없다(Wang, 2004). 기술은 여가를 통제함과 동시에 여가제약요인의 극복에 기여해왔다. 특히 근대적 기술의 발전은 거주 및 활동공간의 확장을 가져왔으며, 전근대사회와 비교했을 때 노동공간에서의 시간당 작업량 역시 증대시켜 사회구성원들이 향유할 수 있는 시간적 여유를 제공하기도 했다. 흥미로운 것은 이 같은 근대적 기술의 개발이 노동시장에서의 인간 통제는 물론, 시공간 자원의 효과적 향유까지 동시에 가능하게 했다는 점이다. 관광 역시 이 영향력을 받으면서 동적 여가활동의 전형으로 사람들의 관심을 받게 된다.

물론 동적 여가활동인 관광활동의 사회적 확산이 기술에 의해서만 이루어진 것은 아니다. 특정 역사적 시기에 그 사회를 주도했던 사상, 사조 등의 영향을 받기도 했다(Squire, 1988). 본격적으로 관광의 가치가 자본으로 환원되는 시기는 빠르고 간편하게 시공간의 이동이 가능해진 속도의 경제와 관련이 있는 것이다(Starkey, 1988). 그러한 속도의 경제는 노동영역 뿐 아니라 여가영역으로 확장되어 현재의 관광활동이 나타나는데 영향을 주게 된다(Graburn, 1983).

이처럼 산업화시기에 와서 비로소 동적 여가활동의 전형이라 할 수 있는 대중관광이 융성한 것은 결코 우연이라 할 수 없다(Gee & Solá, 2000). 대중관광의 활성화는 노동 시간의 변화와도 관련성이 있는 것이다. 시간이 점차적으로 표준화, 규칙화됨에 따라서 바캉스 등 특정 시공간에서 이루어지는 여가활동이 구체적으로 사회에서 주목받기 시작한 것이다. 그리고 19세기 본격적으로 등장한 철도는 공간 이동을 수월하게 하여 관광의 활성화에 큰 역할을 담당하기에 이른다(이진홍, 2004).

여가, 관광문화의 확산 현상들은 인간성 상실, 환경파괴 등과 같은 산업화 시대의 사회문제에 대한 사회구성원들의 성찰을 가능하게 했다. 그와 동시에 산업사회를 지배한 효율성의 이념은 실질적인 경제 활성화로 이어져 사회구성원들에게 노동시장에서의 고용 기회를 확대시켰으며, 그와 동시에 여가, 관광문화 역시 활성화되는 계기가 마련되었다. 결국 이 같은 연구의 방향성은 시간 및 공간과 관련한 연구들과 밀접한 관련을 맺고 있다. 그것은 시공간 자체가 여가활동에 직접적으로 영향을 미치는 주요한 문화적 구성요소이자 그와 동시에 행위자가 이용하는 주요 관광자원 수단으로 작용하기 때문이다.

이상 살펴본 바와 같이 사람들은 여가문화를 접하는 과정에서 다양한 사회 환경과 접촉하게 된다. 탈일상적인 여가활동을 통해 흥미롭고 매력적인 삶의 기회가 행위자에게 제공되기도 하고, 일상생활에서 오랫동안 간과되어왔던 삶의 본질에 대해 성찰할 수 있게 도와준다. 여가문화에는 사회전반적인 가치관, 규범, 그리고 이를 창조, 유지, 변화시키기 위한 다양한 시공간 개념들이 내재되어 있다. 이제 여가 및 관광 연구를 다른 학문 분야의 개념과 연계시켜 융합적으로 논의할 수 있는 새로운 연구주제의 개발이 요구된다. 포스트모던 사회, 융합문명시대로의 본격적인 진입이 이루어지는 현 시점에서 새로운 관광자원의 개발 및 보급을 위한 시공간에 대한 교육과 학습은 지속적으로 진행되어야 할 것이다.

3 소결

포스트모던 사회의 여러 가지 특징은 관광자원으로서 시공간 소비의 흐름을 확장시켰다. 관광은 개인적, 상대적, 이질적인 문화적 특징과 통일성을 거부한 체험욕구 확대 등에 기인하여 더욱 발달하고 있다. 특히 관광자원은 체험산업으로서 그 정체성이 확장되고 있다. 관광은 자본주의의 영향으로 문화와 자본의 융합과정을 통해 새로운 산업부문으로 성장하고 있다.

현재까지 우리 사회의 교육프로그램들을 지배한 근대적 지식체계는 집단적 사고에 근거한 보편적 규범의 학습이 주를 이루었다고 해도 과언이 아니다. 포스트모더니즘이 주도하는 사회에서 이 같은 지식의 본질주의론에 반대하는 입장에 서 있다. 포스트모던 사회에서는 사회구성원들의 개별적 경험 세계에서 이루어지는 지식체계의 인지능력을 중요하게 여긴다(이병호, 1998). 그 대안적 교육 시스템으로서 관광은 지금까지 충분한 역할을 해오고 있다. 관광과 관련한 체험 자원은 포스트모더니즘의 특성에 근거하여 새로운 관광상품화 과정에 기여하고 있다. 그리고 그 관광을 통해 얻게 되는 융합적 사고체계는 사람들로 하여금 사회구성원으로서 자신의 존재의미에 대해서 성찰하게 만들고 있다. 이제 새로운 지식콘텐츠 습득과 주체적 실천행동을 가능하게 하는 새로운 관광자원의 개발 과정에 대해서 우리 사회 모두가 고민할 때이다.

관광활동에 내재해 있는 실질적인 주요 가치는 사회구성원들의 성찰성에 의한 체험에 있다. 관광을 통해 사람들은 자신과 환경의 끊임없는 상호작용을 경험하게 되고, 그 과정에서 자아정체성(self-identity)에 대한 인식의 깊이에 변화가 나타나기도 한다. 이 관광의 순기능은 문화와 자본 간 융합적 산물로서 새롭게 개발되고 있는 대안적 관광자원의 산물이기도 하다.

일찍이 짐멜(Simmel)은 대인 상호작용에 기초한 신뢰야말로 우리 사회 구성의 가장 기본이 되는 중요 가치이자 형식이라고 보았다. 사람들의 대면적인 상호작용과 교환 작용에 의해서 신뢰 구조는 한 사회에 안정적으로 구축된다(Simmel, 1978). 복잡한 사회구조 속에서 사람들이 공존하려면 호혜적 관계를 통해 상호작용을 해야만 하는 것이다(Durkheim, 1964). 이제 포스트모던 사회의 관광자원 개발 과정에서 이 신뢰와 호혜성의 원칙이 실현되어야 한다. 타인과의 상호작용을 통한 사회윤리적 이해를 근간으로 이루어지는 지속가능한 관광은 소비와 생산 활동에서 발생하는 여러 가지 관광자원의 사회적 공유관계를 만들고 있다. 오늘날 우리 사회에서 자연환경에 기반을 둔 관광자원을 여타의 물질적 재화와 달리 공공재라고 명명하는 이유도 여기에 있다(민웅기, 2002a). 사회 구성원들은 모더니즘 시대를 지배한 경쟁의 원리보다는 포스트모던 시대의 공유된 다양한 관광자원을 통해 공동 협력 의한 윤리적 가치를 실현해야 한다. 관광자원의 본질적 존재의미라 할 수 있는 시공간의 윤리적 소비를 통해 새로운 융합적 관광자원 개발에서 습득하는 지적 통찰과 흥미가 삶에 투영될 수 있도록 사회구성원들 간 지속적으로 소통해야 할 것이다.

*참고문헌

[국내문헌]

강대기(1995). 현대도시론. 서울: 민음사.

강동진(2012). 역사 · 문화재생, 우리의 상황과 지향. 역사와 문화를 활용한 도시 재생 이야기(도시재생사업단 엮음). 파주: 도서출판 한울.

강선희(1997). 관광자의 여행 상품 선택에 대한 연구. 석사학위논문. 경기대학교.

강수택(1998). 일상생활의 패러다임. 서울: 민음사.

구도완(1996). 정의롭고 지탱가능한 사회를 위한 환경정책의 방향. 경제와 사회 29: 134-159.

권용대 · 홍종숙(2004). 농촌 어메니티자원을 활용한 그린투어리즘의 경제성 분석. 농촌계획 9(3): 17-24.

김경동 · 이온죽 · 김여진(2011). 사회조사연구방법. 서울: 박영사.

김광중(2010). 한국 도시쇠퇴의 원인과 특성. 한국도시지리학회지 13(2): 43-58.

김기봉(2011). 역사의 소통과 소통의 역사학. 시민인문학 21: 125-153.

김기호(2012). 역사 · 문화 재생의 개요 1: 역사 · 문화 보존을 통한 도시재생의 과제. 역사와 문화를 활용한 도시 재생 이야기(도시재생사업단 엮음). 파주: 도서출판 한울.

김길영(2000). 관광농원 개발 · 운영의 활성화 방안에 관한 연구. 석사학위논문. 한양대학교.

김남조(2005). 지리정보시스템(GIS)을 이용한 관광지 수용력 적용모형 개발. 관광학연구 29(2): 13-32.

김남조(2006). 우리나라 경관계획에 관한 정책적 시사점과 과제. 관광연구논총 17: 47-66.

김남조(2009). 기후변화에 대응하는 녹색관광의 연구과제 모색. 관광학연구 33(4): 85-104.

김남조(2011). 복잡계 사고로 분석한 저탄소 녹색관광의 위상과 시사점. 관광연구 26(2): 39-58.

김명환(2010). 원주시 도심기능의 쇠퇴원인. 도시행정학보 23(2): 55-83.

김문겸(1993). 여가의 사회학. 파주: 도서출판 한울.

김문조(1993). 포스트모더니즘의 사상적 개관. 한국학연구 5: 187-213.

김문조(1999). 과학기술과 한국사회의 미래. 서울: 고려대학교 출판사

김문조(2005). 네트워크 사회의 이념적 기초와 실천전략-균형적 지역발전을 위한 대안 탐색. 담론201 8(3): 93-122.

김문조(2007). 문화연구의 과제와 방법. 사회와 이론 10: 7-32.

김문조(2013). 융합문명론: 분석의 시대에서 종합의 시대로. 파주: 나남출판사.
김문조 · 김동광(2005). 과학기술 발전과 문화변동. 고려대학교 과학기술과사회 윈터스쿨 발표논문집: 1-32.
김범수(2003). 그린 투어리즘 추진의 유형에 관한 연구. 한국산림휴양학회지 7(2): 43-51.
김범수 · 한상열 · 이주희(2001). 한국과 일본의 그린투어리즘에 대한 비교연구. 관광연구 16(1): 83-103.
김복수 · 손문금 · 정수남(2004). 일상생활이 시공간적 재구성. 진천: 정보통신정책연구원.
김복영(1998). 포스트모더니즘과 사회과 교육과정. 사회과교육학연구 2: 22-33.
김사헌(1987). 자동차 야영장 타당성 연구. 원주: 한국관광공사.
김사헌(1999). 관광경제학신론. 서울: 일신사.
김선희(2013). 근대도시문화의 재생과 새로운 커뮤니케이션의 창출: 군산을 중심으로. 동북아문화연구 36: 5-19.
김성우(2001). 정보기술시대의 문화세계화에 관한 연구. 석사학위논문. 고려대학교.
김성일 · 박석희(2001). 지속가능한 관광. 서울: 일신사.
김성희(1991). 참고봉사의 평가에 관한 고찰. 연구논집 21: 50-79.
김영천 · 주재홍(2009). 포스트모더니즘에서 생각해보는 교육과정 연구: 탐구주제와 연구영역들. 교육과정연구 27(2): 1-31.
김영한(2004). 과학 시대의 인문학. 서울: 서강대학교출판부.
김옥희 · 민웅기(2015). 관광 참여의 사회구조적 조건에 대한 역사적 고찰: 계급, 시간, 자유의 개념에 대한 탐색적 논의를 중심으로. 역사와실학 57: 457-476.
김외숙 · 조희금 · 두경자(2000). 시간의 사용과 관리. 파주: 교문사.
김용만 · 이승철(2004). 프로스포츠 팀의 공익연계마케팅 활용방안. 한국체육학회지 43(2): 247-261.
김용진 · 홍성조 · 안건혁(2011). ANP를 활용한 지방 중소도시 구도심 활성화 방안 도출에 관한 연구. 도시행정학보 24(3): 89-108.
김정현(1999). 보완적 관광자원 유무가 관광수요의 거리억제력에 미치는 영향. 석사학위논문. 경기대학교.
김지응 · 박지양(2012). 커피전문점의 환경마케팅이 소비자 신뢰 및 충성도에 미치는 영향. 한국식생활문화학회지 27(3): 251-260.
김진섭(1997). 현대여가의 이해. 서울: 대왕사.
김천중(2000a). 관광정보론. 서울: 대왕사.
김천중(2000b). 관광정보시스템. 서울: 대왕사.
김철규(2003). 한국의 자본주의 발전과 사회변동. 서울: 고려대학교출판부.
김철영(2014). 대구시 읍성지역 역사문화유산의 보전과 활용을 위한 기본 방향. 도시설계 15(3): 47-60.

김한종(2009). 역사 이해와 역사교육. 역사교육의 이론(양호환 · 이영효 · 정선영 · 송상헌 · 김한종 공저). 서울: 책과 함께.
김항집(2011). 역사?문화자원과 연계한 지방중소도시의 도시재생 방안. 한국지역개발학회지 23(4): 123-147.
김행자 · 엄서호(1997). 휴가목적지 선택 결정 요인으로서 지각행동조절에 관한 연구. 관광학연구 21(1): 11-29.
김현 · 주영하 · 정치영 · 임동주 · 정경란 · 김백희 · 임준근 · 곽병훈(2008). 지역문화와 디지털콘텐츠. 서울: 북코리아.
김현주(2012). 독일 도시재생프로그램 'Soziale Stadt'의 특성 연구: 지역자산을 활용하는 지속가능한 통합적 도시재생. 대한건축학회논문집(계획계) 28(10): 93-104.
김호기(1997). 문화의 세계화: 이론과 실천. 신인문 창간호. 서울: 한길사.
나카지마 요시미치(1996). 시간을 철학한다 (양억관 역). 서울: 한뜻.
노상우(2012). 감성담론과 그의 교육철학적 함의. 교육철학연구 34(1): 71-97.
농림수산부(1991). 1992년도 농어촌 관광휴양자원개발사업 추진요령. 세종: 농림축산식품부.
동남레저산업연구소(2006). 관광학의 이해. 서울: 기문사.
류선무(1998). 관광농업 정책제도 개선방향. 경기관광연구 2: 253-270.
류선무 · 김성기 · 배중남 · 송광인 · 유상오 · 강신겸(2003). 그린투어리즘 이론과 실제. 서울: 백산출판사.
류성호 · 이성우 · 박호균(2001). 한국 관광농원 실태 조사분석과 농촌관광 발전전략 연구. 지역사회개발연구 26(1): 45-73.
류정아(1999). 전통성의 현대적 발견. 서울대학교 국제지역원 연구총서.
류주현(2008). 부정적 장소자산을 활용한 관광개발의 필요성. 한국도시지리학회지 11(3): 67-79.
문정민 · 박수경(2010). 도심지 활성화를 위한 공간문화콘텐츠 개발방향. 기초조형학연구 11(6): 217-227.
문화관광부(2000). 2000년도 관광동향에 관한 연차보고서. 서울: 문화관광부
민웅기(2002a). 정보화 시대의 관광산업: 배경, 현황, 및 대응 방안. 문화정책 1: 113-131.
민웅기(2002b). 한국사회의 여가생활에 대한 사회구조적 고찰: 발달배경, 현황 및 대응방안. 사회연구 4: 43-65.
민웅기(2007a). 그린투어리즘 연구의 담론분석. 여가학연구 5(1): 47-62.
민웅기(2007b). 현대 관광과 문화 패러다임의 변용: 관광활동과정의 문화적 분석을 중심으로. 경성대학교 사회과학연구 13(1): 345-364.
민웅기(2009). 일상생활의 미학화와 관광의 상징적 가치. 관광연구논총 21: 51-70.
민웅기(2010). 현대 관광과 시공간 소비의 의미변화: 시공간의 시장화, 상품화 현상 및 체험 소비의 인문학적 고찰. 순천향 인문과학논총 27: 329-352.

민웅기(2011). 환경문제. 사회문제의 이해(정헌주 외 10인 공저). 서울: 대왕사.
민웅기(2012a). 산업화와 기술 발전의 역사를 통해 본 친환경 마케팅의 전망에 대한 탐색적 연구: 관광산업을 중심으로. 역사와실학 49: 121-146.
민웅기(2012b). 성찰적 여가활동으로서의 문화관광의 의미: 욕구의 개인화와 생활문화적 시민권의 개념을 중심으로. 관광연구논총 24(3): 123-143.
민웅기(2012c). 역사자원의 문화콘텐츠화 과정에 내재된 포스트모던적 의미: 역사자원과 관광의 관계를 중심으로. 인문학연구 44: 229-262.
민웅기(2012d). 올바른 역사문화관광의 향유를 위한 제언: 사실 분석과 해석적 사고의 공존현상을 중심으로. 역사와실학 48: 245-278.
민웅기(2013a). 대학적응을 위한 신입생 선행 교육 프로그램 사례분석: 포스트모더니즘 시대의 '차별화, 감성, 참여' 개념에 입각한 새내기 프로그램 운영을 중심으로. 교양교육연구 7(6): 275-304.
민웅기(2013b). 융합사회에서 관광콘텐츠 연구의 위상과 방향성에 대한 탐색적 연구: 학문 영역의 역사적 발전 과정에 대한 고찰을 중심으로. 역사와실학 51: 239-256.
민웅기(2014). 여가(leisure)와 연계된 시공간의 문화적 연구 역사에 대한 개념적 고찰. 역사와실학 54: 191-208.
민웅기(2016). 포스트모던 시대의 한국 대중문화에 대한 성찰적 종교교육 체계의 구현 가능성: 대중문화담론과 기독교 담론 간의 관계의 탐색적 고찰을 중심으로. 한국문화기술 21: 29-53.
민웅기 · 김남조(2009). 관광자의 소비문화와 관광목적지 이미지의 담론 연구: 관광지의 장소 마케팅을 위한 탐색적 논의. 관광연구논총 21(2): 61-82.
민웅기 · 김남조(2010). 관광분야 사회적 기업의 이론적 함의: 복잡계 패러다임을 중심으로. 관광연구논총 22(2): 179-201.
민웅기 · 김옥희(2017). 정보통신기술 기반 신(新)관광산업 범주에 대한 탐색적 고찰: 기술과 문화의 융합 현상을 중심으로. 문화와융합 39(3). 279-302.
박길성(1996). 세계화: 자본과 문화의 구조변동. 파주: 나남출판사.
박덕병(2002). 시민사회, 사회적 자본의 형성을 위한 지역사회개발 프로젝트로서 그린투어리즘. 지역사회개발연구 27(1): 151-169.
박민정(2005). 포스트모더니즘 담론과 교육과정 논의의 쟁점. 교육과정연구 23(4): 37-57.
박석희(1995). 신관광자원론. 서울: 일신사.
박석희(1997). 관광상품화에 대한 개념 정립 및 그 전략. 경기대학교 논문집 40(1): 541-570.
박시헌(2003). 관광활용 부처예산 활용방안. 한국관광정책 5(3): 35-37.
박재묵(2004). 환경사회학이란 무엇인가. 우리 눈으로 보는 환경사회학(한국환경사회학회 지음). 파주: 창비.

박정선(2007). 관광거점별 이미지와 관광동기의 상호관련성 분석에 관한 연구, 서비스경영학회지 8(4): 137-153.

박종화 · 윤대식 · 이종열(2010). 지역개발론: 이론과 정책. 서울: 박영사.

박창길(2010). "지탱가능한 경영" 담론 비판: "환경경영", "청정생산", "녹색성장"에 대한 논의를 중심으로. 민주사회와 정책연구 18: 187-209.

박천홍(2003). 매혹의 질주, 근대의 횡단. 서울: 산처럼.

박철희(2013). 역사문화유산을 활용한 중소도시의 가로 재생방안: 논산 강경 중앙로의 근대건축물을 중심으로. 도시설계 14(6): 49-66.

배재학(2008). 새로운 모더니즘 교육에 대한 탐색: 포스트모더니즘을 넘어. 교육학논총 29(2): 77-81.

백선혜(2005). 장소성과 장소마케팅. 서울: 한국학술정보.

백재봉(2002). 일본의 그린투어리즘과 지역활성화에 관한 연구. 농업과학기술 12: 41-50.

변우희(2000). 관광행정 및 조세정책의 구조적 변화에 의한 지역재정자립도 개선연구. 관광연구 15(1): 1-26.

사회와 철학연구회(2001). 세계화와 자아정체성. 서울: 이학사.

산업통상자원부(1999). 21세기 한국산업의 비전과 발전전략. 세종: 산업통상자원부.

서영준(1999). 우리나라 레저관광시장의 변화과정에 대응하는 마케팅 전략에 관한 연구. 석사학위논문. 연세대학교.

서정일(2016). 문화융합의 기초로서의 인문고전교육의 의미. 문화와융합 38(3): 39-65.

손대현(1992). 한국문화의 매력과 관광이해. 서울: 일신사.

손대현(1995). 사람은 관광하는 동물이다. 관광학연구 18(2): 187-206.

손대현 · 이지은(2001). 영상매체를 통해 노출된 관광목적지 이미지. 관광경영학연구 11: 82-98.

송광인(2002). 그린투어리즘을 통한 관광개발과 지역경제활성화에 관한 연구. 문화관광연구 4(2): 121-142.

송광인(2003). 해외 그린투어리즘의 정책 및 사례. 농어촌과 환경 80: 47-54.

송미령(2002). 그린투어리즘과 주민참여. 농촌생활과학 23(2): 75-81.

송미령(2003). 지속가능한 농촌개발을 위한 정책방안. 농어촌과 환경 13(3): 55-63.

송연숙 · 안권순(2012). 독서교육이 중학생의 자아존중감, 자기표현 및 대인관계에 미치는 영향. 청소년학연구 19(3): 223-244.

송준국(1996). 관광농원 발전방향. 경상대학교 경영행정대학원 최고경영자 과정 논문집 15: 519-537.

신상무 · 김도훈(2010). 체험마케팅이 브랜드 자산에 미치는 영향에 관한 연구. 한국의류학회지 34(2): 242-251.

신승환(2003). 포스트모더니즘에 대한 성찰. 파주: 살림.

신용광 · 이상영 · 조순재 · 강경하(2004). 관광농원의 레크리에이션 기능에 대한 경제 가치 평가. 농촌계획 10(1): 35-40.
신용석(2006). 도시와 관광. 도시해석(김인 외 공저). 서울: 푸른길.
신원섭(2005). 관광과 자연환경, 적인가 동지인가?. 한국관광정책 22: 28-35.
신윤창(2002). 자본주의와 복지국가론. 파주: 법문사.
신중진 · 김태엽(2007). 도시재생을 위한 일본 지방도시의 중심시가지 정비수법 연구. 대한건축학회논문집(계획계) 23(5): 149-158.
안병준 · 신명선 · 김왕식 · 장동진 · 정운수 · 함재종 · 정영국(1995). 국가, 시민사회, 정치민주화. 파주: 도서출판 한울.
야마자키 미쓰히로(1997). 녹색관광 (강신겸 역) 서울: 일신사. (원서출판 1993).
양광호(1999). 공간마찰력이 관광수요에 미치는 영향분석. 박사학위논문. 경기대학교.
양종국 · 이승국(2004). 학교의 감성교육 고찰. 소년보호연구 7: 209-231.
양호환(2009). 역사교육의 개념과 연구영역. 역사교육의 이론(양호환 · 이영효 · 정선영 · 송상헌 · 김한종 공저). 서울: 책과 함께.
LG커뮤니카토피아연구소(1999). 정보혁명 · 생활혁명 · 의식혁명. 서울: 백산서당.
MBN · 한국관광학회(2016). 관광으로 1억 내수시장을 연다. MBN · 한국관광학회.
오상훈(2005). 관광과 문화의 이해. 서울: 형설출판사.
오은열 · 정환용(2008). 구도심활성화정비를 위한 도시재생적 접근에 관한 연구. 한국도시설계학회 추계학술대회논문집: 145-154.
오정준(2003). 생태관광지의 지속가능성에 대한 연구. 대한지리학회지 38(4): 610-629.
오현석(2003). EU의 지속가능한 농촌개발전략. 농어촌과 환경 80: 64-74.
우리사회문화학회(2001). 탈근대세계의 사회학. 서울: 정림사.
원용진(1997). 대중문화의 패러다임. 서울: 한나래.
원융희(2003). 관광이미지. 서울: 백산출판사.
유덕기 · 함병은(1999). 관광농원의 사회경제적 개발효과에 관한 연구. 사회과학연구 7: 321-338.
유승우(2003). 그린투어리즘의 추진전략. 농어촌과 환경 80: 7-15.
유연주 · 임재훈(1997). 급진적 · 사회적 구성주의와 포스트모더니즘. 대한수학교육학회논문집 7(2): 359-380.
유혜령(1991). 포스트모더니즘과 교육. 정신문화연구 43: 183-197.
윤소영(2002). 주5일 근무제 실시에 따른 가족관계의 변화. 제1회 여가 · 문화포럼 발표문. 서울: 여가문화학회.
윤유식 · 곽용섭(2005). 지역주민의 장소애착심에 따른 관광지 평가에 관한 연구. 호텔리조트연구 4(2): 511-525.
윤현호 · 이훈 · 송영민(2011). 관광지 스토리텔링 형성과정에 대한 고찰. 관광연구 26(1): 267-286.

이경모(2005). SIT: 미래관광의 대안모색. 서울: 대왕사.

이경상(2004). 여가제약. 여가(이장영 외 공저). 서울: 일신사.

이경숙(2005). 일상생활문화의 재발견을 통한 체험관광개발에 관한 연구. 관광정책학 연구 11(3): 217-236.

이경진(1999). 관광 농원의 자원성 및 입지성 평가에 관한 연구. 산업개발연구 12(7): 1-17.

이경찬 · 민웅기 · 김남조(2014). 역사문화자원을 활용한 지방도시 재생방안: 태안읍을 중심으로. 도시설계 15(5): 67-91.

이관영(2004). 도시 소비자를 통한 통촌 소득 증대와 도 · 농 교류방향. 농어촌과 환경 84: 65-74.

이노우에 순(2004). 현대문화론 (최샛별 역). 이화여대 출판사. (원서출판 불명).

이득연(1994). 환경운동의 사회학. 서울: 민영사.

이명진(1990). 관광농원 개발 전략에 관한 연구. 관광레저연구 2: 132-150.

이무용(2006). 도시와 문화. 도시해석(김인 외 공저). 서울: 푸른길.

이무용(2006). 장소마케팅 전략의 문화적 개념과 방법론에 관한 고찰. 대한지리학회지 41(1): 39-57.

이미혜 · 박석희(1996). 전통민속놀이의 관광자원화 방안에 관한 연구. 관광학연구 20(1): 177-197.

이병호(1998). 포스터모던 다원주의와 사회과 교육: 정의와 연대성을 위한 교육. 박사학위논문. 서울대학교.

이상영 · 신용광 · 김영 · 김은자(2004). 관광농원의 보건휴양기능 가치 평가. 농업경영 · 정책연구 31(2): 329-345.

이성재(2003). 주5일 근무제가 농촌에 미치는 영향과 소매업체의 대응. 석사학위논문. 중앙대학교.

이수훈(1996). 사회체계의 인간학. 파주: 나남출판사.

이영석 · 민유기 · 김백영 · 박삼헌 · 박진한 · 신규환 · 김승욱 · 최호근 · 김수환(2011). 도시는 역사다. 파주: 서해문집.

이영효(2009). 역사학과 역사교육. 역사교육의 이론(양호환 · 이영효 · 정선영 · 송상헌 · 김한종 공저). 서울: 책과 함께.

이왕무(2012). 조선시대 국왕의 관광(觀光) 연구: 능행(陵幸)을 중심으로. 역사와실학 48: 115-140.

이유선 · 정헌주 · 김정로 · 박선권 · 정용찬 · 이우관(2005). 현대사회와 소비문화. 서울: 일신사.

이은미(2008). 기업, 소비자와 사회공헌활동의 적합성이 소비자 반응에 미치는 영향에 관한 연구: 소비자 지각과 동일시의 매개적 역할을 중심으로. 박사학위논문. 이화여자대학교.

이응진(2004). 그린투어리즘의 분석. 서울: 집문당.

이정훈(2004). 중소도시 지역개발 수단으로서 제3의 문화전략: 관광과 문화산업의 사회 · 공간적 결합: 부천시를 사례로. 관광경영학연구 8(3): 257-292.

이종호(1999). 사회마케팅의 성격과 영역에 관한 고찰. 부산상대논집 70: 77-105.

이주형 · 송광인 · 최영기 · 류인평(2006). 문화와 관광. 서울: 기문사.

이지민(2002). 그린투어리즘 정책의 발전방향. 국회보 426: 107-111.

이진경(1997). 사회적 시간의 역사 이론을 위하여. 근대성의 경계를 찾아서(서울사회과학연구소 저). 서울: 도서출판 새길.

이진용(2001). 우리나라 관광 농원의 개발 실태와 개발 방안에 관한 연구. 석사학위논문. 건국대학교.

이진홍(2004). 여행이야기. 파주: 살림.

이진희(2006). 장소마케팅. 서울: 대왕사.

이창수(2006). 도시재생과 도심회귀. 토지와 기술 19(2): 21-44.

이천희(1999). 21세기 여가산업의 전망. 제6회 한국 여가레크리에이션학회 학술세미나 자료집. 서울: 한국여가레크리에이션 학회.

이태종(2009). 문화경쟁력 제고를 위한 역사문화자원 개발 정책방안: 신라문화권을 중심으로. 한국정책과학학회보 13(1): 235-261.

이호철 · 최수영 · 박재홍(2002). 경영차별화를 통한 그린투어리즘 활성화 전략: 관광농원과 지역 이벤트연계를 중심으로. 농촌사회 12(2): 103-130.

이희진(2006). 정보기술은 시간을 어떻게 변화시킬까?. 서울: 삼성경제연구소.

임경수(2003). 한국 농촌관광의 발전방향: 마을 단위 농촌관광 사례를 중심으로. 농정연구 8: 171-193.

임배근(2011). 역사문화기반의 도시재생과 지역경제 활성화. 한국지역경제연구 20: 193-219.

임용한 · 노태협(2014). 드라마 '허준'의 허구성에 내재한 역사적 실제성: 한류의 개념과 성공요인에 대한 일고찰. 역사와실학 54: 209-245.

임희섭(2002). 한국의 사회변동과 가치관. 파주: 나남출판사.

전강은 · 홍석호 · 김세용(2012). 역사문화자원을 활용한 역사문화거리 조성계획. 도시설계 13(1): 33-50.

전경란(2016). 미디어 컨버전스 시대의 청소년 미디어 리터러시와 웰니스. 한국웰니스학회지 11(4): 75-87.

전광희(2004). 인구, 환경 및 자연자원. 우리 눈으로 보는 환경사회학(한국환경사회학회 지음). 파주: 창비.

전영미 · 임상봉(2003). 생태 · 문화자원을 활용한 농촌관광마을의 조성방향. 농어촌과 환경 80: 24-39.

전진성(2004). 박물관의 탄생. 파주: 살림.

정건섭 · 김종국 · 심문보(2009). 기업도시와 지역발전의 연계방안에 관한 연구: 태안 관광 · 레저형 기업도시 중심으로. 한국정책과학학회보 13(4): 199-227.

정기환(2001). 농촌지역 활성화를 위한 그린투어리즘 정책의 발전방향. 농촌경제 93: 139-162.
정문길(1984). 소외. 서울: 문학과 지성사.
정석환(2008). 포스트모더니즘의 담론과 교육. 교육철학 35: 437-466.
정석환(2010). 구성주의와 포스트모더니즘의 지식론과 교육. 교육철학 41: 441-471.
정영덕(2008). 지방 중소도시의 도심지역 재생에 관한 실증적 연구: 전남 5개 중소도시 사례를 중심으로. 박사학위논문. 조선대학교.
정운천(2003). 농촌활성화를 위한 그린투어리즘의 도입과 성공전략. 석사학위논문. 원광대학교.
정철모(2002). 녹색농원 네트워크 구축 방안에 관한 연구: 농촌 그린투어리즘 활성화를 위한 대책. 한국지역개발학회지 14(1): 147-162.
정철모 · 고선하(2002). 지방도시의 구도심 활성화정책 개선방안에 관한 연구. 지역사회개발연구 27(2): 23-36.
조관연 · 공윤경(2013). 영국 글래스고에서의 도시재생과 창조산업. 인문콘텐츠 28: 93-116.
조광익(2006). 문화관광의 이해를 위한 이론적 패러다임: 신중간계급론을 중심으로. 관광학연구 30(6): 135-154.
조명래(2011). 문화적 도시재생과 공공성의 회복: 한국적 도시재생에 관한 비판적 성찰. 공간과 사회 21(3): 39-65.
조상식(2010). MacIntyre의 반(反)계몽주의에 대한 교육사상사적 검토. 헤겔연구 28: 545-567.
조재환 · 김태균 · 박시현 · 박준형(2003). 농촌관광에 대한 도시민 선호 분석. 농업경영정책연구 30(3): 387-401.
조학래(2008). 그린 마케팅과 기업의 자세. 한국정보컨버전스학회 1(1): 55-59.
진병렬(2006). SIT 관광지로서의 경복궁에 관한 연구. 문명연지 17: 123-140.
차윤석(2012). 경영학적 관점의 웰니스 연구 필요성. 한국웰니스학회지 7(2): 1-13.
최경운(2010). 그린 마케팅이 떨쳐내야 할 5가지 유혹. LG Business Insight 1077: 28-34.
최기종 · 박상현 · 이규헌(2000). 관광정보시스템론. 서울: 백산출판사.
최배근(2003). 네트워크 사회의 경제학. 파주: 도서출판 한울.
최연구(2006). 문화 컨텐츠란 무엇인가. 서울: 살림.
최영성 · 엄서호(1997). 여행상품 가격 수용범위에 관한 연구. 관광학연구 23(1): 7-22.
최인호(2008). 대중문화 콘텐츠를 활용한 관광지 스토리텔링. 한국콘텐츠학회논문지 8(12): 396-403.
최진욱(1994). 관광농원 개발의 문제점과 개선방안. 농업기술 43: 72-80.
최충익 · 진상현(2007). 대산읍 중심시가지 활성화에 관한 전문가 인식유형. 국토계획 42(5): 95-107.

최태길 외(1997). 지역관광농원 활성화 방안. 밀양산업대학교 논문집 5: 173-181.
최현설(2015). 융합의 개념적 분석. 문화와융합 37(2): 11-30.
최형국(2012). 전통무예와 군사사를 활용한 문화콘텐츠개발연구: 수원화성과 무예 24기 중 마상무예(馬上武藝)를 중심으로. 역사와실학 48: 219-243.
최혜실(2006). 문화콘텐츠, 스토리텔링을 만나다. 서울: 삼성경제연구소.
하원규 · 최남희(2015). 제4차 산업혁명. 서울: 콘텐츠하다.
한국관광공사(2000). 한국관광통계. 원주: 한국관광공사.
한국관광공사(2010). 3대문화권 문화생태 관광기반 조성사업.
한국문화관광연구원(2010). 2009 국민여행실태조사.
한국사회학회 · 한국정치학회(1992). 한국의 국가와 시민사회. 파주: 도서출판 한울.
현용호 · 한상현(2005). 관광지 선택행동에 직접적인 영향을 미치는 이미지의 도출에 관한 연구. 관광레저연구 17(3): 23-42.
형시영(2006). 구조방정식 모형을 이용한 도심쇠퇴 현상의 영향요인에 관한 연구. 한국거버넌스학보 13(2): 1-22.
홍성민(2004). 피에르 부르디외와 한국사회: 이론과 현실의 비교정치학. 서울: 살림.
홍창식(1997). 문화관광상품화에 관한 연구. 관광정책학 3(1): 247-172.
황대용(2003). 농촌테마형 관광 프로그램의 개발 및 운영방안. 농어촌과 환경 80: 16-23.
히라노 겐이치로(2004). 국제문화론 (장인성 · 김동명 역). 서울: 풀빛. (원서출판 불명).

[해외문헌]

Adam, B. (2009). 타임워치: 시간의 사회적 분석 (박형신 · 정수남 역). 서울: 일신사. (원서출판 1995).
Adams, K. M. (1984). Come to Tana Toraja, 'Land of the heavenly kings': Travel agents as brokers in ethnicity. *Annals of Tourism Research 11*: 469-85.
Adler, J. (1989). Travel as performed art. *American Journal of Sociology 94*(6): 1366-1391.
Akshay, R. R. & Monroe, K. B. (1998). The moderating effect of prior knowledge on cue utilization in product evaluation. *Journal of Consumer Research 15*(2): 253-264.
Alexander, J. (1993). 현대사회이론의 흐름 (이윤희 역). 서울: 민영사 (원서출판 1987).
Allen, J. (1988). Towards a post-industrial economy?. In J. Allen & D. Massey (Eds.), *The economy in question* (pp. 184-228). London, UK: Sage.

Arnold, M. (1960). *Culture and anarchy.* Cambridge, UK: Cambridge University Press.

Ashworth, G. H.(2000). 문화관광객의 관리. 관광과 공간변형(박석희 역). 서울: 일신사. (원서출판 1995).

Bate, E. S . (1911). *Touring 1600: A study in the development of travel as a means of education.* London, UK: Constable.

Baudrillard, J. (1981). *For a critique of the political economy of the sign.* St. Louis, MO: Telos Press.

Baudrillard. J. (1991). 소비의 사회: 그 신화와 구조 (이상율 역). 서울: 문예출판사. (원서출판 1970).

Bauman, Z. (1987). *Legislators and interpreters: On modernity, post-modernity and intellectuals.* Cambridge, UK: Polity Press.

Bauman, Z. (1998). *Freedom.* Buckingham, UK: Open University Press.

Bauman, Z. (2002). 자유 (문성원 역). 이후. (원서출판 1988).

Beard, J. G. & Ragheb, M. G. (1980). Measuring leisure satisfaction. *Journal of Leisure Research 12*(1): 20–30.

Beaud, M. (2015). 자본주의의 역사 1500–2010 (김윤자 역). 서울: 뿌리와이파리. (원서출판 1987).

Beck, U., Giddens, A., & Lash, S. (1998). 성찰적 근대화 (임현진 · 정일준 역). 파주: 도서출판 한울. (원서출판 1994).

Bell, D. (1973). *The coming of post-industrial society: A venture in social forecasting.* New York: Semiotext(e).

Berger, J. (1972). The way of seeing. Harmondsworth, UK: Penguin.

Berger, J. (1999). 영상커뮤니케이션과 사회 (강명구 역). 파주: 나남출판사. (원서출판 1977).

Berger, P. L. & Luckman, T. (1967). *The social construction of reality: Everything that passes for knowledge in society. London*, UK: Allen Lane.

Berger, P. L. (1973). "Sincerity" and "authenticity" in modern society. *The Public Interest 31*: 81–90.

Bhabha, H. K. (1990). Dissemination: Time, narrative and the margins of the modern nation. In H. K. Bhabha (Ed.), *Nation and narration* (pp. 291–322). London and New York: Routledge.

Boorstin, D. J. (1964). *The image: A guide to pseudo-events in America.* New York, NY: Harper & Row.

Bourdieu, P. (1979). *Outline of a theory of practice* (R. Nice, Trans.). Cambridge, UK: Cambridge University Press.

Bourdieu, P. (1984). *Distinction: A social critique of the judgement of taste*. London, UK: Routledge & Kegan Paul.

Bourdieu, P. (1995). 자본주의의 아비투스: 알제리의 모순 (최종철 역). 서울: 동문선. (원서출판 1977).

Bower, E. M. (1976). *Early identification of emotionally disturbed children in school*. Springfield, IL: Charles C Thomas.

Brindley, T., Rydin, Y., & Stocker, G. (1989). *Remaking planing: The politics of urban change in the thatcher year*. London, UK: Unwin Hyman.

Button, E. (1990). Self-esteem in girls aged 11-12: Baseline findings from a planned prospective study of vulnerability to eating disorders. *Journal of Adolescence 13*: 407-413.

Campbell, C. (1987). *The romantic ethic and the sprit of modern consumerism*. Oxford, UK: Basil Blackwell.

Campbell, C. (1995). The sociology of consumption. In D. Miller (Ed.), *Acknowledging consumption: A review of new studies* (pp. 96-126). London, UK: Routledge.

Carr, E. H. (2009). 역사란 무엇인가? (이화승 역). 서울: 베이직북스. (원서출판 1961).

Carter. H. (1995). *The study of urban geography*. London, UK: Edward Arnold.

Castells, M. (1989). *The informational city*. Oxford, UK: Blackwell.

Castells, M. (1996). *The rise of network society*. Oxford, UK: Blackwell.

Champoux, J. E. (1978). Perception of work and non-work. *Sociology of Work and Occupations 5*(4): 402-23.

Chaney, D. (1996). Authenticity and suburbia. In S. Westwood, H.-D. Fischer, & S. R. Melnik (Eds.), Entertainment: *A cross-cultural examination*. New York: Hastings House.

Chaney, D. (2004). 라이프스타일 (김정로 역). 서울: 일신사. (원서출판 1996).

Cheek, N., Field, D., & Berger, R. (1976). *Leisure and recreation places*. Ann Arbor, MI: Ann Arbor Science.

Cohen, E. (1971). Toward a sociology of international tourism. *Social Research 39*(1): 164-182.

Cohen, S. & Taylor, L. (1993). *Escape attempts: The theory and practice of resistance to everyday life* (2nd ed.). London, UK: Routledge.

Cooper, C. P. (2008). 포스트모던 관광의 이해와 연구 (고동완 역). 파주: 교문사. (원서출판 2003).

Coopersmith, S. (1976). *The Antecedents of self-esteem*. San Francisco, CA: W.H. Freeman.

Crompton, J. L. (1986). *Marketing government and social services*. New York, NY: John Wiley & Sons.

Dann, G. M. S. (1981). Tourist motivation: An appraisal. *Annals of Tourism Research 8*(2): 187-219.

Dilthey, W. (1961). *Meaning and history: W. Dilthey's thoughts on history and society*. Winchester, MA: Allen and Unwin.

Doll, Jr. W. E. (1993). *A post-modern perspective on curriculum*. New York, NY: Teachers College Press.

Dowling, R. (1993). An environmentally-based planning model for regional tourism development. *Journal of Sustainable Tourism 1*(1): 17-37.

Drucker, P. (1997). 자본주의 이후의 사회 (이재규 역). 서울: 한국경제신문사. (원서출판 1993).

Dumazedier, J. (1967). *Toward a society of leisure*. New York, NY: Free Press.

Durkheim, E. (1956). *The division of labor in society*. New York, NY: Free Press.

Elias, N. (1978a). *The civilizing process vol. 1: The history manners* (E. Jephcott, Trans.). Oxford, UK: Blackwell.

Elias, N. (1978b). *What is sociology?* (S. Mennell & G. Morrissey, Trans.) London, UK: Hutchinson.

Elias, N. (1982). *The civilizing process. vol. 2*: Sate formation and civilization. Oxford, UK: Blackwell.

Eliot, T. S. (1948). *Notes towards a definition of culture*. London, UK: Faber & Faber.

Elton, G. R. (1969). *The practice of history*. London, UK: Fontana.

Ess, C. & Sudweeks, F. (2001). *Culture, technology, communication: Towards an intercultural global village*. Albany, NY: Suny Press.

Featherstone, M. (1991a). *Consumer culture & postmodernism*. London, UK: Sage.

Featherstone, M. (1991b). The body in consumer culture. In M. Featherstone, M. Hepworth, & B. S. Turner (Eds.), *The body: Social process and cultural theory* (pp. 170-196). London, UK: Sage.

Fenzel, L. M. (1994). A prospective study of the effect of the chronic strains on early adolescent self-worth and school adjustment. Paper presented at the biennial meeting of the society for research on adolescence. San Diego.

Fesenmaier, D. R. & Vogt, C. A. (1993). Evaluating the economic impact of travel information provided at Indiana Welcome Centers. *Journal of Travel Research 31*(3): 33-39.

Firth, R. (1973). *Symbol: Public and private*. Ithaca, NY: Cornell University Press.

Foster, J. B. (2001). 환경과 경제의 작은 역사 (김현구 역). 서울: 현실문화연구. (원서출판 1994).

French, C., Craig-Smith, S. & Collier, A. (2000). *Principles of tourism*. Melbourne, Australia: Pearson Education.

Fretter, D. (1993). Place marketing: A local authority perspective. In G. Keatns & C. Philo (Eds.), *Selling places: The city as cultural capital past and present* (pp. 163-174). Oxford, UK: Pergamon Press.

Gee, C. Y. & Solá, E. F. (2000). 현대관광론 (장병권 역). 서울: 일신사. (원서출판 1997).

Geertz, C. (1957). Ethos, world-view, and the analysis of sacred symbols. *The Antioch Review 17*(4): 421-437.

Geertz, C. (196). Regions as a cultural system. In M. Baton (Ed.), *Anthropological approaches to the study of religion* (pp. 1-46). London, UK: Tavistock.

Geertz, C. (1972). Deep play: Notes on the Balinese cockfight. *Daedalus 101*(1): 1-37.

Geertz, C. (1975). *The interpretation of culture*. London, UK: Hutchinson.

Gershuny, J. (2000). *Changing times*. Oxford, UK: Oxford University Press.

Gibson, H. (1998). The educational tourism. *Journal of Physical Education, Recreation and Dance 69*(4): 32-24.

Giddens, A. (1984). *The constitution of society: Outline of the theory of structuration*. Oakland, CA: University of California Press.

Giddens, A. (1990). *The consequences of modernity*. Cambridge, UK: Polity Press.

Giddens, A. (1991). *Modernity and self-identity: Self and society in the late modern age*. Cambridge, UK: Polity Press.

Giddens, A. (1994). Living in a post-traditional society. In U. Beck, A. Giddens, A. & Lash, S. (Eds.), *Reflexive modernization: Politics, tradition and aesthetics in the modern social order* (pp. 56-109). Cambridge, UK: Polity Press.

Giddens, A. (2001). 현대 사회의 성, 사랑, 에로티시즘: 친밀성의 구조 변동 (배은정 · 황정미 역). 서울: 새물결. (원서출판 1992).

Glennie, P. & Thrift, N. (1996). Reworking E. P. Thompson' s 'Time, work-discipline and industrial capitalism'. *Time & Society 5*(3): 275–299.

Goertz, H.-J. (2003). 역사학이란 무엇인가 (최대희 역). 서울: 뿌리와 이파리. (원서출판 1995).

Goffman, E. (1959). *The presentation of self in everyday life*. Garden City, NY: Anchor.

Graburn, N. (1983). The anthropology of tourism. *Annals of Tourism Research 10*(1): 9–33.

Graburn, N. (1989). Tourism: the sacred journey. In V. Smith (Ed.), Hosts and guests: *The anthropology of tourism* (2nd ed.), (pp. 21–36). Philadelphia: University of Pennsylvania Press.

Graburn, N. H. (1983). Tourism and prostitution. *Annals of Tourism Research 10*(3): 437–443.

Graefe, A. R., Vaske, J. J., & Kuss, F. R. (1984). Social carrying capacity: An integration and synthesis of twenty years of research. *Leisure Sciences 6*(4): 395–431.

Greenwood, D. (1989). Culture by the pound: An anthropological perspective on tourism as cultural commoditization. In V. L. Smith (Ed.), *Hosts and guests: The anthropology of tourism* (pp. 171–186). Philadelphia, PA: University of Pennsylvania Press.

Griswold, W. (1994). *Cultures and societies in a changing world*. Thousand Oaks, CA: Pine Forge Press.

Gunn, C. (1972). *Vacationscape: Designing tourist regions*. Austin, TX: University of Texas.

Habermas, J. (1979). *Communication and the evolution of society* (T. McCarthy, Trans). London, UK: Heinemann.

Habermas, J. (1984). *The theory of communicative action*. Boston, MA: Beacon Press.

Hall, S. (1994). Cultural studies: Two paradigms. In N. B. Dirks, G. Eley, & S. B. Ortner (Eds.), *Culture/power/history: A reader in contemporary social theory* (pp. 520–538). Princeton, NJ: Princeton University Press.

Hall, T. (2011). 도시연구: 현대도시의 변화와 정책 (유환종 · 백인기 · 홍인옥 역). 서울: 푸른길. (원서출판 1997).

Hanas, J. (2008). A world gone green: environmental awareness has not only yipped in the media: It' s hit corporate board rooms as well. In

K. Lee (Ed.), *Opportunities for green marketing: Young consumers*, Marketing Intelligence & Planning 26(6): 573-586.

Hannigan, J. (1995). *Environmental sociology: A social constructionist perspective*. London, UK: Routledge.

Harrington, M. (1974). Leisure as a means of production. In L. Kolakowski & S. Hampshire (Eds.), *The socialist idea: A reappraisal* (pp. 153?163). London. UK: Weidenfeld & Nicolson.

Harter, S. & Marold, D. B. (1994). Psychosocial risk factors contributing to adolescent suicide. In G. Noam & S. Borst (Eds.), *Child and adolescent suicide* (pp. 71-91). San Francisco, CA: Jossey-Bass.

Harvey, D. (1978). The urban process under capitalism. *International Journal of Urban and Regional Research 2*: 101-31.

Harvey, D. (1989). *The condition of postmodernity: An enquiry into the origins of cultural change*. Oxford, UK: Blackwell.

Haug. W. F. (1994). 상품미학비판 (김문화 역). 서울: 이론과실천. (원서출판 1986).

Healey, P. (2004). 협력적 계획: 분절화된 사회의 협력과 거버넌스 (권원용 · 서순탁 역). 파주: 도서출판 한울. (원서출판 1997).

Hobsbaum, F. T. G. (1983). *The invention of tradition*. London, UK: Cambridge University Press.

Holcomb, P. J. (1993). Semantic priming and stimulus degradation: Implications for the role of the N400 in language processing. *Psychophysiology 30*: 47-61.

Hudson, R. & Williams, A. (1986). *The United Kingdom. London*, UK: Harper & Row.

Humphrey, C. R. & Buttel, F. H. (1995). 환경사회학 (양종회 · 이시재 역). 서울: 사회비평사. (원서출판 1982).

Inskeep, E. (1991). *Tourism planning: An integrated and sustainable development approach* (2th ed.). New York, NY: Van Nostrand Reinhold.

Jackson, E. L. & Burton, T. L. (1999). *Leisure studies: Prospects for the twenty-first century*. State College, PA: Venture Publishing Inc.

Jacobson, R. & Obermiller, C. (1990). The formation of expected future price: A reference price for forward-looking consumers. Journal of Consumer Research 16(4): 420-432.

Jaspers, K. (1986). 역사의 기원과 목표 (백승균 역). 서울: 이화여자대학교출판부. (원서출판 1953).

Jenkins. H. (2008). 컨버전스컬처: 올드 미디어와 뉴 미디어의 충돌 (김정희원 · 김동신 역). 서울: 비즈앤비즈. (원서출판 2006).

Jensen, R. (2000). 드림소사이어티 (서정환 역). 서울: 한국능률협회. (원서출판 1999).

Kaye, H. (2004). 과거의 힘: 역사의식, 기억과 상상력 (오인영 역). 서울: 삼인. (원서출판 1991).

Kellner, D. (1988). Postmodern as social theory: Some challenges and problem. *Theory. Culture & Society 5*(2): 239-269.

Kelly, J. R. (1978). A revised paradigm of leisure choices. *Leisure Science 1*: 345-63.

King, A. D. (1995). The times and spaces of modernity, or who needs postmodernism?. In M. Featherstone, S. Lash, & R. Robertson (Eds.), *Global modernities* (pp. 108-123). London, UK: Sage.

Kraus, R. G. (1971). *Recreation and leisure in modern society* (6th ed.). New York: Appleton-Century-Crofts.

Kristeller, P. O. (1979). *Renaissance: Thought and its sources*. New York, NY: Columbia University Press.

Laitin, D. D. (1986). *Hegemony and culture: Politics and religious change among the Yoruba*. Chicago, IL: The University of Chicago Press.

Landry, G. (2009). 크리에이티브 시티 메이킹 (메타기획컨설팅 역). 서울: 역사넷. (원서출판 2006).

Lash, S. & Urry, J. (1996). *Economies of sign and space*. London, UK: Sage.

Lash, S. (1994). Reflexivity and its doubles: Structure, aesthetics, community. In U. Beck, A. Giddens, & S. Lash (Eds.), *Reflexive modernization* (pp. 110-173). Stanford, CA: Stanford University Press.

Leary, T. (1957). *Interpersonal diagnosis of personality*. New York, UK: The Ronald Press Company.

Leavis, F. R. (1930). *Mass civilization and minority culture*. Cambridge, UK: Minority Press.

Lee, M. (1993). *Consumer culture reborn*. London, UK: Routledge.

Lindberg, K. (1999). 생태관광 (김성일 역). 서울: 일신사. (원서출판 1993).

Lovering, J. (1995). Creating discussing rather than job: The crisis in the cities and the transition fantasies of intellectuals and policy-makers. In P. Healey, S. Cameron, S. Davoudi, S. Graham, & A. Madani-Pour (Eds.), *Managing cities: the new urban context* (pp. 109-126). London: Wiley.

Lowenthal, D. (1985). *The past is a foreign country*. Cambridge, UK: Cambridge University Press.

Lowenthal, D. (2006). 과거는 낯선 나라다 (김종원 · 한명숙 역). 고양: 개마고원. (원서출판 1985).

Lukacs, G. (1971). *History and class consciousness*. Cambridge, MA: MIT Press.

MacCannell, D. (1973). Staged authenticity: Arrangements of social space in tourist settings. *American Journal of Sociology 79*(3): 589-603.

MacCannell, D. (1976). *The tourist: A new theory of the leisure class*. Berkeley, CA: University of California Press.

MacCannell, D. (1994). 관광과 문화 (전경수 편역). 서울: 일신사. (원서출판 1976).

Maffesoli, M. & Lefebvre, H. (1998). 일상생활의 사회학 (박재환 · 일상성 · 일상생활연구회 역). 파주: 한울 아카데미. (원서출판 1989).

Maffesoli. M. (1997). 현대를 생각한다: 이미지와 스타일의 시대 (박재환 역). 서울: 문예출판사. (원서출판 1993).

Malinowski, B. (1945). *Dynamics of culture change*. New Haven, CT: Yale University Press.

Malinowski, B. (1990). Time-reckoning in the Trobriands. In J. Hassard (Ed.), *The sociology of time* (pp. 203-218). New York, NY: St Martin' s Press.

Mander, J. & Goldsmith, E. (2001). 위대한 전환: 다시 세계화에서 지역화로 (윤길순 역). 서울: 동아출판사. (원서출판 1997).

Marcuse, H. (1964). *One dimensional man*. Boston, MA: Beacon Press.

Marinko, G. I. (1990). 과학기술혁명이란 무엇인가 (홍종도 역). 서울: 백산서당. (원서출판 1989).

Massy, D. & Meagan, R. (1982). *The anatomy of job loss: The how, why and where of employment decline*. London, UK: Macmillan.

Matthews, H. G. (1978). *International tourism: A political and social analysis*. Rochester, VT: Schenkman.

McCracken, G. (1990). *Culture and consumption: New approaches to the symbolic character of consumer goods and activities*. Bloomington, IN: Indiana University.

McIntosh, R. W. & Goeldner, C. R. (1986). *Tourism: Principle, practice, philosophies*. New York: John Wiley & Sons.

McKercher, B & Du Cros, H. (2008). 문화유산 관광자원관리론 (조명환 역). 서울: 백산출판사. (원서출판 2002).

McLuhan, M. & Powers, B. R. (1989). *The global village: Transformations in world life & media in the 21st century*. New York, NY: Oxford University Press.

McLuhan, M. (1964). *Understanding media: The extension of man*. New York, NY: Signet Books.

Meyrowitz, J. (1985). *No sense of place: The impact of electronic media on social behavior*. New York, NY: Oxford University Press.

Miles, S. (2003). 현실세계와 사회이론 (박형신 · 정헌주 역(2003). 서울: 일신사. (원서출판 2001).

Mill, R. C. & Morrison, A. (1985). *The tourism system*. London, UK: Prentice-Hall International.

Murphy, R. & Crowther, D. (2002). Social responsibility and marketing: An agenda for research. *Management Decision 40*(4): 302-309.

Narang, S. K. (2009). Compress sensing of public opinion in social network using Ising Model. Semester project report. Los Angles, CA: University of Southern California.

Nash, D. (1977). Tourism as a form of imperialism. In V. Smith (Ed.), *Host and guest: The anthropology of tourism* (pp. 33-47). Oxford, UK: Blackwell.

Neil, J. (2001). 생태관광 (이후석 역). 서울: 백산출판사. (원서출판 1999).

Neulinger, J. & Raps, C. (1972). Leisure attitude of an intellectual elite: Research approaches to the study of leisure. *Journal of Leisure Research 4*(3): 196-207.

O'Connor, J. (1988). Capitalism, nature, socialism: A theoretical introduction. *Capitalism, Nature, Socialism 1*(1): 11-38.

O'Connor, J. & Wynne, D. (1996). *From the margins to the centre*. Aldershot, UK: Arena.

Olick, J. K. (1999). Collective memory: The two cultures. *Sociological Theory 17*(3): 333-348.

Oxford English Dictionary (1989).

Paker, S. (1995). 현대사회와 여가 (이연택 · 민창기 역). 서울: 일신사. (원서출판 1976).

Parker, S. (1983). *Leisure and work*. London, UK: Allen & Unwin.

Patel, S. & Mitlin, D. (2002). Sharing experience and changing lives. *Community Development Journal 37*(2): 125-136.

Pendlebury, J. (2002). Conservation and regeneration: complementary or conflicting processes: The case of Grainger Town, Newcastle Upon Tyne. *Planning Practice and Research 17*(2): 145-158.

Pennyfather, K. (1975). *Interpretive media and facilities*. Edinburgh, Scotland: NHSO.

Peter, K. L. & Livingston, S. M. (1992). *Mass consumption and personal identity: Everyday economic experience*. Buckingham, UK: Open University Press.

Peterson, R. (1976). *The production of culture*. Beverly Hills, CA: Sage.

Pfaffenberger, B. (1983). Serious pilgrims and frivolous tourists: The chimera of tourism in the pilgrimages of Sri Lanka. *Annals of Tourism Research 10*(1): 57–74.

Philo, C. & Kearns, G. (1993). Culture, history, capital: A critical introduction to the selling of place. In G. Kearns & C. Philo (Eds.), Selling places: *The city as cultural capital, past and present* (pp. 1–32). Oxford, UK: Pergamon Press.

Ponting, C. (2003). 녹색세계사 (이진아 역). 홍성: 그물코. (원서출판 1991).

Portes, A. (1998). Social capital: Its origins and applications in modern sociology. *Annual Review of Sociology 22*: 1–24.

Poster, M. (1994). 뉴미디어의 철학 (김성기 역). 서울: 민음사. (원서출판 1990).

Poster, M. (1998). 제2미디어 시대 (이미옥 · 김준기 역). 서울: 민음사. (원서출판 1995).

Prentice, R. C. (1996). Managing implosion: The facilitation of insight through the provision of context. *Museum Management and Curatorship 15*: 69–185.

Rakos, R. F. & Schroeder, H. E. (1980). *Self-directed assertiveness training*. New York: Bio Monitoring Application (BMA).

Raymore, L., Godbey, G., & Crawford, D. W. (1994). Self esteem, gender and socioeconomic status: Their relation to perception of constraint on leisure among adolescents. *Journal of leisure Research 26*(2): 99–118.

Richards, G. (2000). 문화관광론 (조명환 역). 서울: 백산출판사. (원서출판 1996).

Rifkin, J. (2001). 소유의 종말 (이희재 역). 서울: 민음사. (원서출판 2000).

Riley, R., Baker, D., & Doren, C. S. V. (1998). Movie induced tourism. *Annals of Tourism Research 25*(4): 919–935.

Ritzer, G. (1996). *The McDonaldization of society: An investigation into the changing character of contemporary social life*. Newbury Park, CA: Pine Forge Press.

Ritzer, G. (1997). 현대사회학이론 (최재현 역). 서울: 형설. (원서출판 1987).

Ritzer, G. (1999). 맥도날드 그리고 맥도날드화 (김종덕 역). 서울: 시유시. (원서출판 1996).

Robertson, R. (1992). *Globalization: social theory and global culture*. London, UK: Sage.

Rojek, C. & Urry, J. (1997). *Touring cultures*. London, UK: Routledge.

Rojek, C. (2000). 자본주의와 여가이론 (김문겸 역). 서울: 일신사. (원서출판 1985)

Rojek, C. (2002). 포스트모더니즘과 여가 (최석호 · 이진형 역). 서울: 일신사. (원서출판 1995).

Savage, M. & Warde, A. (1993). *Urban sociology, capitalism and modernity*. London, UK: Macmillan/British Sociological Association.

Segerstrale, U. (1989). *The colonization of science by the life world: Problems and prospects*. Boston, MA: Walter de Gruyter, Inc.

Shaw, G. & Williams, A. M. (2012). 관광과 관광공간 (김남조 · 유광민 · 민웅기 역). 서울: 백산출판사. (원서출판 2004).

Shaw, S. M. (1986). Leisure, recreation or free time? Measuring time usage. *Journal of Leisure Research 18*(3): 177–189.

Simmel, G. (1950). *The sociology of Georg Simmel* (K. H. Wolff, Ed.). Glencoe, IL: The Free Press

Simmel, G. (1978). *The philosophy of money*. London, UK: Routledge.

Sizer, S. R. (1999). The ethical challenges of managing pilgrimages to the holy land. *International Journal of Contemporary Hospitality Management 11*(2/3): 85–90.

Soja, E. W. (1993). Postmodern geographies: *The reassertion of space in social critical theory*. London, UK: Verso.

Soja, E. W. (1997). 공간과 비판사회이론 (이무용 역). 서울: 시각과언어. (원서출판 1989).

Squire, S. J. (1988). Wordsworth and lake district tourism: Romantic reshaping of landscape. *The Canadian Geographer 32*(3): 237–247.

Starkey, K. (1988). Time and work organization: a theoretical and empirical analysis. In M. Young & T. Schuller (Eds.), *Rhythms of society* (pp. 95–117). London, UK: Routledge.

Stebbins, R. A. (1982). Serious leisure: A conceptual statement. *The Pacific Sociological Review 25*(2): 251–272.

Stebbins, R. A. (1999). Cultural tourism as serious leisure. *Annals of Tourism Research 23*(4): 948–950.

Steinmetz, H. (2000). 문학과 역사 (서정일 역). 서울: 예림기획. (원서출판 1985).

Stokol, D. & Shumaker, S. A. (1981). People in places: A transaction view of setting. In J. H. Harvy (Ed.), *Cognition, social behavior, and the environment* (pp. 441–488). Hillsdale, NJ: Lawrence Erlbaum Associates.

Storey, J. (1995). 문화연구와 문화이론 (박모 역). 서울: 현실문화연구. (원서출판 1993).

Taylor, L. (1991). *The ethics of authenticity*. Cambridge, MA: Harvard University Press.

Tenbruck, F. H. (1989). The cultural foundations of society. In H. Haferkamp (Ed.), *Social structure and culture* (pp. 15–35). New York: Walter de Gruyter.

Thompson, F. M. L. (1988). *The rise of the respectable society*. London, UK: Fontana Press.

Thompson, J. (1990). The concept of culture in social theory In S. P. Turner (Ed.), Social theory and sociology: The classics and beyond (pp. 161–180). Oxford, UK: Blackwell.

Thomson, E. P. (1967). Time, work-discipline, and industrial capitalism. *Past & Present* 38: 56–97.

Tomlinson, J. (1996). Global experience as a consequence of modernity. In S. Braman & A. Sreberny-Mohammadi (Eds.), *Globalization, communication and transitional civil society* (pp. 63–87). Cresskill, NJ: Hampton Press, Inc.

Tomlinson, J. (1999). *Globalization and culture*. Cambridge, UK: Polity Press.

Toulmin, S. (1982). *The return to the cosmology*. Berkeley, CA: University of California Press.

Towner, J. & Wall, G. (1991). History and tourism. *Annals of Tourism Research 18*(1): 71–84.

Turner, B. (1997). 시민권과 자본주의 (서용석 · 박철현 역). 서울: 일신사. (원서출판 1986).

Turner, J. H. (1999). 사회학이론의 구조 (김진균 역). 서울: 한길사. (원서출판 1989).

Turner, J. H. (2001). 현대사회학이론 (정태환 역). 파주: 나남출판사. (원서출판 1981).

Turner, J. H., Beeghley, L., & Powers, C. H. (1997). 사회학이론의 형성 (김문조 역). 서울: 일신사. (원서출판 1974).

Turner, V. (1967). *The forest of symbols: Aspects of Ndembu ritual*. Ithaca, NY: Cornell University Press.

Tylor, E. (1958). *Primitive culture: Researches into the development of mythology, philosophy, religion, art and custom*. Gloucester, MA: Smith.

UNESCO (1998). Draft decisions recommended by the program and external relations commission. 155th Session of the Executive Board. November 2 1998. Resolution 3.5.5.. World Heritage Committee, Kyoto, Japan.

UNWTO (1985). *The role of recreation management in the development of active holidays and special interest tourism and consequent enrichment of the holiday experience*. Madrid, Spain: UNWTO.

UNWTO · UNEP (2008). *Climate change and tourism's responding to global changes*. Madrid, Spain: UNWTO.

Urbany, J. E., Bearden, W. O., & Weilbaker, D. C. (1988). The effect of plausible and exaggerated reference prices on consumer perceptions and price search. *Journal of Consumer Research 15*(1): 95-110.

Urry, J. (1990). *The tourist gaze: Leisure and travel in contemporary societies*. London, UK: Sage.

Urry, J. (1994). Europe, tourism and the nation-state. In C. P. Cooper & A. Lockwood (Eds.), *Progress in tourism, recreation and hospitality management* (pp. 89-98). Chichester, UK: Wiley.

Urry, J. (1995). *Consuming places*. London, UK: Routledge.

Urry, J. (2002). Mobility and proximity. *Sociology 36*(2): 255-274.

Vygotsky, L. S. (1986). *Thought and language* (A. Kozulin, Ed. & Trans.). Cambridge, MA: MIT Press.

Walker, G. & King, D. (2008). 핫토픽: 기후변화, 생존과 대응전략 (양변찬 역). 서울: 조윤커뮤니케이션.

Wallerstein, I. (1979). *The capitalist world economy*. London, UK: Cambridge University Press.

Wallerstein, I. (1996). 사회과학의 개방 (이수훈 역). 서울: 당대. (원서출판 불명).

Walters, G. D. (1996). *Lifestyle theory: Past, present, and future*. Hauppauge, NY: Nova Science Publishers, Inc.

Walton, J. K. (1981). The demand for working class seaside holidays in Victorian England. *Economic History Review 34*(2): 249-265.

Wang, N. (2004). 관광과 근대성: 사회학적 분석 (이진형 역). 서울: 일신사. (원서출판 2000).

Wapner, P. (1977). Governance in global civil society. In O. R. Young (Ed.), *Global governance: Drawing insights from the environmental experience* (pp. 65-84). Cambridge, MA: MIT Press.

Warnier, J.-P. (2000). 문화의 세계화 (주형일 역). 파주: 도서출판 한울. (원서출판 1999).

Webster, F. (1998). 정보사회이론 (조동기 역). 파주: 나남출판사. (원서출판 1995).

Werlen, B. (2003). 사회공간론: 사회지리학 이론 발달사 (안영진 역). 서울: 도서출판 한울. (원서출판 불명).

Wicks, B. E. & Schuett, M. A. (1991). Examining the role of tourism promotion through the use of brochures. *Tourism Management 12*(4): 301-312.

Wilensky, H. L. (1960). Work, careers and social integration. *International Social Science Journal 4*: 543-60.

Wilkie, W. L. (1990). *Consumer behavior* (2nd ed.). New York, NY: John Wiley & Sons.

William, J. M. (1995). *The global information society*. Aldershot, UK: Aslib Gower.

Williams, S. (1999). 현대 관광의 이론과 실제 (신용석 역). 파주: 한울아카데미. (원서출판 1998).

Williams. R. (1983). *Keywords*. London, UK: Fontana.

Yi, Y. (1990). Direct and indirect approaches to advertising persuasion: Which is more effective?. *Journal of Business Research 20*(4): 279-291.

[온라인 홈페이지]

관광지식정보시스템 관광지방문객통계. http://www.tour.go.kr

국토연구원 홈페이지. www.krihs.re.kr

삼성 경제 연구소 홈페이지. www.seri.org

한국관광공사 홈페이지. www.visitkorea.or.kr

| 민 웅 기

목원대학교 교양교육원 교수로 재직하고 있다. 고려대학교 대학원에서 사회학을 전공하여 문학박사 학위를, 한양대학교 대학원에서 관광학박사 학위를 받았다. 고려대학교 아세아문제연구소 연구원, 고려대학교 한국사회연구소 연구원, 덕성여자대학교 연구교수를 역임했다. 저서로는 '사회문제의 이해(공저)', '인터넷 중독 상담과 정책의 쟁점(공저)' 등이 있으며, 번역서로는 '관광과 관광공간(공역: 2014년 대한민국 학술원 선정 우수학술도서)' 등이 있다. 문화 · 여가 · 관광콘텐츠를 둘러싼 소비자행동론, 문화관광, 사회심리학 분야에 관심을 가지고 연구를 진행하고 있다.

관광자원 소비 트렌드의 역사문화적 변화 시공간 소비의 관광학적 이해

2018년 2월 20일 초 판 인쇄
2018년 2월 26일 초 판 발행

저 자 민 웅 기
발행인 한 인 환
발행처 도서출판 **기 문 사**
등 록 1978. 8. 9. NO. 6-0637
주 소 서울시 동대문구 안암로 50-1(용두동) 홍신빌딩 3층
전 화 02) 2265-7214/922-8662~8663
팩 스 02) 922-8772

homepage : www.kimoonsa.co.kr
e-mail : book@kimoonsa.co.kr

ISBN : 978-89-7723-785-8 93980

정가 : 13,000원